Harro Dietrich Kähler

Erstgespräche in der sozialen Einzelhilfe

D1728557

Lambertus

Die Deutsche Bibliothek - CIP-Einheitsaufnahme

Ein Titeldatensatz für diese Publikation ist bei
Der Deutschen Bibliothek erhältlich

4. überarbeitete und erweiterte Auflage 2001
Alle Rechte vorbehalten
© 1991, Lambertus-Verlag, Freiburg im Breisgau
Umschlaggestaltung: Christa Berger, Solingen
Satz und Layout: texte + töne, Emmendingen
Herstellung: Druckerei F.X. Stückle, Ettenheim
ISBN 978-3-7841-1311-1

Inhalt

„Erstgespräche haben eine Schlüsselposition im Hilfeprozess
und beeinflussen ganz elementar die Ergebnisse"
(Germain & Gitterman 1983:48).

Vorbemerkungen

Eine Arbeit mit empirischen Anteilen, wie sie in diesem Buch vorgelegt
wird, lässt sich kaum ohne die Hilfe anderer Personen bewerkstelligen. Das
gilt in erster Linie für die Sozialarbeiterinnen und Sozialarbeiter, die Zeit
und Mühe aufgewendet haben, um mir Informationen über die Anfangsphase in der sozialen Einzelhilfe zur Verfügung zu stellen. Rückmeldungen
auf die erste Version des Manuskripts haben mir wesentlich geholfen, einige Punkte überarbeiten zu können. Sie stammen in erster Linie von Hubert
Oppl, Diana Kargl, Ulrike Sand, Heide Sander, Ute Schlüpner und Volker
Schwiddessen. Dieter Wortmann, Gisela Henning, besonders aber Margret
Henke, Peter Loviscach, Meinolf Westerkamp und Manfred Schulte-Alte-
dorneburg haben auf unterschiedliche Weise zu anregenden Auseinander-
setzungen mit dem Manuskript beigetragen. Sollten dennoch Mängel ver-
blieben sein, so gehen diese selbstverständlich zu meinen Lasten – auch
deswegen, weil ich nicht immer den Vorstellungen der ProbeleserInnen ge-
folgt bin.
Peter Schönbach, Ute, Marlies, Jochen, Axel und auch Paula haben – zum
Teil ohne dies zu wissen – ebenfalls viel mit dem Entstehen des vorliegenden Buches zu tun. Allen genannten und ungenannten Helferinnen und Helfern danke ich herzlich.

Vorwort zur 4., überarbeiteten und erweiterten Auflage

Fast zehn Jahre nach Entstehen der ersten Auflage und mehreren weitgehend unveränderten Nachdrucken dieser Veröffentlichung stellte sich für Autor und Verlag die Frage, in welcher Form das Buch weiter erscheinen soll. Einerseits sind in den letzten Jahren Entwicklungen zu beobachten, die ein weiteres unverändertes Nachdrucken des Buches nicht länger tragbar erscheinen lassen. Andererseits findet das Buch kontinuierlich seinen Weg zum Publikum: die Nachfrage ist über die Jahre hinweg fast unverändert groß, was auf seine Verwendung in den Ausbildungsinstitutionen hindeutet. Als Entscheidungshilfe für mögliche Veränderungen wurde das Buch im Rahmen eines anderen Forschungsprojekts (vgl. Kähler 1999a) mehreren Fachvertretern aus der Sozialen Arbeit mit mindestens fünfjähriger beruflicher Tätigkeit zu einer kritischen Beurteilung vorgelegt. Das Ergebnis ist zwiespältig: es reicht von völliger Zustimmung und dem Plädoyer, alles weitgehend unverändert zu lassen, bis zu einer Reihe von – zum Teil sich widersprechenden – Anregungen. Diese wurden teilweise bei der hier vorgelegten Überarbeitung berücksichtigt. Darüber hinaus half die ausführliche Besprechung des Buches von Possehl (1993) bei den anstehenden Entscheidungen für eine Überarbeitung. Im folgenden berichte ich über die Ergebnisse dieses Entscheidungsprozesses und führe an, wo und in welcher Hinsicht Veränderungen im Sinne des Überarbeitens, Kürzens und Erweiterns vorgenommen beziehungsweise welche Teile der bisherigen Auflagen weitgehend unverändert übernommen wurden.

Leicht verändert, ergänzt um Hinweise auf zwischenzeitlich entdeckte oder neu erschienene Veröffentlichungen, blieben die Kapitel 1 und 2. Die dabei ursprünglich benutzte Perspektive der Gegenüberstellung von Nachfrage und Angebot der Sozialen Arbeit, die sich im Erstgespräch manifestiert, wurde ersetzt durch das in neuerer Zeit häufiger anzutreffende Bild von Erstgesprächen als „sensiblen Schnittstellen" (Meinhold 2/1997:20, 35) zwischen Klientsystem und Dienstleistungssystem (Wendt 1997:214). Diese Begrifflichkeit eignet sich m.E. besser als das problematische Bild von Angebot und Nachfrage bei der Nutzung sozialer Dienste. Außerdem werden die zentralen Begriffe „Erstgespräch" und „Soziale Einzelhilfe" etwas ausführlicher als bisher erläutert. Auch finden sich Ansätze zu einer Taxonomie der an Erstgesprächen beteiligten Personenkonstellationen, vor deren

Hintergrund die Überlegungen des Buchs beschränkt werden auf Erstgespräche zwischen einzelnen Sozialarbeitern und einzelnen Klienten. Weiterhin ausgeklammert bleiben Überlegungen zu Erstgesprächen mit bestimmten Klientengruppen – wie Alkoholkranken (z.b. Rüttimann 1982; Hutterer
1990), Kindesmissbrauch und -vernachlässigung (z.b. Oppenheim 1992;
Scott 1998; „Glinder Manual", vgl. Schone u.a. 1997), Kindergarteneltern
(Hollmann 1995). Weil es nach wie vor das Anliegen dieses Buchs ist, in das
Thema Erstgespräche einzuführen, ohne auf bestimmte Arbeitsfelder speziell einzugehen (vgl. dazu Kap. 1). Das gleiche Argument gilt auch für die
Entscheidung, nicht explizit auf berufliche Situationen einzugehen wie beispielsweise die Vorbereitung einer Hilfeplanung nach § 36 KJHG (vgl. Adler 1998; Aschenbrenner-Wellmann 1993; Kuntz 1999); ebensowenig auf
methodische Ansätze, die Erstgespräche stark therapeutisch ausrichten und
für deren Anwendung speziellere Vorkenntnisse oder Zusatzausbildungen
notwendig wären (z.b. Überlegungen zu psychoanalytischen Erstgesprächen bei Eckstaedt (1995), Hinweise auf psychodynamische Ansätze
(Rauchfleisch 1996), lösungsorientierte Kurztherapie (Walter, Peller 1994;
Albers, Hargens 1996), Herausarbeiten spezieller Fragetechniken wie zirku-
läre Fragen, spezielle Formen der Eröffnung wie „joining" usw.). Auch die
deutlich anders angelegte Inszenierung von Erstkontakten im „Intake"-An-
satz (vgl. z.b. Splunteren 1996) bleibt hier unberücksichtigt.
Die Begründung dafür, diese Besonderheiten von einer Neubearbeitung
auszuschließen, ist immer die gleiche: nach wie vor soll diese Veröffentlichung einer ersten allgemeinen Orientierung dienen – über grundlegende
Probleme und Möglichkeiten bei der Gestaltung von Erstgesprächen. Ar-
beitsfeldspezifische, methodenspezifische und aufgabenspezifische Besonderheiten sollen zusätzlichen Einarbeitungen vorbehalten bleiben. Allerdings versuchen die hier vorgestellten allgemeineren Überlegungen mit
derartigen Anschlüssen so weit es geht kompatibel zu sein. Dagegen wurden Weiterentwicklungen, die mit dieser Konzeption einer ersten Orientierung zusammenpassen, an den entsprechenden Stellen des Textes eingear-
beitet (z.B. Gesichtspunkte der Empowermentperspektive, insbesondere
Überlegungen zum „Kompetenzdialog"[1]).
Die stärkste Veränderung hat Kapitel 3 erfahren, das bisher dominant auf
Überlegungen zum Arbeitsbündnis ausgerichtet war. Vor dem Hintergrund
allgemeiner Überlegungen über Funktionen von Erstgesprächen in der sozialen Einzelhilfe wurde als zweiter Schwerpunkt das zentrale Ziel der Vertrauensbildung stärker als in den bisherigen Auflagen berücksichtigt. Diese
Erweiterung wurde durch das Erscheinen eines englischsprachigen Buchs
über Erstgespräche nahegelegt, das als wichtige Unterstützung und Ergän-

zung der hier vorgelegten Überlegungen aufgefasst werden kann: „The first helping interview. Engaging the client and building trust" von Sara F. Fine und Paul H. Glasser (1996). Fine lehrt Psychologie, Glasser ist als Professor an einer „school of social work" in den U.S.A. tätig. Der unterschiedliche akademische Hintergrund der beiden Autoren schlägt sich in den Ausführungen dieses Buches nieder: teilweise scheinen die Vorschläge stark aus der psychologischen Beratungserfahrung von Fine zu stammen; sie werden aber durch Gesichtspunkte, die offensichtlich von Glasser beigesteuert wurden, immer wieder auf den sozialarbeiterischen Kontext zurückbezogen. Das Buch ist eine Fundgrube für allgemeine und handfest praktische Richtlinien, wie Erstgespräche durchzuführen sind. Da auf längere Sicht keine deutsche Übersetzung zu erwarten ist, und die in diesem Buch angestellten Überlegungen eine wichtige Ergänzung zum hier vorliegenden Buch darstellen, gehe ich, stark angelehnt an die Ausführungen von Fine und Glasser, ausführlich auf allgemeine Gestaltungsprinzipien von Erstgesprächen ein, die dazu beitragen können, das Entstehen eines Vertrauensverhältnisses zwischen Sozialarbeiter und Klient zu fördern. Andere zu den Themen Vertrauensbildung und Arbeitsbündnis beitragende Publikationen aus den letzten Jahren werden dabei ebenfalls berücksichtigt.

Die folgenden Kapitel 4, 5, 6 und 7 entsprechen, bei einigen noch zu erwähnenden Änderungen, weitgehend dem bisherigen, sehr kompakt gehaltenen vierten Kapitel. Eine derartige Ausdifferenzierung und Umbenennung der Überschriften wurde vorgenommen, weil deutlich wurde, dass die bisherigen Gliederungspunkte 4.2 und 4.3 weitgehend korrespondieren mit den aus der (Selbst-)Evaluationsdiskussion bekannten Dimensionen der Verlaufs-, Ergebnis- und Strukturqualität. Um dies stärker herausarbeiten und explizit unter Evaluationsgesichtspunkten besser aufgreifen zu können, wurden neue Kapiteleinteilungen und -überschriften gewählt. Gesichtspunkte aus Fine & Glasser (1996) und anderen zwischenzeitlich veröffentlichten Beiträgen sind jeweils in die entsprechenden Unterpunkte eingefügt worden. Ein kurzer Abschnitt über das Beenden von Erstgesprächen wurde ergänzt.

Das „Rohmaterial" der Beispiele, mit der wörtlichen Wiedergabe von Auszügen aus Erstgesprächen, blieb im wesentlichen unverändert. Ein Beispiel, das zweimal aufgeführt war, ist jetzt nur einmal abgedruckt. Auf Wunsch vieler Leser wurden sprachliche Eigenarten in den wörtlichen Zitaten „geglättet", da sie zum Verständnis des Geschehens nicht beitragen, sondern im Gegenteil das Lesen eher zu erschweren schienen. Bei Bedarf stehen die Originalversionen für Forschungszwecke zur Verfügung; die früheren Darstellungen lassen sich bei speziellem Bedarf in den bisherigen Auflagen nachlesen.

11

Im Abschlusskapitel 8 (bisher: Kapitel 5) sind ebenfalls einige Änderungen und Ergänzungen vorgenommen worden. Ich habe versucht, in einem Schema die wichtigsten Gesichtspunkte zusammenzufassen – obwohl ich ansonsten durchgehend dagegen plädiere, Erstgesprächsführung zu schematisieren. Angesichts der zahllosen Paradoxien in der Sozialen Arbeit (vgl. hierzu Kähler 1996) mag ein derartiger, sich selbst widersprechender Versuch, vielleicht trotzdem zu einer Vertiefung und Zusammenfassung beitragen. Außerdem finden sich darin neu: einige Überlegungen zu Möglichkeiten des Lehrens, Lernens und Forschens im Bereich der Erstgespräche.

Die Fußnoten sind wie bisher bewusst ans Ende des Textes gestellt, da sie nur dann zu Rate gezogen werden müssen, wenn der Leser einer Quelle näher nachgehen will (vgl. die „Lesehinweise" in 1.3). *Grundsätzlich aber bleibt die Lektüre auch ohne Kenntnisnahme der Fußnoten sinnvoll.* Andererseits lohnt ihre Lektüre, weil sie wertvolle Anregungen und Vertiefungen enthalten. Längere Zitate im Text sind nur im Zusammenhang mit der ausführlichen Vorstellung von Auszügen aus Fine und Glasser (1996) im dritten Kapitel vorgesehen.

Auch das Titelbild wurde für die Überarbeitung geändert. Mehrere Probeleser monierten den bisherigen dunklen schwarzen Einband, der durch die zwei auf einen Punkt strahlenden Lampen wohl an ein Verhör erinnern konnte. Ein Erstgespräch soll sich dadurch auszeichnen, dass Menschen versuchen, eine Beziehung aufzubauen, um herauszufinden, inwieweit mit vorhandenen und gegebenenfalls zu ergänzenden Ressourcen anstehende Probleme gemeinsam bearbeitet werden können.

Wenn die neue Auflage stilistisch verbessert ist und weniger Druckfehler enthält als die bisherigen, ist das in erster Linie der akribischen Lektüre meines Kollegen Walter Wangler und anderer Probeleser zu verdanken. Bestehende Mängel verbleiben in meiner Verantwortung.

Alles in allem: Die Überarbeitung versucht, Bewährtes zu bewahren, dabei aber wichtige Neuentwicklungen, insbesondere das ausgesprochen hilfreiche und praxisorientierte Buch von Fine und Glasser (das zur ergänzenden Lektüre empfohlen sei) in zentralen Aussagen einzuarbeiten.

1. Zum Umgang mit diesem Buch

1.1 ENTSTEHUNGSHINTERGRUND

Die Anfangsphase der Zusammenarbeit von Sozialarbeitern und Klienten prägt entscheidend den weiteren Verlauf ihrer Beziehung zueinander. Insofern kommt diesem Anfang eine Schlüsselfunktion für die Qualität der beruflichen Praxis in vielen Teilbereichen sozialer Arbeit zu, vor allem bei sozialen Einzelhilfen. Erstgespräche spielen dabei eine besondere Rolle.

Soziale Arbeit zeichnet sich durch *Vielfalt und Streubreite der beruflichen Praxis* in einem Ausmaß aus, das Zweifel an der einheitlichen Berufsbezeichnung „Sozialarbeiter" nähren kann. Einige Beispiele von Erstgesprächen sollen illustrieren, vor welche höchst unterschiedliche Situationen Sozialarbeiter in der beruflichen Praxis gestellt werden können.

Beispiel 1: In einer Drogenberatungsstelle (DroBS) meldet sich die Mutter eines jungen Mannes, der über die DroBS in eine Langzeittherapie vermittelt worden ist. Der Sozialarbeiter kennt die Mutter schon von früheren Begegnungen. Bei einem Besuch des Sohnes zu Hause haben die Eltern erfahren, dass er HIV positiv ist. Jetzt kommt die Mutter ohne Voranmeldung, ist erschüttert, traurig, unsicher. Sie sucht Informationen, aber auch eine Gelegenheit, sich auszusprechen. Sie hat Angst vor Ansteckung, fühlt sich unsicher im Umgang mit der Krankheit, befürchtet einen Rückfall des Sohnes in Drogenkonsum. Schuldgefühle werden deutlich. Hinzu kommt, dass die Mutter nicht weiß, wie die Schulden ihres Sohnes zurückbezahlt werden sollen. Die Mutter erzählt viel von sich aus, der Sozialarbeiter braucht nur wenig beizutragen.

Der Sozialarbeiter bewertete das Gespräch als hohen Beitrag zu einer direkten Hilfe für die Mutter (Entlastung des Gefühlsdrucks) und zur Beratung und Information der Mutter. Es wurde vereinbart, dass die Mutter zum Elternkreis der DroBS geht (Kontakt wurde telefonisch hergestellt). Außerdem wurde vereinbart, dass die Mutter benötigte Unterlagen für die Schuldenregulierung an die Therapieeinrichtung schickt, von wo aus der Sohn eigenverantwortlich, eventuell mit einem der dortigen Betreuer, tätig werden soll. Weder während des Gesprächs noch nach dem Gespräch wurden schriftliche Aufzeichnungen gemacht, das Gespräch dauerte 30 Minuten. (Quelle: Fragebogen 011)

Beispiel 2: Beim Allgemeinen Sozialdienst geht die Meldung aus dem Sozialamt ein, dass ein alleinwohnender älterer Mann möglicherweise Hilfe benötigt. Die Bekannte dieses Mannes hat sich telefonisch an das Sozialamt gewandt. Der Sozialarbeiter macht einen Hausbesuch, bei dem zunächst die Bekannte mit anwesend ist. Es handelt sich um einen 88-jährigen Mann, der stark abgemagert und wahrscheinlich desorientiert ist. Der Klient ist offen, geht zögernd auf die Klärung der Gesamtsituation ein. Er nimmt ein erstes Hilfeangebot an. Für die nähere Zukunft soll die Kooperation mit anderen Institutionen (beispielsweise Mahlzeitendienst) eingeleitet werden.

Der Sozialarbeiter sah als wichtigste Funktion des Gesprächs den Aufbau eines Vertrauensverhältnisses. Während des Gesprächs machte er keine Notizen, nach dem Gespräch einen Aktenvermerk. Das Gespräch dauerte 40 Minuten. (Quelle: Fragebogen 050)

Beispiel 3: In der Gerichtshilfe erhält ein Sozialarbeiter von der Vollstreckungsabteilung der Staatsanwaltschaft den Auftrag, den Hintergrund für ausbleibende Ratenzahlungen einer Geldstrafe aufzuklären, insbesondere die persönlichen und finanziellen Verhältnisse und die Ursachen der Ratenrückstände zu ermitteln. Die Ermittlungs- und Vollstreckungsakten sowie frühere Gerichtshilfeberichte liegen ihm vor. Der Sozialarbeiter kündigt einen Hausbesuch an, zu dem am Anfang die Ehefrau des Klienten und die ganze Zeit über die kleine Tochter im Wohnzimmer anwesend sind. Es stellt sich heraus, dass die Familie in schwierigen finanziellen Verhältnissen lebt. Einem kleinen Einkommen stehen Schulden und Unterhaltsverpflichtungen gegenüber. Der Klient kann nur unvollkommen die aufgeworfenen Fragen beantworten, da sich die Ehefrau um den Schriftverkehr kümmert. Es wird vereinbart, dass die Ehefrau telefonisch noch fehlende Informationen dem Sozialarbeiter zur Kenntnis bringt, eventuell Kopien fehlender Unterlagen zuschickt. Der Klient soll mit seinem Arbeitgeber vereinbaren, dass Raten direkt vom Gehalt überwiesen werden.

Der Sozialarbeiter schrieb während des Gesprächs ausführlich mit und schrieb nach Klärung der noch offenen Fragen einen Bericht an die Staatsanwaltschaft. Das Gespräch dauerte 45 Minuten. (Quelle: Fragebogen 079)

Beispiel 4: In der Beratungsstelle eines freien Trägers meldet sich eine Frau. Sie erzählt, dass sie seit vielen Jahren geschieden ist und mit ihrem schulpflichtigen Sohn bei ihren Eltern lebt. Dies erzeugt Probleme, da die Eltern Einfluss auf die Erziehung nehmen. Vier Tage nach diesem Anruf wird telefonisch ein Termin für das Erstgespräch vereinbart, nachdem vorher im Team der Beratungsstelle festgelegt wurde, wer dieses Erstgespräch führen soll. Die Klientin berichtet sehr offen von ihrer Situation. Es gibt massive Abgrenzungsprobleme mit ihren Eltern einerseits und ihrem Sohn andererseits. Die Sozialarbeiterin hört zu, greift nur ein, um unklar gebliebene Punkte zu vertiefen. Starke Gefühlsäußerungen der Klientin (Wut auf ihre Eltern, Ängste), aber auch ihre Kraft werden bemerkbar. Gegen Ende des Gesprächs wird von der Sozialarbeiterin eine stärkere Strukturierung vorgenommen. Die Klientin will in eine Selbsthilfegruppe alleinerziehender Frauen. Die Sozialarbeiterin vermittelt ihr Adressen sowie Adressen von Wohnungsvermietern.

Das Gespräch wurde von der Sozialarbeiterin als wichtig für die Klärung der Zuständigkeit erlebt. Während des Gesprächs machte sie keine, nach dem Gespräch nur wenige Notizen. Das Gespräch dauerte 105 Minuten. (Quelle: Fragebogen 092)

Auf den ersten Blick schon wird deutlich, dass in den verschiedenen Beispielen sehr unterschiedliche Anforderungen an die Sozialarbeiter gestellt werden. Die Unterschiede etwa zwischen Beispiel 3 und 4 sind geradezu dramatisch zu nennen: es fällt schwer, überhaupt Parallelen zu finden.[2]
Der Heterogenität der Arbeitsfelder und der mit ihnen verbundenen Anforderungen an Sozialarbeiter[3] wird in der *Forschung*[4] nur ungenügend Rechnung getragen. In der Regel werden einzelne Arbeitsfelder mit ihren jeweils eigenständigen und typischen Berufsvollzügen analysiert und in Veröffentlichungen dargestellt. Überblicke über verschiedene Arbeitsfelder, aus denen die Unterschiedlichkeit Sozialer Arbeit erkennbar wird, finden sich selten.[5]
Auch in der *Ausbildung* zum Sozialarbeiter wird der Vielfalt möglicher Anforderungen im Beruf nur ungenügend Rechnung getragen. Dozenten an den Fachbereichen Sozialwesen der Fachhochschulen haben aufgrund der bestehenden Einstellungsvoraussetzungen in aller Regel Praxiserfahrungen in einzelnen Arbeitsfeldern.[6] Es kann nicht verwundern, dass von diesem Erfahrungshorizont her jeweils das Lehrgebiet nach anderen Notwendigkeiten abgegrenzt wird. Psychologen werden beispielsweise eher Beratungsideen als wichtig und notwendig ansehen, während Juristen eher Situationen erlebt haben dürften, in denen Sozialarbeiter kontrollierende Funktionen ausgeübt

15

haben. Ein Soziologe, der in der Psychiatrie Praxiserfahrungen gesammelt hat, wird zu anderen Prioritätensetzungen kommen, als eine Vertreterin für Medienpädagogik mit Praxiserfahrungen in der offenen Jugendarbeit. Ein Mediziner, der vor zwanzig Jahren seine praktischen Erfahrungen im Gesundheitsamt gesammelt hat, kommt zu anderen Schlussfolgerungen als die Pädagogin, die bis zu ihrer Einstellung an der Fachhochschule vor erst einem Jahr in der Erwachsenenbildung tätig gewesen ist.

Als *Konsequenz für die Ausbildung* lässt sich festhalten: Studierende der Sozialen Arbeit werden über Forschungsberichte und Lehrveranstaltungen häufig mit sehr unterschiedlichen, für sich genommen zwar durchaus berechtigten, aber häufig auf einzelne Arbeitsbereiche beschränkten Vorstellungen von Sozialer Arbeit konfrontiert. Eine Vorbereitung auf die Gesamtsituation ist aber nach meiner Überzeugung der wichtigste Auftrag der grundständigen Ausbildung zur Diplomierung als Sozialarbeiter – was Schwerpunktsetzungen schon während des Studiums nicht ausschließt. Während der Berufseinmündungsphase wird dann eine Spezialisierung auf ein einzelnes Arbeitsfeld erfolgen. Auf eine häufig wiederkehrende Situation wie die Anfangsphase der sozialen Einzelhilfe übertragen, bedeutet diese Ausgangslage, dass das *Typische und Gemeinsame sowie die Breite der möglichen Ausprägungen von Erstgesprächen* erkannt und ins Bewusstsein gebracht werden müssen, bevor dann eine Spezialisierung auf einzelne Arbeitsfelder erfolgen kann – die aber immer noch durch große Bandbreiten möglicher Ausprägungen gekennzeichnet sind. Selbst innerhalb eines Arbeitsfelds der Sozialen Arbeit ist die Vielfalt unterschiedlicher Anforderungen und Vorgehensweisen das hervorstechende Merkmal, das Vorkommen immer gleicher Anforderungen und Vorgehensweisen eher die Ausnahme. Dies begründet nach meiner Überzeugung die Notwendigkeit, sich auf die Vielfalt der möglichen Anforderungen einzustellen und die Fähigkeit, angemessen auf unterschiedliche Erfordernisse reagieren zu können, zu einem Schwerpunkt der Ausbildung zu machen. Gerade nicht die Vorbereitung auf bestimmte Situationen wie eine Beratungssituation, eine Sozialhilfebeantragung, ein Jugendgerichtshilfe-Gespräch usw. scheint mir das Angemessene, sondern umgekehrt: die Vorbereitung auf Situationen, in denen höchst Unterschiedliches notwendig werden kann, unter anderem auch einmal eine Beratung, eine Unterstützung bei einem Antrag auf Sozialhilfe oder ein Gespräch im Rahmen der Jugendgerichtshilfe. Die Beschäftigung mit den Eingangssituationen in der sozialen Einzelhilfe steht dabei als besonders geeignete Situation stellvertretend für andere berufliche Situationen, um diesen Standpunkt zu verdeutlichen.

Von diesen Ausgangsüberlegungen aus lässt sich auch das Interesse erklären, *Einblick in einen Querschnitt von Anfängen sozialer Einzelhilfen* in den unterschiedlichsten Arbeitsfeldern Sozialer Arbeit zu bekommen, weil nur auf dieser Grundlage Konsequenzen für die Ausbildung abgeleitet werden können. Es geht mir darum zu belegen, dass die Ausbildung zu Sozialarbeitern zentral von der *Unterschiedlichkeit der Ausgangslagen bei den Klienten und bei den Sozialarbeitern* in den vielfältigen Arbeitsfeldern ausgehen muss.

Dieses Buch versucht, am Beispiel der Anfangsphase sozialer Einzelhilfe den Nachweis zu führen, dass in der Sozialen Arbeit gerade nicht standardisiert gehandelt werden kann und darf – und gleichwohl nicht beliebig herumgewurstelt werden muss.[7] Eine Betrachtung der sehr unterschiedlichen Situationen und Ausgangslagen lässt nach meiner Überzeugung Schlussfolgerungen zu – die Anregungen für eine sinnvolle Vorgehensweise in von Fall zu Fall immer neuer Konkretisierung bieten.[8] Empirisches Material und daraus abgeleitete Vorschläge sollen in diesem Buch zur Diskussion gestellt werden.

1.2 QUELLENLAGE

Wegen des gerade beschriebenen Hintergrunds, dem Interesse am Thema „Erstgespräche in der sozialen Einzelhilfe", musste es darauf ankommen, möglichst umfangreiche Einblicke in die Wirklichkeit sozialarbeiterischer Praxis zu nehmen. Um zu vermeiden, dass nur einzelne Arbeitsfelder in die Betrachtung einbezogen werden, wäre es wünschenswert gewesen, quer zu den verschiedenen Praxisstellen eine repräsentative Auswahl zu treffen und innerhalb dieser Auswahl eine repräsentative Stichprobe von Erstgesprächen zu ziehen und einer Analyse zuzuführen.[9]

Auf eine Verwirklichung dieser wünschenswerten Vorgehensweise musste von vornherein verzichtet werden, weil zu viele Widerstände bei zu knappen Ressourcen zu erwarten waren. Die Schwierigkeiten beginnen schon damit, dass bisher keine zuverlässigen Informationen über die tatsächliche Verteilung der professionell arbeitenden Sozialarbeiter auf die verschiedenen Arbeitsfelder vorliegen, ein Zustand, der die beklagenswerte Ausgangssituation für die Sozialarbeitsforschung in der Bundesrepublik belegt. Damit ist es von vornherein erschwert, eine repräsentative Auswahl von Praxisstellen zu bestimmen.

Selbst wenn diese Möglichkeit einer repräsentativen Auswahl von Praxisstellen bestehen würde, wären trotzdem weitere Hürden beiseite zu räu-

17

men. Nach den Erfahrungen bei den Untersuchungen für diese Arbeit ist von einer nur sehr geringen Unterstützung derartiger Ansätze durch die Praxis auszugehen. Hier zeigt sich besonders schmerzhaft, wie gering die Erwartungen der in der Praxis tätigen KollegInnen an die Forschung sind. Hinzu kommen Befürchtungen und Ängste von Vorgesetzten, Zeitknappheit, Durchführungsschwierigkeiten und vermeintliche Datenschutzprobleme. Auf teilnehmende Beobachtungen von Erstgesprächen in der Praxis, für diese Arbeit vorgesehen, musste deshalb ebenso verzichtet werden wie auf Interviews mit Sozialarbeitern nach durchgeführten Erstgesprächen.[10] Angesichts dieser Situation stellt sich die Frage, wie überhaupt die Realität sozialarbeiterischer Praxis in Augenschein genommen werden kann. Leicht ließe sich flüchten in die verbreitete Haltung, episodenhafte Einblicke in die Praxis zur empirischen Grundlage jeweils vertretener Positionen hochzustilisieren. Da es möglich ist, angesichts der Vielfalt sozialarbeiterischer Probleme, für fast jede Position auch entsprechende Fälle als Belege beizubringen gelingt, könnte alles beim Alten bleiben. Hier wird eine andere Position zum Alles (die oben skizzierte ideale Vorgehensweise zur Bearbeitung des Themas) – oder – Nichts (die fallbezogene Absicherung jeweiliger Positionen) bezogen: Mögliche Zugänge zur Realität von Erstgesprächen sollen genutzt werden, selbst wenn jeder von ihnen durch Begrenzungen der Aussagekraft eingeschränkt ist. Durch die Kombination möglichst unterschiedlicher Quellen mit je unterschiedlichen Schwächen und Stärken soll die Chance optimiert werden, die Plausibilität der empirischen Argumentationsbasis zu stärken. Es handelt sich demnach um einen pragmatischen, trotz aller Schwierigkeiten und Grenzen auf empirische Materialien setzenden Mittelweg zwischen nicht einlösbarem Repräsentativitätsanspruch und als mangelhaft empfundener, auf einzelne Arbeitsfelder beschränkter Fallerörterung.

Folgende *Quellen* wurden für diese Arbeit beschafft und ausgewertet:

(1) *Videoaufzeichnungen von Erstgesprächen*: Aus Lehrveranstaltungen stammen 32 Videoaufzeichnungen von Erstgesprächen, die von Studenten eines Fachbereichs Sozialwesen gegen Ende ihres Studiums geführt wurden.[11] Die Videoaufzeichnungen wurden über mehrere Semester zunächst unsystematisch, zuletzt systematisch (nämlich alle) aus einem Seminar über Erstgespräche gesammelt. Die StudentInnen haben im Rahmen des Seminars zwei bis drei Gespräche auf Video aufgenommen, die dann nach verschiedenen Gesichtspunkten in Kleingruppen ausführlich und intensiv ausgewertet wurden. Das jeweils zuletzt aufgenommene Gespräch stammt dabei von einem „Quasi-Klienten": im Idealfall einem Sozialarbeiter, der

einen ihm bestens bekannten Klienten spielt. Mindestens aber handelt es sich bei diesem „Quasi-Klienten" um eine Person, die der Seminarteilnehmer vorher nie gesehen hat. Sie wird jeweils von einem anderen Seminarteilnehmer ausgesucht, auf das Gespräch vorbereitet und in einem Ringtausch einem anderen Seminarteilnehmer als „Klient" zur Verfügung gestellt. Es gibt Hinweise darauf, dass trotz eindringlicher Bitten, dies zu vermeiden, einige der so zustande gekommenen Gespräche „echt" waren, in dem Sinn, dass Klienten spielende Personen eigene Probleme zumindest mit einbrachten.

Die Qualität der Gesprächsführung variiert ebenso wie die Qualität der Klienten-Darstellung. Es überwiegt aber der Eindruck, dass zumindest über weite Strecken Gespräche geführt wurden, wie sie in der Praxis auch vorkommen können, allerdings überwiegen, bedingt durch die Anfängersituation der Studierenden, eher weniger geglückte Gesprächspassagen. Gesprächsanlässe, zu denen die Klienten aus Eigeninitiative gekommen sind, sind vermutlich überrepräsentiert. Auch insofern dürfte die Auswahl eher untypisch für Erstgespräche in der Sozialen Arbeit sein.

Für die Zwecke dieser Arbeit wurden die Videoaufzeichnungen noch einmal intensiv ausgewertet. Dabei wurden etwa 200 Auszüge und Anmerkungen gewonnen. Die Auswahl der Abschnitte, die wörtlich transkribiert wurden, erfolgte nach Gesichtspunkten, die sich im Laufe mehrerer Semester gemeinsamer Auswertungsarbeit als wichtig herausgestellt und im Gesamtergebnis dieser Arbeit ihren Niederschlag gefunden haben. Aus diesem Material werden Beispiele zitiert, um die hier vorgetragenen Argumente zu illustrieren. Dass die Zahl von Beispielen mit kritisierbaren Inhalten solche mit empfehlenswerten Inhalten übersteigt, hat mit der Herkunft des Materials aus Ausbildungszusammenhängen zu tun. Zum Teil deuten sie auf eine erschreckende Unbeholfenheit hin, die ohne Frage mit der mangelnden Erfahrung der angehenden Sozialarbeiter zu tun hat. Wenn ich sie trotzdem zitiere, dann nicht, um „billige" Kritik zu üben. Vielmehr geht es mir darum, wo immer es möglich und sinnvoll erscheint, die vorgetragenen Argumente durch empirische Beispiele zu belegen – leider häufiger durch Negativbeispiele, nicht selten aber auch durch anregende und gelungene Beispiele. Rückmeldungen aus der Praxis bestätigen im Übrigen, dass viele der in den Beispielen erkennbaren Schwierigkeiten der Gesprächsführung durchaus nicht auf StudentInnen höherer Semester beschränkt sind. – Beispiele aus diesen Gesprächen sind im Text jeweils mit der Nummer des Gesprächs kenntlich gemacht (zum Beispiel „Quelle: Gespräch 26").

(2) *Fragebogencharakterisierungen von Erstgesprächen*: Gesprächsaufzeichnungen aus Ausbildungssituationen haben ganz offensichtlich eine nur

begrenzte Aussagekraft. Notwendig erschien deshalb eine Anstrengung, die Realität von Erstgesprächen in der Praxis Sozialer Arbeit näher zu beleuchten. Über diplomierte Sozialarbeiter im Anerkennungsjahr wurden Erstgespräche, die sie selbst oder ihre Praxisanleiter in ihrer Anwesenheit durchführten, auf Fragebögen dokumentiert. Insgesamt 107 Fragebögen aus unterschiedlichsten Arbeitsfeldern wurden auf diese Weise gesammelt. Eine Zusammenfassung der Ergebnisse sowie Angaben über ihre Aussagekraft und Grenzen sind bei Bedarf in einer separaten Veröffentlichung nachzulesen (Kähler 1991 b). Im Text dieses Buches werden an den jeweiligen Stellen wichtige Ergebnisse aus dieser Veröffentlichung als Argumentationshilfe herangezogen. Beispiele und Belege aus dieser Quelle werden im Text durch die Nummer der Fragebögen („Quelle: Fragebogen 068") kenntlich gemacht.

(3) *Fallmaterialien*: Aus einem Begleitseminar für diplomierte Sozialarbeiter im Anerkennungsjahr stammen einzelne Beispiele und Fälle, die ausführlich dargestellt und erörtert wurden.

(4) *Analysen aus der Literatur*: Eine Analyse der Beziehung von Sozialarbeitern und Klienten in Erstgesprächsituationen der sozialen Einzelhilfe auf der bloßen Grundlage von Gesprächsaufzeichnungen und Fragebögen-Dokumentation muss notwendig an der Realität vorbeigehen und zu kurz greifen, weil die Hintergründe, die Einfluss auf die Erstgespräche nehmen, in den Gesprächen selbst nicht immer deutlich sichtbar werden. Um diesen verkürzten Blick zu korrigieren, wurde versucht, die Hintergrundsituation von Erstgesprächen in der Sozialen Arbeit durch die Auswertung von Analysen und Darstellungen in der Fachliteratur zu ergänzen. Der Schwerpunkt dieser Darstellung liegt in den Kapiteln 2 und 3 dieser Arbeit, hat aber Konsequenzen für die mehr ins Detail gehenden Erörterungen in den Kapiteln 4 bis 7. Angesichts der Fülle des vorliegenden Materials zu Gesprächsführung, Sozialarbeiter-Klienten-Beziehung, Realität sozialarbeiterischer Handlungsvollzüge und ähnlichen Stichworten, bin ich trotz einiger getroffener Vorsichtsmaßnahmen[12] sicher, wichtiges Material nicht berücksichtigt zu haben. Die Auswahl der Literatur ist demnach angreifbar. Angesichts der zur Verfügung stehenden Zeit aber und der eindeutigen Schwerpunktsetzung auf die Beschaffung und Auswertung empirischer Materialien (zu einer sonst in der Literatur wenig bekannten beruflichen Situation der Sozialen Arbeit) halte ich diesen Mangel für das kleinere Übel im Vergleich zu einer vollständigeren Berücksichtigung vorhandener Literatur ohne empirische Belege. Andererseits hege ich die Hoffnung, dass bei der Darstellung keine allzu starken Einseitigkeiten entstanden sind.

1.3 LESEHINWEISE

Das Buch wurde ganz bewusst in erster Linie für Sozialarbeiter in Ausbildung und Praxis geschrieben. Dieser Personenkreis hat wenig Zeit. Ein Buch neben dem alltäglichen Arbeitspensum zu lesen, erfordert Anstrengung und Konzentration. Die Interessen und Voraussetzungen sind mit großer Sicherheit breit gestreut und sehr unterschiedlich – diese Vermutung kann an Hand der herangezogenen empirischen Materialien und der Reaktion von Probelesern belegt werden. Für eine sehr bunt zusammengesetzte Zielgruppe zu schreiben, lässt es geraten erscheinen, LeserInnen Hilfen bereitzustellen, die es ihnen erleichtern, selbständig zu entscheiden, wie tief sie an welcher Stelle in die Materie des Themas eindringen wollen. Aus diesem Grund ist der Haupttext des Buches – mit Ausnahmen besonders im Kapitel 3 – weitgehend von Hinweisen auf Literatur, von Tabellen, Zitaten, Querverweisen o.ä. freigehalten worden. Sie sind in Anmerkungen untergebracht, die immer dann gelesen werden können, wenn Argumentationen auf ihre Grundlage hin näher betrachtet und überprüft werden sollen. In diesen Anmerkungen gibt es – an Stelle der sonst üblichen Praxis der Verweise auf Literatur, die ein Leser mit wenig Zeit aber in aller Regel doch nicht heranziehen kann – überdurchschnittlich viele Zitate als Belege. *Für das Verständnis des Textes aber sind die Fußnoten entbehrlich und können insofern getrost ignoriert werden.* Für ein Nachlesen an den Stellen, die LeserInnen besonders interessieren, bieten sie die Möglichkeit zu eigenständiger Urteilsbildung und Vertiefung. Die empirischen Grundlagen dieser Arbeit sind in eine separate Veröffentlichung verbannt worden, wo jeder Interessent ihre Tauglichkeit in Augenschein nehmen kann – aber nicht muss (Kähler 1991 b). Das bezieht sich vor allem auf die quantitativen Auswertungen des Fragebogensmaterials, nicht aber auf Beispiele aus Fragebögen und Videoaufzeichnungen, die hier auszugsweise oder als Zusammenfassungen in den Text einbezogen wurden, um bestimmte Gesichtspunkte zu veranschaulichen.

2. Erstgespräche als Schnittstellen

2.1 DER ERSTE BLICK TRÜGT

Ein Beobachter, der sich von außen einem Erstgespräch zwischen Sozialarbeiter und Klient nähert, würde auf den ersten Blick wenig Unterschiede zu anderen Gesprächssituationen feststellen, in denen sich einander fremde Menschen begegnen.[13] Zentrale Merkmale sind zunächst Fremdheit, Unsicherheit und Spannung,[14] die zwischen bisher mehr oder weniger fremden Gesprächspartnern im Spiel sind, selbst wenn sie hinter den für diese Ausgangslage gesellschaftlich bereitgestellten Konventionen nicht immer augenfällig sein mögen. Bestimmte Höflichkeitsregeln wie Begrüßung und wechselseitige Vorstellung der beteiligten Personen sind erste Schritte, aus der Fremdheit herauszutreten. Diese Charakterisierung gilt in geringerem Maße, aber ähnlich, wenn es zwischen den Gesprächsführenden schon zu informellen Kontakten und zu einer Vertrauensbildung gekommen ist. Im folgenden geht es in erster Linie um *Begegnungen* zwischen Sozialarbeitern und Klienten *ohne derartige vorherige Annäherungen*.

Zur Entwicklung einer Beziehung zwischen vorher völlig fremden Personen sind besonders in der ersten Phase der Begegnung die *nicht-sprachlichen Informationskanäle*[15] extrem wichtig. Die Erscheinungsformen der Personen, ihr Alter, ihr Geschlecht, ihre Kleidung, die Einrichtung der Umgebung sowie die Art des Auftretens geben Anhaltspunkte für Interpretationen, an denen sich erste Wahrnehmungen und Einschätzungen orientieren können. Mit jedem weiteren Verhaltensschritt, der von beiden Gesprächspartnern gegangen wird, kann von beiden Seiten die Situation näher definiert und damit Unsicherheit abgebaut werden.[16] Die beiden Personen zugängliche gemeinsame Erfahrung kann dann dazu führen, dass aus Fremdheit allmählich Vertrautheit entsteht. In Kapitel 3 wird dieser Annäherungsprozess und seine möglichen Beiträge zur Ausbildung eines Vertrauensverhältnisses näher beleuchtet.

Zu beobachten, wie eine von *Unsicherheit gekennzeichnete Begegnung* zwischen zwei einander fremden Personen in eine Beziehung einmündet, die allmählich ein eigenes Regelsystem entwickelt, das *Orientierung, Sicherheit und Vertrauen* zulässt, legt nahe, nach Faktoren zu fahnden, die diesen Prozess günstig beeinflussen können. Es ist daher nicht verwunderlich, dass entsprechende Ratgeberbücher mehr oder weniger wertvolle Hilfen für die Bewältigung derartiger Situationen bereitstellen.[17]

Inwieweit eine derartige Einschätzung auch auf Erstgespräche zwischen Sozialarbeitern und Klienten übertragbar ist, muss allerdings einer näheren Überprüfung vorbehalten sein. Zu einer ersten Annäherung an das Problem soll der Beginn eines Gesprächs im Büro einer Sozialarbeiterin in der betrieblichen Sozialarbeit vorgestellt werden:

Beispiel 5: (im Büro einer Betriebs-Sozialarbeiterin. Klientin (Kl) und Sozialarbeiterin (SA) setzen sich nach Eintritt der Kl).

Kl: Ich sollte hierher kommen.

SA: Frau (Name), ja? War richtig?

Kl: Ja.

SA: Ja, also wie gesagt, dass Sie hier sind, das hab nicht ich veranlasst, sondern das wissen Sie ja, der Personalrat hat das veranlasst ... das Personalbüro.

Kl: Warum eigentlich? (angriffslustiger Ton)

SA: Das hat man Ihnen ... überhaupt nicht ... gesagt, warum man ...

Kl: Nein ... Der (Name) hat nur gesagt, ich sollte jetzt, 14 Uhr, bei Ihnen erscheinen, ich hätte einen Termin bei Ihnen.

SA: Und der hat nicht gesagt, warum und wieso?

Kl: Nee ... ich hab auch nicht nachgefragt.

SA: Hm. Sie haben nichts dagegen, wenn ich etwas mitschreibe? Weil es geht ja darum, dass ich doch eine kleine Gedächtnisstütze brauche, weil ich eben nicht alles im Kopf behalten kann und ich denke, das wird auch in Ihrem Interesse sein, dass ich ungefähr weiß, worum es geht, wenn wir miteinander sprechen.

Kl: Aber ich würde vorher ganz gern erfahren, weshalb ich überhaupt hier bin, bevor ich überhaupt entscheiden kann, ob ich nichts dagegen habe, dass Sie mitschreiben. Ich meine, die Personalakte werden Sie ja sowieso einsehen können, insofern haben Sie einiges an Daten über mich.

SA: Ja ... eh ... mir ist gesagt worden, dass Sie angeblich Probleme mit Alkohol haben.

Kl: Die übertreiben doch.

SA: Ist es Ihnen jetzt recht, wenn ich mitschreibe oder ... (erklärt nochmals ihren Wunsch, mitschreiben zu wollen). (Quelle: Gespräch 08)

Dieses Beispiel – unabhängig von aller gebotenen Kritik an der Entstehung und Durchführung des Gesprächs – ist zwar nicht typisch für Erstgespräche in der Sozialen Arbeit. Andererseits aber kann ein Gespräch dieser Art in der

Sozialen Arbeit durchaus nicht ausgeschlossen und insofern als erster Beleg dafür angeführt werden, dass zumindest potentiell Erstgespräche in der Sozialen Arbeit deutliche *Unterschiede zu anderen Begegnungen* zwischen fremden Personen aufweisen können. So fällt an diesem Beispiel deutlich auf, dass zwar beide Gesprächsteilnehmer sich vorher noch nicht gesehen haben, insofern einander fremd sind, andererseits schon deutliche Erwartungen über den jeweils anderen existieren: die *Sozialarbeiterin* hat offenbar von anderer Stelle Informationen über die Klientin erhalten. Während ihrer Ausbildung hat sie mit großer Sicherheit Grundkenntnisse über Entstehung und Ausprägungsgrade von Alkoholerkrankungen erlangt, sie weiß über mögliche Zusammenhänge mit anderen sozialen Problemen wie Arbeitslosigkeit, Berufsstress und Konflikten in Familien Bescheid. Während ihrer bisherigen beruflichen Praxis hat sie vielleicht schon eine Reihe von Erfahrungen mit alkoholkranken Mitarbeitern gemacht. Von daher wird sie mit bestimmten Wahrnehmungsschwerpunkten an die Begegnung mit der neuen Klientin herangehen, ohne allerdings schon vorher zu wissen, wie es diesmal sein wird. Außerdem hat sie einen Auftrag im Kopf, der sich aus ihrer Position im Betrieb ergibt: es wird eine Stellenbeschreibung geben, in der ihre Aufgaben festgelegt sind. Es wird darüber hinaus im Geschäftsverteilungsplan eine Vorgabe für die Zusammenarbeit mit anderen Dienststellen und Abteilungen enthalten sein. Darüber gelagert sind wahrscheinlich informelle Kontakte, Rivalitäten, Sympathien und Antipathien zu den Inhabern derartiger Positionen, die ihr Vorgehen in dieser Situation möglicherweise beeinflussen. Vor diesem Hintergrund ist es nicht verwunderlich, dass sie in den ersten Minuten des Gesprächs wie auch in den darauffolgenden gezielt Fragen stellt. Dieses Verhalten deutet darauf hin, dass sie eine möglichst hieb- und stichfeste Problemdarstellung zu erheben bemüht ist. Sie möchte die Antworten auf diese Fragen gern schriftlich festhalten, was aber bei der Klientin Misstrauen auslöst, da diese mit ganz anderen Voraussetzungen in das Gespräch geht.

Die *Klientin* hat offensichtlich ebenfalls Vorinformationen über die Sozialarbeiterin, wahrscheinlich weniger als Person denn als Vertreterin einer bestimmten Abteilung des Betriebs. Sie hat bestimmte Erfahrungen im Betrieb gemacht, direkt oder indirekt erfahren, was Sozialarbeiter im Betrieb machen, wenn von alkoholkranken Mitarbeitern die Rede ist. Je nach der Art dieser Vorerfahrungen und der beruflichen und persönlichen Situation, in der sie sich befindet, wird ihre Haltung gegenüber der Person, die sie als Vertreterin der betrieblichen Sozialarbeit vorfindet, vorgeformt sein. Es dürfte für die Klientin allerdings noch schwieriger als für die Sozialarbeiterin sein, ein angemessenes Verhalten für diese Ausgangslage zu finden, da für sie die Struktur der Situation sehr viel undurchsichtiger ist als für die Sozialarbeiterin. Einerseits deuten einige Aspekte der Situation auf eine lockere Atmosphäre und die Bereitschaft zu Hilfestellungen für die Klientin hin: immerhin begründet die Sozialarbeiterin ihren Wunsch, mitschreiben zu wollen, mit dem Ziel, die Interessen der Klientin wahrnehmen zu wollen. Andererseits lässt gerade dieser Wunsch nach Festhalten von Informationen eine andere Deutung zu, die die Klientin misstrauisch werden lässt. Hier wird die „Doppelgesichtigkeit" von Begegnungen zwischen Vertretern der Sozialen Arbeit und Klienten zumindest in einigen Arbeitsfeldern erkennbar, die bei näherer Betrachtung dieser beruflichen Situation offensichtlich nicht außer Acht gelassen werden darf, wenn nicht bloße oberflächliche Richtlinien für die Gesprächsführung als Ergebnis abfallen sollen.[18]

Wenn diese Charakterisierung – zumindest im Beispiel – zutrifft, würde dies auf eigenständige Regeln und Umgangsformen in den ersten Begegnungen zwischen Sozialarbeiter und Klient aufmerksam machen, die nicht mit denen äußerlich ähnlicher Situationen übereinstimmen können. Der wichtigste Unterschied zu alltäglichen Erstkontakten scheint darin zu liegen, dass mit einer erheblich stärkeren Vorprägung sowohl auf Seiten der Sozialarbeiter als auch auf Seiten der Klienten zu rechnen ist. Einerseits kommen in der Begegnung soziale Gesetzmäßigkeiten zum Ausdruck, wie sie für direkte Begegnungen zwischen zunächst fremden Menschen vorgegeben sind. Andererseits wird offenbar, dass auf Seiten der Sozialarbeiter u.a. die Einbindung in seine Abteilung (oder in anderen Fällen: seine Dienststelle) eine zusätzliche Orientierung notwendig macht, die massiv in das Verhalten eingreift.[19]

Ähnlich scheint das Verhalten der Klienten unter anderem durch ihre Ausgangslage, die Vorgeschichte des Gesprächs, die Struktur der anstehenden sozialen Probleme oder einfach durch ihre Persönlichkeit stark vorstrukturiert zu sein. Um sich der Wirklichkeit der Anfangsphase der sozialen Einzelhilfe zu nähern, ist es deshalb notwendig, auf die Voraussetzungen der sich begegnenden Systeme stärker einzugehen. Dies geschieht in den folgenden Abschnitten systematischer, als es bisher an Hand eines Beispiels geleistet werden konnte. Zunächst soll der Frage nachgegangen werden, mit welchen Voraussetzungen potentielle Klienten in ein Erstgespräch kommen (Abschnitt 2.2.). Danach soll die Situation der Sozialarbeiter beleuchtet werden (Abschnitt 2.3.).[20] Vor diesem Hintergrund soll dann die Erstgesprächssituation mit besseren Voraussetzungen erneut charakterisiert werden (Abschnitt 2.4.). Damit ist dann der Rahmen geschaffen, um eine differenziertere und angemessenere Sichtweise der Anfangsphase sozialer Einzelhilfe zu entwickeln. Dazu werden zunächst die wichtigsten Funktionen und Ziele von Erstgesprächen erörtert (Kapitel 3), um danach auf der Basis empirischer Materialien differenzierter auf einzelne Aspekte der Durchführung von Erstgesprächen einzugehen (Kapitel 4 bis 7).

An diesem Vorgehen ist erkennbar, dass *Erstgespräche als sensible Schnittstellen zwischen Klientsystem und Dienstleistungssystem*[21] Sozialer Arbeit interpretiert werden.

2.2 DIE SEITE DER KLIENTEN

Wenn Klienten und Sozialarbeiter im Rahmen der sozialen Einzelhilfe zu Erstgesprächen zusammentreffen, können die unterschiedlichsten Vorgaben und Anlässe auf der Seite der Klienten vorliegen. Die dabei zu Tage tretenden Probleme haben eine ganz persönliche einmalige Ausformung. Subjektiv erleben die Klienten ihre Probleme meist als private Angelegenheit. *Zentrale These* dieses Kapitels ist, dass *die Probleme*, die Gegenstand von Sozialer Arbeit werden, in aller Regel *auch sozialstrukturelle, überindividuelle Anteile* haben, die in Betracht zu ziehen, eine Grundvoraussetzung erfolgversprechender professioneller Hilfe darstellt. Geschieht dies nicht, werden Klientenprobleme leicht auf Probleme der jeweils individuellen Problemträger reduziert und damit die Lösungsansätze ausschließlich auf die einzelnen Klienten bezogen. Diese Reduktion aber wird angesichts der Vieldimensionalität der meisten Probleme, mit denen professionelle Sozialarbeiter zu tun bekommen, die Arbeit eher erschweren. Dieser These liegt erkennbar eine *ökosoziale Sichtweise* Sozialer Arbeit zugrunde: In jeder Problemkonstellation von Klienten steckt in einmaliger Kombination Individuelles sowie Umfeldbedingtes beziehungsweise Sozialstrukturelles. Hier soll zunächst an wenigen Beispielen illustriert werden, wie sich sozialstrukturell bedingte Problemlagen in individuellen Klientenschicksalen niederschlagen können (2.2.1.). Vorhandene Probleme und ihre individuelle Verarbeitung stellen aber nur eine Bedingung für die Inanspruchnahme Sozialer Arbeit dar. Andere Einflussgrößen entscheiden darüber, ob vorhandene Probleme tatsächlich zu einer Nutzung von Angeboten Sozialer Arbeit führen. Die dabei ins Auge zu fassenden Bedingungen und Barrieren, die ebenfalls jenseits und über die individuellen Klienten hinaus das Zustandekommen von Erstgesprächen beeinflussen, werden ebenfalls skizziert (2.2.2.).

2.2.1 Einige sozialstrukturelle Hintergründe

Einige wenige Beispiele für individuelle Ausprägungen allgemeiner sozialstruktureller Rahmenbedingungen sollen illustrieren, dass Probleme, die in

Erstgesprächen zur Sprache kommen, fast immer auch überindividuelle sozialstrukturelle Aspekte zum Hintergrund haben. Insofern haben Sozialarbeiter selten nur mit einzelnen individuellen Klienten zu tun, sondern fast immer *auch mit dahinter liegenden allgemeineren Rahmenbedingungen.* Die Beispiele dienen zugleich als Einführung in die ausführlichere Beschäftigung mit der Realität von Erstgesprächen in der Sozialen Arbeit und sollen die Unterschiedlichkeit der Ausgangslagen weiter verdeutlichen.

Beispiel 6: Im Rahmen der Arbeit einer Bewährungshelferin erscheint nach mündlicher Terminabsprache ein Libanese, der in der Bundesrepublik ohne Aufenthaltsgenehmigung nur geduldet wird. Persönliche Daten, Urteil und Entlassungsbegründung der Justizvollzugsanstalt liegen der Sozialarbeiterin vor. Wegen mangelnder Deutschkenntnisse fällt die Verständigung schwer. Der Klient möchte arbeiten, darf dies aber nicht, da er keine Arbeitserlaubnis erhält. Es wird ein neuer Termin nach 14 Tagen vereinbart, zu dem ein Freund des Klienten als Dolmetscher mitgebracht werden soll. Leistungsmöglichkeiten nach dem Bundessozialhilfegesetz werden besprochen.
Von der Sozialarbeiterin wurde dieses Gespräch als wichtig für die Abklärung der Zuständigkeit in dieser Angelegenheit eingestuft. Nach dem Gespräch fertigte sie eine Aktennotiz an. Das Gespräch dauerte eine halbe Stunde. (Quelle: Fragebogen 096)

Angesichts der Bedeutung der Erwerbsarbeit für fast alle Lebensbereiche spielen die gesellschaftlichen Strukturen ihrer Organisation und Gestaltung in das Leben aller Gesellschaftsangehörigen hinein.
Deutlich wird in diesem Beispiel, wie stark die Rahmenbedingungen das individuelle Schicksal prägen: ohne die politische Gestaltung des Ausländerrechts in einer bestimmten historischen Phase der Bundesrepublik Deutschland und ohne bedeutsame Wanderungsbewegungen zwischen Weltregionen sähe die Situation des libanesischen Klienten anders aus.

Beispiel 7: Aufgrund der Anklageschrift der Staatsanwaltschaft wird ein Klient schriftlich zu einem Gespräch ins Jugendamt bestellt. Persönliche Daten und Inhalt der Anklageschrift liegen dem Sozialarbeiter vor. Die Anklage bezieht sich auf einen Diebstahl im Wert von unter DM 10.-. Der Klient gibt an, aus Hunger gestohlen zu haben. Der Klient ist arbeitslos und berichtet, Schwierigkeiten bei der Einteilung des wenigen verfügbaren Geldes zu haben. Der Klient ist nur wenig gesprächsbereit, der Sozialarbeiter muss häufig nachfragen. Auch nach Pausen reagiert der Klient nicht. Sozialarbeiter und Klient vereinbaren, dass sie bis zur Gerichtsverhandlung abwarten wollen. Der Sozialarbeiter will dem Gericht das Ableisten eines Sozialdienstes vorschlagen. Geht das Gericht auf diesen Vorschlag ein, soll ein weiteres Gespräch zur Vorbereitung des Sozialdienstes stattfinden.

Aus der Sicht des Sozialarbeiters trug das Gespräch in hohem Maße zur Abklärung der Zuständigkeit, zur Beratung/Information des Klienten und zu einer unmittelbaren Krisenintervention bei. Während des Gesprächs wurden Notizen, nach dem Gespräch eine Aktennotiz gefertigt. Das Gespräch dauerte 25 Minuten. (Quelle: Fragebogen 034)

Beispiel 8: Im Auftrag der Vollstreckungsabteilung einer Staatsanwaltschaft macht die zuständige Sozialarbeiterin einen schriftlich angekündigten Hausbesuch. Ermittlungs- und Vollstreckungsakten sowie ein früherer Gerichtshilfebericht liegen ihr vor. Während des Gesprächs in der Wohnung sind außer dem Klienten die kleine Tochter, zu Beginn auch die Ehefrau des Klienten anwesend. Anlass des Gesprächs ist ein entstandener Ratenrückstand. Die persönlichen und wirtschaftlichen Verhältnisse sowie die Ursachen für den Zahlungsrückstand werden erörtert. Schulden und Unterhaltsverpflichtungen bei einem geringen Einkommen bilden den Hintergrund für die entstandene Lage. Der Klient beantwortet Fragen relativ kurz, häufig kann er nicht antworten, da seine Frau den Schriftverkehr regelt. Es wird vereinbart, dass die Ehefrau fehlende Informationen in Form von Kopien nachreicht. Der Klient will/soll mit dem Arbeitgeber eine direkte Überweisung der Geldstrafe vom Gehalt vereinbaren. (Eine Probeleserin machte darauf aufmerksam, dass gerade dies zu vermeiden wäre, weil eine derartige Regelung letztlich für den Klienten nachteilig wäre.)

Das Gespräch wurde von Sozialarbeiter als hoher Beitrag zur Problemeinschätzung und zur direkten Hilfe für den Klienten eingeschätzt. Während des Gesprächs wurden ausführliche Notizen gemacht, nach dem Gespräch ein Bericht geschrieben. Das Gespräch dauerte 45 Minuten. (Quelle: Fragebogen 079)

In hochindustrialisierten Gesellschaften werden die meisten lebensnotwendigen Dienstleistungen und Güter mit Geld käuflich erworben. Damit entscheidet die finanzielle Ausstattung maßgeblich über fast alle Bereiche des

Lebens. Fehlt bei knapper finanzieller Ausstattung die – wie in Beispiel 7 – besonders notwendige Fähigkeit zu planvollem Umgang mit Geld, kann nicht nur Armut, sondern unmittelbare Not mit Hunger die Folge sein. Die daraus entstehende kriminelle Handlung setzt dann – trotz des lächerlich niedrigen Wertes der gestohlenen Ware – den gesellschaftlichen Kontrollapparat in Gang, als Teil dessen auch Vertreter Sozialer Arbeit bemüht werden. Auch im Beispiel 8 deuten sich beeindruckend die Auswirkungen geringer materieller Ausstattung auf mehrere Lebensbereiche an. Obwohl der Klient im Arbeitsprozess steht, scheint die Entlohnung vergleichsweise gering zu sein. Die Folgen der gesellschaftlich und historisch bedingten Verteilungsstruktur des Volkseinkommens und -vermögens werden hier exemplarisch sichtbar und weisen über das individuelle Einzelschicksal hinaus. Dieses Beispiel macht aber zugleich auch auf mögliche individuelle Anteile aufmerksam. Interessant an beiden Beispielen ist, dass die beteiligten Sozialarbeiter nicht in erster Linie als Vertreter der Umverteilung und der Hilfestellung in materiellen Notsituationen auftreten, sondern aufgrund ihres Auftrags in bestimmten Einrichtungen eher in kontrollierender Funktion handeln, nachdem die Klienten straffällig geworden sind.

Die für die Analyse von Erstgesprächen herangezogenen Befunde belegen deutlich die Auswirkungen gesellschaftlicher und anderer Rahmenbedingungen wie etwa Arbeitssituationen, berufliche Qualifikation, Gesundheit, Wandel der Familienstrukturen oder die Einkommensverteilung. Soziale Einzelhilfe muss sich deshalb auf diese strukturellen Hintergründe der Problementstehung einstellen und ihnen Rechnung tragen.

2.2.2 Bedingungen und Barrieren der Inanspruchnahme sozialer Dienste

Zwischen dem Ausmaß objektiv vorhandener Probleme und ihrem Niederschlag als Nachfrage nach Sozialer Arbeit muss deutlich unterschieden werden, da bis zum Nachfragen nach Sozialer Arbeit mehrere *Selektionsfilter* wirksam sind: Nachfragewirksame Probleme stellen offensichtlich nur eine Teilmenge der Gesamtmenge tatsächlich vorhandener Probleme dar. Im Hinblick auf die abzuleitenden Konsequenzen für die Gestaltung von Erstgesprächen sind dabei *verschiedene Ausgangssituationen* voneinander zu unterscheiden: Erstgespräche, die dadurch zustande kommen, dass sie (1) den Klienten verordnet oder (2) angeboten wurden und (3) Erstgespräche, die von Klienten erbeten wurden. Im Hinblick auf diese unterschiedlichen Ausgangssituationen ist es dann sinnvoll zu fragen, inwieweit Unterschiede in der Auftretenswahrscheinlichkeit von Problemen, inwieweit systematische Unterschiede in der Fähigkeit zur Bewältigung von Problemen und Unterschiede zur Inanspruchnahme professioneller Hilfe nachweisbar sind. Die Unterscheidung ist allerdings nicht trennscharf, sie ist als Dimension unterschiedlicher Druck- und Ziehfaktoren („push and pull") zu verstehen, die auf Klienten einwirken. Hier werden die Begriffe zunächst nur zum nachvollziehbaren Umgang eingeführt, bevor an anderer Stelle (vgl. 4.3., 4.4, 4.5) die Handlungskonsequenzen ausführlicher vorgestellt werden.

(1) *Behördlich verordnete Erstgespräche*: Viele Erstgespräche werden Klienten unabhängig von ihrer Zustimmung verordnet. Zum Kontakt kommt es, weil das Nichtwahrnehmen eines derart verordneten Erstgesprächs für die Betroffenen noch nachteiligere Folgen hätte als die Belastung durch das unerwünschte Zusammenkommen mit dem Sozialarbeiter.[22] Vor allem im Justizbereich (Bewährungshilfe, Gerichtshilfe, Justizvollzugsanstalten), in totalen Institutionen (Gefängnisse, Pflegestationen, geschlossene Stationen in psychiatrischen Krankenhäusern), aber auch in Situationen, in denen Klienten nur über bestimmte Auflagen bestimmte Ziele erreichen können (zum Beispiel Status von Adoptiveltern, Aufnahmegespräch für eine attraktive Einrichtung: z.B. Resozialisierungsmaßnahme für Strafgefangenen), kann es zu derartigen erzwungenen Kontakten kommen. Die offizielle Begründung für die verordnete Dienstleistung liegt in prophylaktischen oder resozialisierenden Interessen der Öffentlichkeit. Diese Sichtweise kann jedoch in vielen Fällen von den Klienten (und von den Sozialarbeitern) nicht geteilt werden. Als Reaktionen auf diesen Widerspruch zwischen vorgegebenem Auftrag und seiner Auslegung können sehr unterschiedliche Verhaltensweisen beobachtet werden: ein tatsächliches Eingehen auf die sozialarbeiterischen Vorgaben, ein scheinbares Eingehen oder auch radikale Ablehnung. Insbesondere dann, wenn Klienten keinerlei Einsicht in die vorgegebenen Aufgabenstellungen der Sozialarbeiter haben, entstehen besonders schwierige Ausgangslagen für Erstgespräche und anschließende Phasen der Zusammenarbeit – soweit es überhaupt dazu kommt.[23]
Möglicherweise liegt in der Existenz dieser ungünstigen Ausgangssituationen einer der entscheidenden Unterschiede zwischen Sozialer Arbeit und eher therapeutisch ausgerichteten Dienstleistungen: So wird aus psychotherapeutischer Sicht bestritten, dass es unfreiwillige Klienten überhaupt gibt.[24] Im Gegensatz zur Psychotherapie muss Soziale Arbeit auch dann tätig werden, wenn deutliche Unfreiwilligkeit vorliegt. Und es gibt durchaus Perspektiven, auch unter diesen erschwerten Startbedingungen aussichtsreiche Voraussetzungen für erwünschte Änderungen zu schaffen.[25]

(2) *Angebotene Dienstleistungen*: Ebenfalls von Sozialarbeitern initiiert, sind Kontakte, die Klienten angeboten werden. Im Unterschied zu den verordneten Dienstleistungen ist allerdings die Wahlfreiheit der Klienten deutlich erhöht. Es handelt sich hierbei häufig um Angebote an Personen, die gefährdet erscheinen. Die Reaktionen können von Zustimmung bis Ablehnung reichen und hängen sehr stark von der Art der Initiative der Sozialarbeiter ab.[26] Insbesondere bei angebotenen Dienstleistungen kann es lange Zeit dauern, bis ein Angebot auch tatsächlich angenommen wird. Zu denken ist hier beispielsweise an den großen Bereich offener Einrichtungen und an Angebote, in denen es zu informellen Kontakten zwischen Sozialarbeitern und potentiellen Klienten für soziale Einzelhilfen kommt. Ganz offensichtlich sind viele dieser Angebote darauf abgestellt, die Hemmschwelle bei potentiellen Nutzern herabzusetzen. Trotzdem kann es lange Zeit dauern, bis so viel Vertrauen entwickelt wird, dass einzelne Personen Angebote annehmen. Ein weitergehender Versuch stellt die sogenannte zugehende Sozialarbeit dar.

Informationen, Motivierung und Vertrauensbildung stellen demnach wichtige Voraussetzungen gerade bei angebotenen Dienstleistungen dar, bevor soziale Einzelhilfen (und andere Angebote) realisiert werden können. Es ist damit zu rechnen, dass viele offene Angebote nicht ihre Adressaten erreichen, weil die soziale Distanz zwischen Angebot und Nachfrage nicht überwunden werden kann. Dies aber ist die Voraussetzung dafür, dass Erstgespräche als Eröffnung sozialer Einzelhilfe überhaupt stattfinden können. Bei allen gebotenen Anstrengungen zur geduldigen Motivierung und Vertrauensbildung darf kein Druck auf die Klienten ausgeübt und müssen Ablehnungen als Basis für mögliche spätere Kooperationen akzeptiert werden.

(3) *Erbetene Unterstützungsleistungen*: Die deutlich größte Entscheidungsfreiheit von Klienten (und Sozialarbeitern) liegt bei den Erstgesprächen vor, die von Klienten selbst initiiert werden, wenn auch häufig, nachdem sie von anderen Personen ermutigt, gemahnt oder überredet wurden. Der Zwang zur Kontaktaufnahme liegt hier nicht wie bei den angeordneten Erstgesprächen bei den Institutionen Sozialer Arbeit, sondern in den Lebensumständen des Aufsuchenden.[27] Jedenfalls ergreift hier nicht der Sozialarbeiter die Initiative. In diesen Fällen kann demnach mit der relativ größten Autonomie der Klienten gerechnet werden: trotzdem darf nicht verkannt werden, dass auch hier die Freiwilligkeit der Klienten etwas hat von der Freiwilligkeit, mit der ein Mensch mit starken Zahnschmerzen einen Zahnarzt besucht. Auch bei freiwilligen Kontakten ist also damit zu rechnen, dass eine Mischung aus „Zieh- und Druckfaktoren"[28] wirkt. Eine von Fall zu Fall unterschiedliche

Gemengelage von Gefühlen der Belastung und der Furcht vor dem Unbekannten, von Vorkenntnissen, Vorerfahrungen oder Vorurteilen über Soziale Arbeit, aber auch von Hoffnung auf Hilfe, kennzeichnet die Ausgangssituation.[29]

Die Unterscheidung zwischen verordneten, angebotenen und erbetenen Dienstleistungen von Sozialarbeitern macht darauf aufmerksam, dass zwischen einem objektiv bestehenden Problem mit sozialarbeiterischem Handlungsbedarf und der tatsächlichen Inanspruchnahme von Sozialarbeitern ein gewichtiger Unterschied besteht:[30] Bei verordneten Dienstleistungen wird die Nutzung „von oben" vorgegeben und die Dienstleistung selbst dann erbracht, wenn bei den beteiligten Personen Zweifel an derartigen Maßnahmen vorhanden sind oder sogar Widerstand gegen derartige Handlungsweisen geleistet wird. Demgegenüber sind bei angebotenen oder erbetenen Dienstleistungen sehr viel mehr Einflussgrößen nachweisbar, die darüber befinden, wie problembelastet unterschiedliche Zielgruppen sind, wie unterschiedlich die Chancen der Bewältigung bei entstandenen Problemen sind, und welche Unterschiede beim Zugang und bei der Bereitschaft zur Inanspruchnahme sozialer Dienste bestehen. Darauf soll im folgenden näher eingegangen werden.

Eine Vielzahl von Untersuchungen deutet darauf hin, dass die *Zugehörigkeit zu bestimmten sozialen Gruppen* eine höhere Wahrscheinlichkeit für die *Inanspruchnahme sozialer Dienste* fördert, ohne dass dies auf den Einzelfall vorhersagbar wäre: Die Verortung in einer ungünstigen Sozialstruktur bedeutet in aller Regel eine sich wechselseitig verstärkende Verschlechterung in den meisten Lebensbereichen – mit der Folge, dass Probleme entstehen und sich wechselseitig intensivieren; insofern muss man davon ausgehen, dass in unteren sozialen Schichten die „objektive" Hilfsbedürftigkeit – nicht gleichzusetzen mit der realen Nachfrage nach Hilfe – höher anzunehmen ist als in anderen Bereichen der Sozialstruktur.[31] Geradezu konträr zu dieser schichtenspezifisch erhöhten „objektiven" Hilfsbedürftigkeit steht nun eine deutliche Abneigung des betroffenen Personenkreises, die für die Bearbeitung von Problemen vorgesehenen Dienstleistungen in Anspruch zu nehmen.[32]

Demgegenüber sind bei *Mittelschichtangehörigen* eher begünstigende Umstände anzunehmen, die, tauchen Probleme auf, für eine Nutzung angebotener Hilfen aus sozialen Diensten sorgen – wenn nicht schon vorhandene private Ressourcen eine Nutzung professioneller Hilfen überflüssig machen.[33]

Einige dieser *Filterfaktoren*, die über die Nutzung sozialer Dienste entscheiden, sollen im folgenden kurz skizziert werden, weil ihre Berücksichtigung für das Vorgehen bei erbetenen und angebotenen sozialen Diensten wichtig ist. Werden soziale Dienste erbeten, wird es sich – so ist zu folgern – im Durchschnitt bei Angehörigen sozialer Unterschichten um gravierendere Probleme handeln als bei Angehörigen privilegierter Schichten, da hier größere Widerstände und Hemmnisse überwunden werden müssen, bevor der Weg zu einem sozialen Dienst gefunden wird. Und: bei angebotenen sozialen Diensten muss mit mehr Schwierigkeiten der Akzeptanz gerechnet werden, wenn die Zielgruppen zu den benachteiligten Bevölkerungsgruppen gehören. Um so mehr erscheint es notwendig, auf den Abbau der Hindernisse für die Annahme angebotener sozialer Dienste hin zu wirken.

Zur freiwilligen Inanspruchnahme angebotener sozialer Dienste gehört eine *Handlungsfähigkeit*, die es ermöglicht, die Initiative für eine derartige Hilfesuche zu ergreifen. Untersuchungen deuten darauf hin, dass die Handlungsfähigkeit mit sinkendem Status abnimmt.[34] Insbesondere ein geringerer Bildungsstand oder mangelnde Sprachkenntnisse beeinträchtigen massiv die Fähigkeiten, die über eine Inanspruchnahme entscheiden.[35] Aber auch *handfestere Faktoren*, wie die Verfügbarkeit über Ressourcen, beschränken die Neigung, angebotene soziale Dienste in Anspruch zu nehmen. Selbst bei kostenneutralen Angeboten erschweren finanzielle Aspekte wie die Fahrkosten die Nutzung. Auch die Verfügbarkeit über Zeit schränkt tendenziell die Nutzung sozialer Angebote ein, da diese Angebote häufig während der Arbeitszeit angesiedelt sind oder auf eine Verminderung der verfügbaren Arbeits- oder knappen Freizeit hinauslaufen.[36] Aus Untersuchungen über den Verlauf von Patientenkarrieren lässt sich weiter ableiten, dass in der Mittelschicht früher und angemessener Symptome für Störungen und Probleme erkannt werden und ihnen nachgegangen wird.[37] Auch hinsichtlich der Informiertheit über soziale Dienste und der persönlichen Zugänge zu ihnen über Freunde und Bekannte – allgemeiner: über ihre sozialen Netzwerke – weisen Mittelschichtangehörige im Durchschnitt bessere Voraussetzungen auf.[38] Insgesamt gibt es demnach eine Reihe von Einflussfaktoren, die den Weg der Überführung objektiv bestehender Probleme in Nachfrageverhalten beeinflussen.

Die Hinweise auf mögliche sozialstrukturelle Hintergründe der Problementstehung (2.2.1.) und ihre Überführung in Inanspruchnahme Sozialer Dienste (dieser Abschnitt, 2.2.2.) dürfen allerdings nicht dazu verführen, den *persönlichen Anteil der Klienten* unberücksichtigt zu lassen: Eine derartig einseitige Sicht der Verursachung würde jegliche persönliche Hilfe von vornherein eher unwichtig erscheinen lassen, da die persönlichen Anteile und Verantwortlichkeiten vollständig ausgeblendet und Menschen zu bloßen Marionetten ihres Milieus verkürzt werden würden. Soziale Einzelhilfe kann aber nur dann fruchtbar werden, wenn einerseits hinter den individuellen und persönlichen Problemen und der durch sie ausgelösten Nachfrage nach Sozialer Arbeit *auch die überpersönlichen strukturellen Einflüsse erkannt und zugleich die individuellen und persönlichen Bewältigungsformen der Klienten* beachtet werden.

Deshalb muss soziale Einzelhilfe immer Person und Umfeld zugleich im Auge behalten und darf nie nur das eine oder das andere ausschließlich beachten. Entsprechend müssen Erstgespräche beiden Dimensionen gerecht werden.

Ähnliches gilt nun auch für die andere Seite der Schnittstelle Erstgespräch: die Berufsvertreter Sozialer Arbeit. Sie soll jetzt näher beleuchtet werden.

2.3 DIE SEITE DER SOZIALEN ARBEIT

Für die Hilfestellung bei materiellen und immateriellen Problemsituationen, wie sie gerade überblickartig skizziert wurden, kommen neben persönlichen Hilfesystemen wie der Familienhilfe, der Nachbarschaftshilfe, den Selbsthilfegruppen oder der ehrenamtlichen Sozialen Arbeit organisierte Hilfen durch bezahlte professionelle Fachkräfte in Betracht.[39] Die Angebote unterscheiden sich dabei in vielerlei Hinsicht und bewirken damit eine außerordentlich große Vielfalt der *Rahmenbedingungen des professionellen Helfens*. Das Angebot an Sozialer Arbeit soll an Hand verschiedener Dimensionen kurz vorgestellt werden (2.3.1.); danach die Bedingungen und Barrieren der Angebotsrealisierung (2.3.2.).

2.3.1 Einige Dimensionen sozialer Dienste

Ohne dass dies im einzelnen ausgeführt werden soll, lassen sich die Angebote Sozialer Arbeit nach verschiedenen Gesichtspunkten klassifizieren.[40] So weist eine Unterscheidung nach den *Adressaten der Sozialen Arbeit* auf eine Vielzahl unterschiedlicher Zielgruppen hin:

(a) Hilfen für Kinder und Jugendliche

(b) Hilfen für Familien und Alleinerziehende

(c) Hilfen für ältere Menschen

(d) allgemeine Sozialberatungsangebote

(e) spezielle soziale Dienste in der Arbeitswelt

(f) Hilfen und Angebote für Arbeitslose

(g) allgemeine Hilfen für Kranke

(h) Hilfen für Suchtkranke

(i) Hilfen für psychisch Kranke

(k) Hilfen für Behinderte

(l) Hilfen für Personen in besonders schwierigen Lebenslagen

(m) Hilfen für Spätaussiedler, Ausländer und Asylsuchende.

Auch die Trägerschaft der Angebote Sozialer Arbeit mit öffentlichen Trägern, den Verbänden der freien Wohlfahrtspflege und privat-erwerbswirtschaftlichen Trägern[41] weist eine große Streubreite aus. Das gleiche gilt für den *Verpflichtungsgrad und die Verbindlichkeit* der angebotenen sozialen Dienste. Andere Dimensionen zur Unterscheidung sozialer Dienste mit sozialarbeiterischer Beteiligung sind denkbar.

Die hier herangezogenen Differenzierungen reichen aber aus, um zu belegen, dass Soziale Arbeit in einer Vielfalt höchst unterschiedlicher Strukturen angeboten wird. Ist insofern die Schwierigkeit erkennbar, überhaupt allgemeine Aussagen über Sozialarbeiter als Anbieter sozialer Dienste zu machen, gelten gleichwohl einige Überlegungen für die meisten Bedingungen, unter denen Sozialarbeiter tätig sind. Auf diese soll jetzt näher eingegangen werden. Hierbei sollen vor allem Bedingungen und Barrieren der Realisierung der Angebote Sozialer Arbeit heraus gearbeitet werden, weil die skizzierte Palette des Angebots mit ihren vielfältigen Dimensionen noch wenig über das tatsächliche Ausmaß realisierter Angebote aussagt.

2.3.2 Bedingungen und Barrieren Sozialer Arbeit

Insbesondere bei den Aufgabenstellungen mit hohem Verpflichtungsgrad, in abgeschwächteren Formen aber auch bei solchen mit geringerer Verbindlichkeit, ist Soziale Arbeit eingebettet in institutionelle Rahmenbedingungen, die die Erfüllung der erforderlichen oder angebotenen Dienstleistungen unabhängig von den jeweils agierenden Personen sicherstellen sollen. Damit wird deutlich, dass Soziale Arbeit über weite Strecken in bürokratische Organisationen eingebunden ist. Die aus der Organisationssoziologie bekannten Merkmale *bürokratischer Organisationen*[42] sind dementsprechend mehr oder weniger stark ausgeprägt auch in Dienststellen und an anderen Orten Sozialer Arbeit anzutreffen. Allerdings unterscheiden sich Organisationen im Sozialbereich bei allen sich abzeichnenden

Veränderungen tendenziell immer noch von marktwirtschaftlich ausgerichteten Organisationen durch fehlende oder doch weniger starke politische Steuerung.[43]

Ohne die Kenntnis derartiger Hintergründe Sozialer Arbeit ist kein Verständnis der beruflichen Handlungsrealität, und damit auch nicht der Anfangsphase in der sozialen Einzelhilfe, möglich. Viele Merkmale von Organisation Sozialer Arbeit stehen nämlich in Widerspruch zu zentralen Auffassungen und Lösungsvorstellungen professioneller Sozialarbeiter. Nur über die Kenntnis der Gesetzmäßigkeiten bürokratischer Organisationen, in denen Sozialarbeiter ihre Aufgaben erfüllen, kann verstanden werden, dass das Wohl der Klientel Sozialer Arbeit nur eines von mehreren Zielen, und vielleicht nicht einmal das wichtigste, darstellt.[44] Häufig werden die Konflikte, die sich aus den widerstreitenden Anforderungen ergeben, in einer Konfrontation zwischen den die Verwaltungsbürokratie repräsentierenden Verwaltungsbeamten und den unter Einsatz der eigenen Persönlichkeit die Klienteninteressen vertretenden Sozialarbeitern personalisiert.[45] Die Rahmenbedingungen bürokratischer Organisationen und ihre Vertreter werden dabei häufig als störende Einengung der eigentlichen sozialarbeiterischen Bestimmung erlebt.[46]

Es kann hier nicht der Ort sein, alle Merkmale von Organisationen im Sozialbereich im Hinblick auf denkbare oder nachweisbare Auswirkungen auf Soziale Arbeit durchzugehen. Exemplarisch sollen jedoch einige besonders *zentrale Dimensionen* beleuchtet werden, um Konsequenzen für die Gestaltung der Anfangsphase sozialer Einzelhilfe besser ableiten zu können.

(1) *Orientierung und Bindung an bürokratische Regeln/Trennung von Amt und Person/Unpersönlichkeit*: Sozialarbeiter sind bei ihrer Arbeit an Gesetze, Vorschriften und bürokratische Regeln gebunden, die es erforderlich machen, von den individuellen Besonderheiten ihrer Klienten zu abstrahieren. Organisationsbürokratische Regeln verlangen ein Handeln ohne Ansehen der Person. Sozialarbeiterisches Selbstverständnis verlangt dagegen das genaue Gegenteil, nämlich das besonders genaue Ansehen der Person. Ohne Berücksichtigung der beteiligten Persönlichkeiten und Gefühle sind wichtige Grundvoraussetzungen Sozialer Arbeit wie die Entwicklung einer Vertrauensbasis nicht möglich.[47] *Der Konflikt zwischen sozialarbeiterischem Auftrag* und *seiner Verwirklichung im Rahmen von bürokratisierten Organisationen* ist unvermeidlich.[48] Zugleich muss es darauf ankommen, dem Klienten die Grenzen sozialarbeiterischer Handlungsmöglichkeiten vor dem Hintergrund der Einbettung in bürokratische Strukturen deutlich zu machen, um Enttäuschungen vorzubeugen.

Es gibt aber auch Hinweise darauf, dass Sozialarbeitern im Rahmen der bürokratischen Struktur *relativ viel Entfaltungsmöglichkeit*[49] eingeräumt wird, weil sich dies letztlich als einzige Möglichkeit der Konfliktbewältigung und damit als für die Aufrechterhaltung der bestehenden Verhältnisse förderlich erweist: Sozialarbeiter werden möglicherweise genau dafür bezahlt, den beschriebenen Widerspruch auszuhalten, den zwischen der Individualitätsunterschiede aufhebenden Regelhaftigkeit und der die Besonderheit der Individualität berücksichtigenden Auslegung. Dabei wird es zu einem Lavieren zwischen Durchsetzung und Ablehnung von Klienteninteressen kommen, die dazu beitragen mögen, dass das Bild der Sozialarbeiter bei Klienten und in der Öffentlichkeit verschwommen ist.[50] Interessant sind in diesem Zusammenhang auch Hinweise darauf, dass Sozialarbeiter *unterschiedliche Positionen* in diesem strukturell angelegten Konflikt beziehen: Einige Sozialarbeiter scheinen eher die organisationsbürokratische Sichtweise zu übernehmen und ihre Aufgabe in der Versorgung, stehen Probleme an, relativ personenunabhängig zu sehen; andere Sozialarbeiter dagegen neigen eher der individualisierenden Sichtweise zu und versuchen, in oberflächlich ähnlichen Versorgungsproblemen die je einmaligen Entstehungsgeschichten und Ausprägungsformen zu erkennen und entsprechend zu reagieren.[51] Hier wird – wie schon bei der Vorstellung der Klientensituation – deutlich, dass vorgegebene Strukturen durchaus unterschiedliche, von den Persönlichkeiten der jeweiligen Sozialarbeiter abhängige Ausformungen erfahren.

So oder so lassen sich wahrscheinlich in den wenigsten Arbeitsfeldern die angedeuteten Konflikte aus dem beruflichen Alltag heraushalten. Im Hinblick auf die Anfangsphase in der sozialen Einzelhilfe wird noch zu erörtern sein, wie Sozialarbeiter ihre Position finden können – finden zwischen dem Wahrnehmen von Klienteninteressen, dem Berücksichtigen der strukturellen Vorgaben und der Notwendigkeit, an diesen Konflikten nicht zu zerbrechen. So viel ist schon jetzt zu erkennen: es muss trotz aller Schwierigkeiten versucht werden, der scheinbar notwendigen Entscheidung zwischen diesen konfligierenden Gesichtspunkten zu widerstehen, ohne sie aus dem Auge zu verlieren.

(2) *Hierarchische Gliederung der bürokratischen Organisation*: Hiermit ist die vertikale Arbeitsteilung in bürokratisierten Organisationen gemeint. Sie bewirkt, dass Vorgesetzte-Untergebenen-Beziehungen entstehen, die durch Anweisungsbefugnisse, Regelungen der Informationsflüsse und Kontrollen charakterisiert sind.[52] Angesichts des weitgehend immateriellen Charakters Sozialer Arbeit sind Möglichkeiten der Kontrolle erschwert. Die Schriftlichkeit bürokratischer Informationsfixierung und -weitergabe

sowie Posteingang und Unterschriftenbefugnis sind dabei besonders wichtige, aber auch problematische Instrumente zur Kontrolle untergebener Sozialarbeiter.[53]

Die Hierarchisierung ist ein Erfordernis für das Funktionieren bürokratischer Organisationen und damit auch sozialer Hilfesysteme. Sie steht aber in fundamentalem Widerspruch zu der von Sozialarbeitern als für ihre Tätigkeit viel angemessener empfundenen Form der Teamarbeit, die auf Kooperation und Gemeinsamkeit bei Entscheidungsfindungen setzt. Interessant auch hier, dass sich im Selbstverständnis von Sozialarbeitern, in Anlehnung an die strukturell vorgegebenen widersprüchlichen Erfordernisse, entsprechende Unterschiede in den persönlichen Berufsvorstellungen bei Sozialarbeitern nachweisen lassen.[54] Es ist damit zu rechnen, dass die Einbindung in eine hierarchische Struktur der Dienststelle, aber auch in die Kooperation mit Kollegen auf gleicher Stufe hineinstrahlt in die Gestaltung der Anfangsphase der sozialen Einzelhilfe.

(3) *Bereichsmäßige Gliederung der bürokratischen Organisation*: Entsprechend den Gesichtspunkten der Spezialisierung und Kompetenzfestlegung kommt es zusätzlich zu einer bereichsmäßigen und wiederum hierarchischen Gliederung in bürokratischen Organisationen. Wie schon die Auflistung sozialer Dienste nach Zielgruppen gezeigt hat, ist auch innerhalb von Organisationen mit entsprechenden inhaltlichen Aufgliederungen zu rechnen. Kommen mehrere Problemsymptome in einer Familie vor oder bei einer Person, liegt die Gefahr von Mehrfachbetreuungen nahe.[55] Dieses Organisationsprinzip hat zur Folge, dass Sozialarbeiter jeweils abklären müssen, inwieweit ein Klient mit seinen Problemen in die vorgegebene Zuständigkeit passt. Darüber hinaus macht diese Struktur notwendig, die häufig zweifelhaften Aufgabenzuordnungen mit anderen Fachkräften abzustimmen – eine Daueraufgabe, die Reibungsverluste mit sich bringt.[56] Auch in dieser bereichsmäßigen Gliederung der sozialarbeiterischen Aufgabenorganisation liegt demnach ein Konfliktfeld, dem Sozialarbeiter sich kaum entziehen können. Im Hinblick auf die soziale Einzelhilfe wird darüber nachzudenken sein, wie angemessene Reaktionen aussehen könnten.

(4) *Hauptamtlichkeit/Geldentlohnung/Laufbahn*: In den meisten Untersuchungen zur Klienten-Sozialarbeiter-Beziehung werden die Aspekte ausgeblendet, die sich auf Sozialarbeiter in ihrer Rolle als Arbeitnehmer beziehen. Dass die Rahmenbedingungen des Arbeitsplatzes einen gewichtigen Einfluss auf Einstellungen, Motivation und Verhalten von Berufstätigen haben, ist in Untersuchungen und Darstellungen zur beruflichen Sozialisa-

tion ein Gemeinplatz.[57] Soziale Arbeit findet, bis auf wenige Ausnahmen, als abhängige Arbeit – manche Autoren sprechen von Lohnarbeit[58] – mit allen dazugehörigen Konsequenzen statt. Trotzdem dominieren in den Lehrbüchern der Sozialen Arbeit Kataloge von Forderungen, die sich auf die Gestaltung der Beziehung zum Klienten konzentrieren, ohne die übrigen überlebensnotwendigen Orientierungen einzubeziehen, die sich aus der Lage der Sozialarbeiter als Arbeitnehmer ergeben.[59]

Einige Beispiele und Hinweise sollen belegen, wie wichtig es ist, die Arbeitsplatzsituation von Sozialarbeitern in Überlegungen (nicht nur) zur Erstgesprächsproblematik einzubeziehen.

Im Hinblick auf die vertikale Aufgliederung vieler Dienststellen Sozialer Arbeit muss es für Sozialarbeiter darauf ankommen, das Ausmaß an Reibungen mit Vorgesetzten unterhalb einer Schwelle zu halten, jenseits derer ihre Beschäftigung gefährdet wäre. Die Instrumente zur Steigerung ihres Ansehens und gegebenenfalls der Aussichten auf Beförderung in der Hierarchie stimmen durchaus nicht mit den Erfordernissen der Klienten überein, in einigen Fällen muss sogar mit Konflikten zwischen den Eigeninteressen der Sozialarbeiter und den Interessen der Klienten gerechnet werden.[60]

Im Hinblick auf die bereichsmäßige Gliederung von Dienststellen muss es für Sozialarbeiter darauf ankommen, eine zufriedenstellende Beziehung zu Kollegen aufzubauen und aufrechtzuerhalten. Dabei kann es zu Loyalitätskonflikten und Kollegialitätskrisen kommen. Insbesondere die Tatsache, dass mit Klienten häufig in einem geringeren zeitlichen Ausmaß zusammengearbeitet wird als es mit den Kollegen der Fall ist, diese Tatsache drängt in den Konfliktfällen eher zu Lösungen, die zu Gunsten der Kollegialität und Loyalität ausfallen.[61] Auch unter dem Gesichtspunkt, nicht ausbrennen zu wollen, ist es für Sozialarbeiter von fundamentaler Wichtigkeit, angesichts häufig fehlender positiver Rückmeldungen über die Effektivität ihres beruflichen Handelns – sich wenigstens in einer befriedigenden Beziehung zu ihren Kollegen zu fühlen.

Zu den Abstimmungsproblemen dürfte auch gehören, dass sowohl den Kollegen als auch den Vorgesetzten gegenüber eine starke Arbeitsauslastung demonstriert werden muss, um zusätzliche Arbeit zu vermeiden. Ebenso liegt es im Interesse einer größtmöglichen Arbeitsplatzzufriedenheit, unangenehme Arbeiten eher zu meiden oder doch auf ein erträgliches Maß zu reduzieren. So gibt es Hinweise darauf, dass Sozialarbeiter die Betreuung schwieriger Klienten bewusst oder unbewusst ablehnen, weil dies zusätzlichen Arbeits- und Zeitaufwand bedeuten würde.[62] Innerhalb der Machtverteilungsstruktur von Dienststellen schält sich offenbar häufig eine Arbeitsteilung in der Form heraus, dass attraktivere Klienten von besser ausgebildeten Sozialarbeitern übernommen werden, während weniger attraktive Klienten auf weniger qualifizierte und weniger erfahrene Sozialarbeiter verwiesen werden, obwohl dies von der Sache her gerade umgekehrt sein sollte.[63]

Schließlich darf nicht verkannt werden, dass Sozialarbeiter ein starkes Interesse haben müssen, ihr Privatleben vor den Anforderungen des Berufs zu schützen. Ein Abschotten der Privatsphäre vor den Hilfenachfragen der Klienten ist in vielen Fällen dringend geboten. Häufig führen Konflikte zwischen Klienteninteressen und den Interessen nach einem befriedigenden Privatleben der Sozialarbeiter eindeutig zu Lösungen, die im Widerspruch zu den Klienteninteressen stehen.[64] Für die Lösung derartiger Konflikte scheint mir die Anerkennung privater Interessen, als Arbeitnehmer, eine wichtige Voraussetzung zu sein – damit nicht falsche Scham- und Schuldgefühle zu einer Nichtbeachtung führen, wie dies häufig beobachtet werden kann.

Angesichts der Eigeninteressen und der vielfältigen Erwartungsdimensionen, mit denen sich Sozialarbeiter auseinandersetzen müssen, kann es nicht verwundern, dass sehr unterschiedliche Ausformungen beruflicher Identität[65] entwickelt werden. Angebotene und abgewehrte Rollenanteile, Bevorzugen bestimmter Aspekte beruflicher Arbeit wie Beratung[66] und Therapie (bei gleichzeitiger Ablehnung anderer Aspekte wie beispielsweise Hilfestellung bei der materiellen Versorgung[67]) sowie die vorgestellten unterschiedlichen Erwartungsmuster: alles das deutet auf die Komplexität der vorgegebenen Arbeitsstrukturen hin. Bis in die Sprache des einzelnen Sozialarbeiters hinein wirken sich diese Widersprüche und das Ergebnis der Auseinandersetzung mit ihnen aus.[68] An der im Umgang mit Klienten, Kollegen und Vorgesetzten verwendeten Sprache lässt sich häufig deutlich ablesen, welcher der möglichen Orientierungen beruflicher Arbeit der je einzelne Sozialarbeiter den Vorzug gibt.

Neben der Einbindung in institutionelle Rahmenbedingungen wird das Angebot sozialer Dienste von der Dringlichkeit notwendiger Hilfen und der Fähigkeit und Bereitschaft der Klienten zur Mitarbeit stark beeinflusst. So können Erstgesprächssituationen vorkommen, in denen alle anderen fachlichen Gesichtspunkte zurücktreten müssen zu Gunsten einer unmittelbar lebensnotwendigen Hilfe im Sinne einer *Krisenintervention*. Schließlich muss in einigen Arbeitsfeldern der Sozialen Arbeit mit Fällen gerechnet werden, in denen *mangelnde Problemeinsicht, drohende Selbst- oder Fremdgefährdung* von Klienten dazu führt, dass Sozialarbeiter teilweise gegen den ausdrücklichen Willen der Betroffenen beruflich tätig werden müssen. In diesen

Sondersituationen gelten offensichtlich andere Gesetzmäßigkeiten und Regeln als in allen anderen Ausgangssituationen für soziale Einzelhilfen.

2.4 EIN ZWEITER BLICK AUF ERSTGESPRÄCHE SOWIE DIE KLÄRUNG WICHTIGER BEGRIFFE

Die bisherigen Überlegungen machen deutlich: nur an der Oberfläche kommen in der Anfangsphase sozialer Einzelhilfe Menschen zusammen, deren Kenntnis als Personen zum Verständnis ihrer Handlungsweisen ausreichen würde. Schon vorab sind *auf beiden Seiten persönliche und personenunabhängige Vorgaben* zu konstatieren, die das Herangehen an den jeweils Anderen stark beeinflussen. Zwar wissen in aller Regel weder Sozialarbeiter noch Klient, welche der in Frage kommenden Möglichkeiten in der bevorstehenden Situation sich realisieren wird – und insofern herrschen in der Tat Unsicherheit und Strukturierungsbedarf vor. Andererseits sind bestimmte Grundstrukturen der Beziehung schwerlich verhandelbar: Die Probleme des Klienten sind in aller Regel individuelle Erscheinungsformen sozialstrukturell wirksamer Hintergründe. Der Gang zum Sozialarbeiter ist entweder angeordnet worden oder auf verschlungenen Wegen über mehrere Einflussstationen erforderlich geworden. Der Sozialarbeiter tritt als Repräsentant eines sozialen Dienstes auf. Sein Verhalten ist nur zum Teil verständlich aus dem subjektiven Anspruch zu helfen. Über mehr oder weniger weite Strecken ist er gezwungen, sich an den Vorgaben des Systems sozialer Dienste zu orientieren. Um innerhalb dieses organisatorischen Gefüges überleben zu können, muss er dem Umgang mit Vorgesetzten, Angehörigen anderer Berufsgruppen, Kollegen innerhalb und außerhalb der eigenen Dienststelle große Aufmerksamkeit schenken und gegebenenfalls der Aufrechterhaltung dieser für ihn wichtigen Beziehungen größeres Gewicht beimessen als dem Auftrag, Klienten zu helfen. Schließlich muss er für sein eigenes Wohlbefinden in materieller und psychischer Hinsicht sorgen, was ebenfalls zur Folge haben kann, dass Klienteninteressen in ihrer Bedeutung relativiert werden müssen.

Damit sind – anders als in alltäglichen Begegnungen – Eigengesetzlichkeiten in einer Reihe von Punkten zu erwarten, die bei den Überlegungen zur Gestaltung von sozialen Einzelhilfen berücksichtigt werden müssen.

(1) *Klientenprobleme mit sozialstrukturellen Hintergründen*: In den meisten Problemen, die in individueller Ausformung und in häufig komplexen Bündelungen mehrerer Problemlagen und Entstehungsgeschichten den So-

zialarbeitern zur Kenntnis kommen, lassen sich Niederschläge allgemeinerer sozialer Probleme erkennen. Obwohl deren direkte Bearbeitung von der beruflichen Position des Sozialarbeiters aus meistens nicht möglich ist, aber auch nicht grundsätzlich ausgeschlossen werden darf,[69] muss trotzdem eine Reduzierung der Problemsicht und -bearbeitung auf die beteiligten „auffälligen" Personen vermieden werden. Auch schon in der Anfangsphase wird es darauf ankommen, derartige Reduzierungen zu vermeiden, um gemeinsame Lösungsanstrengungen nicht auf die Klienten zu beschränken und damit strukturell Verursachtes ausschließlich zu individualisieren. Andererseits darf dieser Gesichtspunkt nicht so verstanden werden, als seien die Klienten bloße Opfer sozialstruktureller Einflussgrößen; vielmehr sollten die individuellen Umgangs- und Verarbeitungsformen ebenfalls beachtet werden, da sowohl individuelle Handlungsmuster als auch die jeweiligen Umfelder Gegenstände der sozialen Einzelhilfe in ökosozialer Perspektive sind.

(2) *Unterschiedliche Grade der „Freiwilligkeit" von Erstgesprächen*: Während bei angeordneten Kontakten die Beteiligten nicht nur nicht nach ihrer Motivation gefragt werden, sondern sogar gegen ihren Willen zu Kontakten gezwungen sein können, bestehen bei angebotenen und erbetenen Gesprächen für die Klienten Wahlmöglichkeiten. Es gibt Hinweise darauf, dass einerseits der Problemdruck in den unteren sozialen Schichten besonders groß, die Bereitschaft und Fähigkeit, vorhandene Hilfen zu erkennen und in Anspruch zu nehmen dagegen eher geringer entwickelt sind. Insofern dürfte die Verteilung der in nicht-angeordneten Erstgesprächen sichtbar werdenden Probleme nicht der Verteilung der real existierenden Probleme entsprechen. Die unterschiedlichen Motive bei erbetenen, angebotenen und angeordneten Kontakten müssen sich massiv auf die Erstgesprächsituation auswirken, da die Klienten die Situation höchst unterschiedlich wahrnehmen werden.

(3) *Problemvielfalt als Erkennungsmerkmal von Erstgesprächen in der Sozialen Arbeit*: In Erstgesprächssituationen der Sozialen Arbeit gibt es fast nichts, was nicht vorkommen könnte. Zwar trifft diese Aussage für einzelne Arbeitsfelder oder einzelne Dienststellen nur in gemilderter Form zu. Doch selbst für einzelne Arbeitsplätze, an denen Sozialarbeiter Erstgespräche führen, ist mit einer außerordentlich großen Bandbreite von möglichen Problemen zu rechnen und sogar bei einzelnen Fällen mit Kombinationen von unterschiedlichsten und nicht vorhersehbaren Problemkonstellationen. Aus dieser nachweisbaren Problemvielfalt von Erstgesprächssituationen sind

spezifische Anforderungen an Sozialarbeiter abzuleiten, die hier zunächst nur allgemein angeführt, später detaillierter dargestellt werden. Zwar ist die Fachkompetenz von Sozialarbeitern nicht ohne weiteres von vorhandenen Kompetenzen bei Laien abgrenzbar, da hier breite Zonen der Kompetenzüberschneidung bestehen.[70] Diese Ansicht gilt aber nur insofern, als Laien in der Lage sind, bestimmte Probleme von Klienten anzugehen. Angesichts der zu erwartenden Problemvielfalt und der Komplexität der Probleme, die in Erstgesprächen zu erwarten sind, wird jedoch als grundlegende *Anforderung an professionelle Sozialarbeiter* die Kompetenz im *jeweils anderen Umgang mit jeweils anderen Problemlagen* deutlich.[71] Dabei wird der Erfolg der sozialarbeiterischen Bemühungen gerade davon abhängen, dass von den eigenen Erfahrungen und Ansichten abstrahiert und statt dessen die Lebenszusammenhänge der einzelnen Klienten in ihrer jeweiligen Eigenbedeutung anerkannt und zugrunde gelegt werden. Dies gilt zumal deshalb in besonderer Schärfe, weil mit zunehmend komplexeren Problemkonstellationen zu rechnen ist.[72] Sie machen sehr unterschiedliche Vorgehensweisen und Umgangsarten notwendig, die in aller Regel die Laienkompetenz übersteigen.[73]

(4) *Machtgefälle zwischen Sozialarbeitern und Klienten*: Soziale Arbeit ist Teil des sozialpolitischen Instrumentariums zur Bearbeitung sozialer Probleme, auch wenn es von nicht-öffentlichen Trägern angeboten wird. Insofern wird von einigen Autoren Soziale Arbeit als Herrschaftsinstrument gekennzeichnet.[74] Auch in Erstgesprächssituationen kann dieses Machtgefälle nicht ausgeblendet werden. So zu tun, als existiere es nicht, verschleiert von Beginn an die Ausgangsrealität und fördert Missverständnisse auf beiden Seiten. Das Machtgefälle als gegeben anzuerkennen eröffnet die Chance, seine Möglichkeiten beruflich sinnvoll zu nutzen und vorhandenen Gefahren des Missbrauchs vorzubeugen. In der bewussten Kontrolle der Machtausübung liegt eine der zentralen ethischen Anforderungen an die Professionalität von Sozialarbeitern.[75]

(5) *Strukturierungsbedarf in Erstgesprächssituationen*: Zu Beginn von ersten Kontakten zwischen Klienten und Sozialarbeitern gibt es einerseits eine Reihe von gravierenden Vorgaben, andererseits Unsicherheiten auf beiden Seiten hinsichtlich der Konkretisierung der gleichwohl vorhandenen Interpretationsspielräume. Angesichts des erwähnten Machtgefälles liegt es nahe, von einer starken professionellen Dominanz der Sozialarbeiter zu sprechen.[76] Tatsächlich besteht ganz offensichtlich eine große Gefahr, dass Sozialarbeiter in ihrer Rolle als Experten mit großer Aussicht auf Erfolg ihre

Probleminterpretation und -bearbeitung relativ unabhängig vom hilfesuchenden Klienten durchsetzen können.[77] Andererseits muss es zur beruflichen Aufgabe der Sozialarbeiter gehören, den Part einer angemessenen
Strukturierung der Situation besonders zu fördern und die bestehenden Voraussetzungen bewusst zu machen. Mit einer derartigen Interpretation der
professionellen Distanz wird es möglich, das bestehende Machtgefälle als
Teil der aufzubauenden Beziehung sichtbar und für den Klienten nachvollziehbar zu machen.[78] Die Kompetenz und Dominanz von Sozialarbeitern
können also durchaus förderlich für die Bewältigung der schwierigen Erstgesprächssituation sein, allerdings auch missbraucht werden. Die berufliche
Kompetenz des Sozialarbeiters muss sich darin bewähren, die vorhandenen
Kompetenzen des Klienten bei der Lösung so weit es irgend geht ans Licht
zu bringen und zu stärken und dabei die eigene inhaltliche Kompetenz zur
Lösung der anstehenden Probleme zurückzunehmen und sogar in Frage stellen zu lassen.[79]

(6) *Abstimmungsprobleme zwischen potentiellen Klienten und Vertretern
des sozialen Dienstes*: Zu Beginn sozialer Einzelhilfen kann nicht damit gerechnet werden, dass Klienten mit einer bestimmten Problemkonstellation
von vornherein in die für die Bearbeitung dieses Problems zuständige Einrichtung kommen. So stellt sich für Klienten das Problem, im Gestrüpp der
Zuständigkeiten die für ihre Problematik geeignete Dienststelle zu finden
und das Problem dort zu den dafür vorgesehenen Zeiten in angemessener
Form vorzustellen.[80] Klienten werden „gemacht", d.h. die Wahrnehmungen des Klienten über seine Lebenslage müssen mit den Deutungsmustern
und Aufgabenfestlegungen des aufgesuchten sozialen Dienstes zusammen-
gebracht oder aber der Klient muss bei nicht gelingender Vereinbarung abgewiesen werden.[81] Angesichts der bereichsmäßigen Zersplitterung sozialer Dienste und der durchaus offenen Frage, ob für bestimmte Problemfelder überhaupt Angebote vorhanden sind, stellt sich in Erstgesprächen
häufig die Aufgabe einer sorgfältigen Abklärung der Zuständigkeit und einer mit dem Klienten gemeinsam durchzuführenden Suche nach angemessenen Reaktionen. In einigen Fällen kann es sogar notwendig werden, für
bestehende oder neu auftauchende Probleme bisher fehlende Hilfeangebote
als Bedarf in der sozialpolitischen Diskussion anzumelden. Hier (wie auch
in anderen Bereichen) ist eine deutliche Verbindung zu Ansätzen der Gemeinwesenarbeit zu erkennen.

(7) *Einbindung der Sozialarbeiter in bürokratische Strukturen*: Soziale Arbeit findet in aller Regel in Institutionen mit spezifischen Regeln statt, die
häufig im Widerspruch zum beruflichen Auftrag stehen. Dieser Konflikt

wird noch dadurch verschärft, dass die Klienten häufig die Sozialarbeiter mit diesen Einrichtungen identifizieren, obwohl sich die Sozialarbeiter selbst teilweise dagegen – wenn auch in aller Regel nur insgeheim – zur Wehr setzen.[82] Aus der Sicht der Sozialarbeiter wird dies als ein Problem doppelter Loyalität erlebt: Vom eigenen beruflichen Verständnis her fühlt er sich stärker den Klienten verpflichtet. Die Einbindung in die Institution, die persönlichen Abhängigkeiten als Arbeitnehmer und andere Aspekte seiner Berufsausübung drängen ihn aber auch zu einer Loyalität gegenüber Kollegen, Vorgesetzten und Anstellungsträgern.[83] Auch in Erstgesprächssituationen muss auf diesen Konflikt eine Antwort gefunden werden. Anderenfalls laufen Aussagen zur Gestaltung der Anfangsphase sozialer Einzelhilfen auf einen Katalog nicht realisierbarer Forderungen hinaus.

(8) *Möglichkeiten und Grenzen der Hilfen durch Sozialarbeiter:* Auf der Grundlage ihrer Fachkompetenz und durch eine sinnvolle und nicht missbräuchliche Anwendung ihrer professionellen Dominanz sollten Sozialarbeiter dazu beitragen, die schwierige Situation von Erstgesprächen zu strukturieren. Dabei können und müssen sie neben den Möglichkeiten der Hilfe auch ihre Grenzen sichtbar machen, die sie als Vertreter einer bestimmten Einrichtung mit ihren Eigengesetzlichkeiten und als Personen mit durchaus vertretbaren Eigeninteressen (Arbeitnehmerinteressen im weitesten Sinn) nicht übertreten können. Ein Offenlegen dieser Grenzen wird auch für die Sozialarbeiter selbst hilfreich sein, um nicht in die gleichen Handlungs- und Überlebensmuster zu verfallen, wie sie von den Klienten angesichts ihrer häufigen Problemüberschwemmung bekannt sind.[84] Mit einer Offenlegung der eigenen Beschränkungen können unangemessene, nicht erfüllbare oder unzumutbare Ansprüche von Klienten nachvollziehbar, und ohne den Eindruck von Willkür zu erwecken, zurückgewiesen werden. Das Feld der gemeinsamen Arbeit von Sozialarbeiter und Klient wird damit argumentativ verhandelbar.

Wer etwas über die Gestaltung der Anfangsphase sozialer Einzelhilfen sagen will, muss diese Rahmenbedingungen ins Kalkül ziehen, andernfalls wird lediglich der Forderungskatalog an Sozialarbeiter um Wünsche erweitert, die angesichts der Realitäten beruflicher Praxis und der sozialstrukturellen Hintergründe der Klientenprobleme nur zusätzlich belasten können. Für das Umgehen mit dem weiteren Inhalt dieses Buchs mag es hilfreich sein, das Grundverständnis einiger zentraler Begriffe vorab in wenigen Worten anzudeuten, ohne durch sperrige Definitionen die Lektüre eher zu erschweren.

Soziale Einzelhilfe

Der vorliegende Text hat die komplexen Vorgänge während der Anfangsphase sozialer Einzelhilfe zum Gegenstand. *Soziale Einzelhilfe* oder neuerdings auch *lebensweltorientierte Individualhilfe*[85] wird dabei, einem allgemeinen Konsens folgend,[86] verstanden als die Arbeit mit einzelnen Personen, die aber das Einbeziehen anderer Personen aus dem Umfeld der unmittelbar Betroffenen nicht nur nicht ausschließt, sondern in vielen Fällen notwendig macht. Dabei treffen Sozialarbeiter mit einzelnen Personen als Symptomträger bestimmter Probleme direkt oder indirekt (eine Person aus dem Umfeld kommt stellvertretend für einen Symptomträger) zusammen. Um zu klären, ob es eine gemeinsame Arbeitsgrundlage geben kann (Klärung der Zuständigkeit), fangen die Beteiligten an, gemeinsam herauszufinden, welche Probleme und Stärken vorhanden sind und wie die vorhandenen Probleme mit den vorhandenen oder noch zu ergänzenden Kräften angegangen werden können. Damit deutet sich an, dass soziale Einzelhilfe grundsätzlich als offen für vielfältige Formen methodischen Arbeitens bis hin zu gemeinwesenorientierten Arbeitsformen angesehen wird: Einzelfallhilfe und Gemeinwesenarbeit stehen in Wechselbeziehung zueinander und können als zusammengehörige Seiten angesehen werden.[87] Erkennbar wird damit eine deutlich *ökosoziale Perspektive*,[88] die sich auch darin niederschlägt, dass als Ziel für viele (nicht alle) Anfangsphasen sozialer Einzelhilfe der Abschluss eines Arbeitsbündnisses angestrebt wird, in dem unter aktiver Anteilnahme des Klienten eine gemeinsame Plattform für die in Aussicht genommene zukünftige Zusammenarbeit geschaffen werden soll. Hierbei ist eine Orientierung an Überlegungen zum *Case Management* hilfreich: In dieser Perspektive wird Soziale Arbeit als Teil einer umfangreicheren Palette vorhandener Ressourcen und professionell bereitzustellender Hilfen unterstützend und koordinierend tätig. Die Aufgabe der sozialen Einzelhilfe im Sinne des Case Managements besteht darin, in einer gemeinsamen *Bestandsaufnahme* vorhandene Probleme und Stärken abzuklären, die für die *Lösung* vorhandener Probleme geeignetesten Hilfsquellen zu aktivieren, die Arbeit zu koordinieren und ihren Fortgang zu begleiten.[89] Fehlen notwendige Hilfen, sind die Sozialarbeiter auch als Gemeinwesenarbeiter gefordert:

In dieser Funktion müssen sie neue Problemlagen als Anwälte ihrer Klienten in die politische Diskussion bringen und notwendige Veränderungen des Dienstleistungs- und Unterstützungssystems anregen. Damit wird deutlich, dass Case Management *nicht mit Einzelhilfe im Sinne der Arbeit mit einzelnen Klienten* gleichgesetzt werden darf. Vielmehr zeigt sich gerade hier, dass die Methodenabgrenzung in Einzelhilfe und Gemeinwesenarbeit (und soziale Gruppenarbeit) eher hinderlich ist. Arbeit mit Einzelnen kann von Fall zu Fall zu Gemeinwesenarbeit und zu Gruppenarbeit und zu anderen Formen Sozialer Arbeit übergehen.[90] Der Sozialarbeiter muss dabei eine Art „spezialisierter Generalist"[91] sein: In Kenntnis der unterschiedlichsten Problemkonstellationen und der unterschiedlichsten in Frage kommenden oder zu schaffenden Hilfsquellen, einschließlich der eigenen und der den Klienten zugänglichen Möglichkeiten, muss der Sozialarbeiter in der Lage sein, zu immer neuen Verknüpfungen von Bedürfnissen und Hilfspotentialen beizutragen. Die Hilfe zur Selbsthilfe wird damit nach dieser Auffassung zu einer Art Zugangshilfe: Im Case Management wird angestrebt, den Klienten Zugänge zu vorhandenen – und seltener: zu schaffenden – Ressourcen zu öffnen, die sie aber selber angehen und nutzen müssen.

Die Orientierung am Case Management wird immer dann besonders fruchtbar sein, wenn mit einer *Vielfalt von Problemen bei Klienten* zu rechnen ist. Insbesondere in Situationen, in denen entsprechend der Problemvielfalt mit einer Vielzahl von unterschiedlichen und abgestimmten Hilfen reagiert werden muss, macht die Verknüpfungs- und Koordinierungsfunktion der Sozialarbeiter unmittelbar Sinn.[92] An weniger komplexe oder weniger handgreifliche Problemsituationen kann aber durchaus ebenfalls zunächst mit der Idee des Case Managements herangegangen werden, ohne dass Schaden zu befürchten wäre: da in jedem Fall mit einem gründlichen Abklären der Ausgangssituation begonnen werden muss, bleibt zunächst völlig offen, welche Vorgehensweise gemeinsam festgelegt wird. So kann es sich gelegentlich durchaus herausstellen, dass eine einzelne Methode angewandt werden kann oder eine einzelne Therapieform ohne weitere flankierende Maßnahmen ausreichend erscheint, so dass auch die Koordinierungsfunktion des Case Managers entbehrlich ist. Das vorliegende empirische Material deutet allerdings darauf hin, dass diese Konstellation eher selten ist, während Case Management im Sinne des Verschaffens von Zugängen zu verschiedenen Hilfsquellen und deren Koordinierung die häufigere Anforderung darstellt.[93]

Bei einer Vielzahl von Problemen wird es dann als zusätzliche Aufgabe des Case Managements wichtig sein, gemeinsam herauszufinden, welche Probleme kurz-, mittelfristig und langfristig angegangen werden sollen.[94]

Schließlich ist es wichtig zu betonen, dass Erstgespräche im Rahmen sozialer Einzelhilfe zwar häufig aus Anlass einer ersten Kontaktaufnahme oder relativ bald nach einer Kontaktaufnahme stattfinden. Dies muss aber nicht notwendig der Fall sein: in vielen Arbeitsfeldern kommt es vor, dass schon über einen längeren Zeitraum informelle Kontakte zwischen Sozialarbeitern und Klienten bestehen, bevor es zu Erstgesprächen im hier gemeinten Sinn kommt.

Erstgespräch(e)
Aus dieser Sicht von sozialer Einzelhilfe in der Orientierung des Case Managements wird die Bedeutung der Erstgespräche deutlich erkennbar: vor jeder Entscheidung über die Zusammenstellung einer Hilfepalette muss angefangen werden, gemeinsam mit den Klienten das Feld zu sondieren, um gemeinsame Ziele und Wege zu finden. Dabei stehen die wichtigsten Lebensbereiche des Klienten mit ihren Belastungen, aber auch mit ihren belastungsfreien Elementen und ihren Stärken im Vordergrund. In einer derartigen gemeinsamen Rundschau über vorhandene Probleme und (relativ) problemfreie Lebensbereiche wird eine Art *Bestandsaufnahme* (assessment) eingeleitet. Sie hat ihren Schwerpunkt in den Erstgesprächen, ist aber grundsätzlich nie abgeschlossen, sondern stellt eine *Daueraufgabe* Sozialer Arbeit dar.[95] Daueraufgabe muss die Bestandsaufnahme deshalb sein, weil zu keinem Zeitpunkt davon ausgegangen werden kann, dass die Situation richtig und vollständig eingeschätzt wurde, von zwischenzeitlichen Veränderungen ganz abgesehen.
Erstgespräche werden demnach verstanden als Begegnungen zwischen Sozialarbeitern und Klienten mit der ausdrücklichen Anstrengung der beteiligten Personen: zu klären, ob es und inwieweit es mit welchen Zielvorstellungen zu einer Zusammenarbeit zwischen ihnen kommen kann – unabhängig von der Zeit, die sich Sozialarbeiter und Klienten bereits kennen.
Erst auf diesem Hintergrund kann von den beteiligten Personen entschieden werden, inwieweit es zu einer Zusammenarbeit kommen kann, die dann gegebenenfalls in Form von Arbeitsbündnissen festge-

legt werden soll. Anfangen in der sozialen Einzelhilfe heißt also nicht notwendig, mit einem Erstgespräch anfangen. Vielmehr kann es wichtig werden, über einen langen Zeitraum hinweg Klienten zu motivieren, den Versuch einer Zusammenarbeit zu wagen. Erst wenn ein Klient dieses Angebot annimmt, kann es dann auch zu einem Erstgespräch im hier gemeinten Sinn kommen. Dabei muss ein Erstgespräch *nicht notwendig auf ein Gespräch* beschränkt sein. Vielmehr können mehrere Erstgespräche in dem hier gemeinten Sinn notwendig werden. Insofern ist der Begriff des Erstgesprächs auf *alle vorbereitenden Gespräche bezogen*, die in der Absicht der Klärung einer möglichen Zusammenarbeit bis zum möglichen Abschluss eines Arbeitsbündnisses oder bis zur Weiterverweisung an andere Dienststellen oder bis zu anderen Formen der Beendigung des Kontaktes geführt werden.

Je nach Zahl der Beteiligten lassen sich vier unterschiedliche *Personenkonstellationen* unterscheiden. (a) Am häufigsten dürften Erstgespräche zwischen einer einzelnen Person und einem einzelnen Sozialarbeiter vorkommen. Hierbei ist noch zu unterscheiden, ob ein Hauptbetroffener selbst erscheint oder ein mittelbar Betroffener (mehr dazu in Abschnitt 4.2). (b) Erstgespräche können auch durch Begegnung zwischen einem Sozialarbeiter und mehreren Personen (z.B. Paare, Familien) gekennzeichnet sein.[96] (c) In seltenen Fällen finden Erstgespräche zwischen einem Klienten und mehreren Fachkräften statt, z.B. wenn ein hospitierender Praktikant teilnimmt, aber auch in bestimmten Formen von Aufnahmeverfahren in Beratungsstellen.[97] (d) Dies gilt auch für Helferkonferenzen, bei denen auch mehrere Klienten (z.B. Familienangehörige) mit mehreren Helfern zusammentreffen können.[98] Hier ist allerdings damit zu rechnen, dass vorher zumindest zwischen einzelnen Helfern und einzelnen Klienten Vorgespräche geführt wurden.

In diesem Buch steht – dem Charakter eines Einführungswerks entsprechend – überwiegend die einfachste Konstellation (a) zwischen nur einem Sozialarbeiter und einem Klienten im Vordergrund. Für die anderen Konstellationen gelten zusätzliche Erwägungen, die hier ausgeklammert bleiben.[99]

Ebenfalls völlig unberücksichtigt bleiben Erstkontakte zu internen und externen (innerhalb und außerhalb der eigenen Einrichtung) beruflichen Kontaktpersonen, obwohl sie für das berufliche Geschehen von nicht zu unterschätzender Bedeutung sind.[100]

3. Bestandsaufnahme, Vertrauensbildung und Anbahnen von Arbeitsbündnissen in Erstgesprächen

Bevor auf Details in der Vorbereitung und Durchführung von Erstgesprächen eingegangen wird (ab Kapitel 4), sollen allgemeine Aussagen über die wichtigsten Funktionen von Erstgesprächen und den sich daraus ergebenden Konsequenzen für ihre Gestaltung vorgestellt werden. Dazu dient zunächst ein Überblick über wichtige Funktionen von Erstgesprächen in der sozialen Einzelhilfe (3.1). Ausführlich wird dann auf das zentrale Ziel der Vertrauensbildung und die sinnvollen allgemeinen Gestaltungsprinzipien von Erstgesprächen eingegangen, die zur Entstehung von Vertrauen beitragen können (3.2). Schließlich geht es um das Ziel des Vorbereitens von Arbeitsbündnissen, wenn bestimmte Voraussetzungen dafür erfüllt sind (3.3).

3.1 MÖGLICHE FUNKTIONEN VON ERSTGESPRÄCHEN

Erstgespräche dienen unterschiedlichen Funktionen. Sie bieten den Klienten Gelegenheit, ihre Lebenssituation und die von ihnen erwünschten Änderungen so darzustellen, dass sie für Klient und Sozialarbeiter zunehmend deutlicher werden. Dabei sollen die vorhandenen Ressourcen und Stärken zunehmend bewusst werden, ein Vertrauensverhältnis soll entstehen.[101] Damit wird auch deutlich, dass die Bestandsaufnahme der Lebenslage des Klienten sowohl für den Klienten als auch für den Sozialarbeiter von Bedeutung ist: eine angemessen durchgeführte gemeinsame *Bestandsaufnahme* bietet – neben der wichtigen Funktion für den Aufbau eines Vertrauensverhältnisses – eine *Klärungshilfe für beide beteiligte Seiten*.[102] Für den *Klienten*, der seine eigene Situation wie kein zweiter kennt, ist eine grundlegende Bestandsaufnahme wichtig, weil die Verstrickung in Probleme ihn häufig an der Einsicht in Zusammenhänge und Hilfemöglichkeiten behindert. Vieles deutet darauf hin, dass allein schon die gemeinsame Bestandsaufnahme positive Auswirkungen haben kann *im Sinn einer Behandlungsfunktion* von Erstgesprächen. Für den *Sozialarbeiter* ist sie *im Sinne der Erkenntnisfunktion* von Erstgesprächen erforderlich: er muss die Situation des Klienten kennen, um gemeinsam mit ihm entscheiden zu können, ob eine Intervention notwendig ist oder nicht.

Vor jeder Erstbegegnung ist zunächst völlig offen, ob es zu einer über dieses erste Treffen hinausgehenden Zusammenarbeit kommen wird oder nicht – gerade die Klärung dieser Frage stellt ein Leitthema der ersten Begegnungen dar. Dabei kann sich herausstellen, dass kein Bedarf für eine Fortsetzung der Kontakte besteht. Dies kann aus unterschiedlichsten Gründen der Fall sein:

- *Einmalige Informationsweitergabe.* Geht es einer anfragenden Person lediglich um das Einholen von Informationen, sollten keine Anstrengungen unternommen werden, über die Weitergabe der erwünschten Informationen hinaus in ein intensiveres Arbeitsverhältnis zu gelangen.[103] Weitergabe von Informationen kann natürlich darüber hinaus ein Element von Erstgesprächen sein.

- *Direkte punktuelle Hilfe.* Es kann auch vorkommen, dass in einer bestimmten Situation eine einmalige direkte Hilfe notwendig wird, aus der sich keine weiterführende Arbeitsbeziehung ableiten lässt.

- *Eigene Ressourcen der anfragenden Person erscheinen ausreichend.* Im Sinne des Empowermentkonzepts ist durchgehend selbstkritisch zu fragen, ob überhaupt professionelle Hilfe und Unterstützung notwendig ist, um Klientifizierung zu vermeiden. Das reflektierte und begründete Verweigern von professioneller Unterstützung ist in diesem Fall Zeichen von beruflicher Kompetenz, vor dem Hintergrund eines eventuell doch übersehenen Hilfebedarfs aber immer riskant.[104]

- *Keine Zuständigkeit gegeben.* Im Zuge der fortschreitenden Bestandsaufnahme wird der Frage der Zuständigkeit durchgehend große Beachtung geschenkt werden müssen. Es wurde schon darauf hingewiesen, dass nicht damit gerechnet werden kann, die anfragende Person sei an die richtige Stelle gelangt. Aus unterschiedlichen Gründen kann sich herausstellen, dass eine Zusammenarbeit nicht möglich, nicht sinnvoll oder sogar kontraproduktiv ist. Die Einrichtung mag zum Beispiel, als Ausfluss arbeitsteiliger Spezialisierung, für die Bearbeitung der allmählich erkennbaren Problemlage schlicht nicht zuständig sein. Der Sozialarbeiter mag erkennen, dass er nicht über die für die Bearbeitung notwendige Kompetenz verfügt, andere Ansätze günstiger wären[105] oder die eigene Betroffenheit in diesem Fall hinderlich für eine Zusammenarbeit ist. Professionalität besteht u.a. auch darin, nicht nur mit vielen Klientproblemen umgehen zu können, sondern gerade auch die Grenzen der eigenen Kompetenz zu erkennen und zu vertreten.[106] Ist in diesem Sinn keine Zuständigkeit gegeben, besteht grundsätzlich die Möglichkeit der Konsultation anderer

Kollegen und Dienststellen oder die Überweisung an andere Kollegen und Dienststellen. Auf eine notwendige Überweisung sollte der Klient aber vorbereitet werden, es muss Überzeugungsarbeit geleistet werden, der Klient darf nicht einfach weiter geschickt werden, so dass er sich abgewiesen fühlen könnte.[107] Für derartige Überweisungssituationen erweist sich der Aufbau von Beziehungen zu wichtigen Kooperationspartnern und die Sammlung wichtiger Adressen in einer Ressourcenkartei als besonderes wertvoll.[108] Allerdings besteht auch in diesem Punkt die Notwendigkeit zu einer Gratwanderung: anfragende Personen dürfen auch nicht zu schnell weiter verwiesen werden, zumindest wenn der Grund darin liegt, dass nicht gleich eine gute Beziehung aufgebaut werden kann. Es gibt durchaus gute Chancen, sich bei sachlich gebotener Zusammenarbeit erfolgreich „zusammenzuraufen". Dies gilt auch deshalb, weil derartige Weiterverweisungen sehr schnell an Grenzen der Machbarkeit stoßen – sie können immer nur die Ausnahme sein.[109]

- *Krisensituationen, Selbst-/Fremdgefährdung.* Immer dann, wenn das Recht der Klienten auf Mitgestaltung des Erstgesprächs so eingeschränkt ist, dass Anstrengungen zur Autonomieerweiterung und ihre aktive Beteiligung an der Gestaltung hoffnungslos sind, gelten die Regeln einer Krisenintervention – die für Erstgespräche entwickelten Gestaltungsprinzipien sind nur noch bedingt anwendbar. In Krisensituationen mit unmittelbarem Handlungsbedarf steht in aller Regel nicht genügend Zeit zur Verfügung, um eine ausführliche Bestandsaufnahme vorzunehmen. Besteht sogar eine Gefährdung für den Klienten oder durch ihn für andere Personen, wäre in der zeitintensiven Vorbereitung von Arbeitsbündnissen geradezu ein beruflicher Kunstfehler zu sehen. Gerade zu Beginn von Erstgesprächen müssen daher alle Hinweise auf einen unmittelbaren Interventionsbedarf Vorrang vor allen übrigen Überlegungen erhalten.[110] In besonders gravierenden Fällen muss sogar die auf gesetzlicher Grundlage vorgesehene Unterbringung von Klienten in besonderen Einrichtungen ins Auge gefasst werden, zum Teil ohne Einwilligung oder sogar gegen den Widerstand der Betroffenen.[111] Angesichts der Wichtigkeit derartiger Ausnahmesituationen wird auf Beispiele und Schlussfolgerungen an anderer Stelle (4.6) ausführlicher eingegangen.

Nur dann, wenn im Laufe der Erstgespräche die gerade skizzierten Möglichkeiten ausgeschlossen werden können, kann sich als Ziel der Erstgespräche zunehmend die Vorbereitung eines Arbeitsbündnisses in den Vordergrund schieben. Abbildung 1 veranschaulicht diese Argumentation.

Abbildung 1: Ausnahmen zum Ziel von Erstgesprächen,
Arbeitsbündnisse anzubahnen

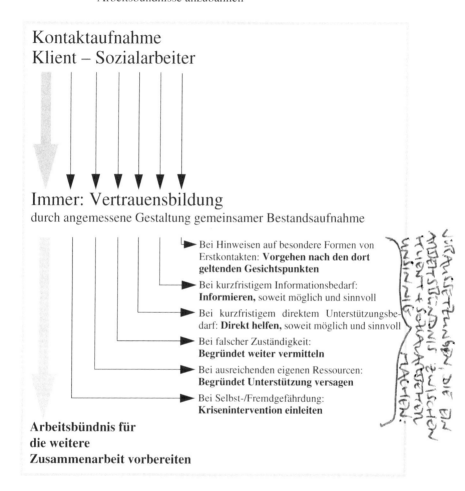

Abbildung 1 soll zunächst verdeutlichen, dass es im Erstgespräch inhaltlich um eine gemeinsame Bestandsaufnahme der Situation des Klienten geht. Die Art, wie diese Bestandsaufnahme durchgeführt wird, hat entscheidenden Einfluss auf die Vertrauensbildung des Klienten zum Sozialarbeiter. Insofern gehören Bestandsaufnahme und Vertrauensbildung untrennbar zusammen. Auf Prinzipien der Vertrauensbildung bei der gemeinsamen Bestandsaufnahme geht der folgende Abschnitt 3.2 ein.

Grundsätzlich strebt ein Erstgespräch an, die Voraussetzungen für den Abschluss eines Arbeitsbündnisses zwischen Sozialarbeiter und Klient zu klären. Von diesem Vorhaben muss aber abgesehen werden, wenn es Hinweise auf Voraussetzungen beim Klienten gibt, die ein solches Ziel unsinnig oder gar kontraproduktiv erscheinen lassen. Dazu gehören die oben aufgeführten und in Abbildung 1 mit den abknickenden Pfeilen gekennzeichneten Anlässe. Insbesondere Krisensituationen stellen eine Situation dar, die es erforderlich macht, die sonst geltenden Gesichtspunkte von Erstgesprächen außer Kraft zu setzen und in anderen Kategorien zu denken und zu handeln. Können derartige Ausnahmen ausgeschlossen bleiben, strebt das Erstgespräch auf den Abschluss von Arbeitsbündnissen zu. Darauf geht Abschnitt 3.3 näher ein.

3.2 VERTRAUENSBILDUNG DURCH GEEIGNETE GESTALTUNG GEMEINSAMER BESTANDSAUFNAHME

Vertrauen zwischen Sozialarbeiter und Klient aufzubauen, kann als überragendes und übergreifendes Ziel von Erstgesprächen angesehen werden; unabhängig von den Anlässen, den sonstigen Funktionen und den verschiedenen möglichen Abschlüssen (s.o.) eines Erstgesprächs. Deshalb soll diesem Ziel ein besonderer Abschnitt gewidmet werden, um wichtige Anregungen zusammenzustellen, die der Vertrauensbildung förderlich sind. Vertrauen wächst langsam, aber die Saat dafür muss schon im Erstgespräch gesät werden.[112] Zu erkennen ist entstehendes Vertrauen unter anderem an der zunehmenden Bereitschaft des Klienten, auch solche Bereiche seines Lebens anzusprechen, die ihm eher unangenehm sind, und daran, dass er zunehmend Gefühle von Traurigkeit, Ärger, Zorn, Freude und Liebe zeigt und aufhört, sich beliebt machen zu wollen.[113] Vertrauen besteht, wenn der Klient zunehmend davon überzeugt ist, dass der Sozialarbeiter im Klienteninteresse handelt, selbst dann, wenn er das professionelle Verhalten nicht vollständig nachvollziehen kann. Vertrauen bezieht sich darauf, dass Klienten ihre Gefühle, Wertvorstellungen und Verhaltensweisen zeigen können, ohne Sanktionen befürchten zu müssen. Und Vertrauen zeigt sich in einigen schwierigen Phasen der Gespräche darin, dass Klienten mit ihren Äußerungen, Verhaltensweisen und Absichten konfrontiert werden und dabei sicher sein können, vom Sozialarbeiter unterstützt und ermutigt zu werden, sich selbst zu betrachten.[114]

Vertrauen entsteht selbstverständlich nicht dadurch, dass der Sozialarbeiter den Klienten auffordert, doch bitteschön Vertrauen zu haben. Vertrauen entsteht durch professionelles Verhalten. Was das in der Erstgesprächssituation bedeutet, soll in mehreren, sich zum Teil überlagernden Anläufen konkretisiert werden.

3.2.1 Umgang mit Selbstenthüllung

Soll es im Rahmen von Erstgesprächen zum Aufbau einer Arbeitsbeziehung zwischen Sozialarbeiter und Klient kommen, ist es erforderlich, dass Klienten etwas über sich selbst erzählen. Es findet eine Selbstenthüllung oder Selbstoffenbarung[115] statt. Selbstenthüllung gehört zu unseren alltäglichen Identitätsstrategien und erfordert je nach Situation unterschiedliche Formen und Anforderungen. So ist in alltäglichen Austauschprozessen zwischen zwei Personen normativ vorgesehen, dass die selbstreferentiellen, also auf den jeweiligen Redner bezogenen Mitteilungen, in etwa gleich verteilt sind. Verstöße gegen diese Regel lassen sich daran erkennen, dass einer der Gesprächspartner, durch ein zu schnelles Vorpreschen mit Enthüllungen des anderen, sich unter Druck gesetzt fühlen kann, seinerseits selbstenthüllende Äußerungen von sich zu geben. Andere Situationen sehen dagegen durchaus einseitige Selbstenthüllungen vor (z.B. Arztbesuch, Beichte). Angesichts der oberflächlichen Ähnlichkeit eines Erstgesprächs mit alltäglichen Begegnungen (vgl. 2.1) ist es nicht auszuschließen, dass Klienten die Situation falsch einschätzen und es zu unerwünschten Selbstenthüllungen kommt. Dies ist zum Beispiel dann der Fall, wenn Klienten wie in einer Alltagssituation, gerade im Zusammenhang mit der Ausbildung von Vertrauen, „zu viel" von sich erzählen. In diesen Fällen muss damit gerechnet werden, dass die Klienten sich im Nachhinein schlecht fühlen („Auftrittskater"). Eine andere Erscheinungsform einer falschen Einschätzung der Erstgesprächssituation liegt dann vor, wenn Klienten erwarten, dass der Sozialarbeiter seinerseits von sich als Privatperson erzählt. Gegen die Erfüllung dieser Erwartung sprechen mehrere Gründe; in erster Linie lenken Berichte über eigene Erfahrungen und Einschätzungen den Klienten von seiner Suche nach seinem Weg eher ab, unabhängig davon, ob es sich hierbei um negative oder positive Erfahrungen handelt.[116] Auf angemessene Reaktionsformen mit derartigen „umgedrehten Fragen" wird noch an anderer Stelle eingegangen. In Begegnungen zwischen Sozialarbeiter und Klient kann sehr schnell eine intensive emotionale Dichte entstehen. Gerade geschulte und erfahrene Sozialarbeiter bekommen sehr viel mehr vom Klienten mit (und sollen dies auch!), als dieser annimmt. In der unmittelbaren Begegnung wird jenseits der verbalen Mitteilung ein Überschuss an Informationen auf den nonverbalen Kanälen mitgeliefert, der nur durch verinnerlichte Normen des Takt und Schamgefühls angemessen verarbeitet werden kann.[117] Mit anderen Worten: Klienten enthüllen meist sehr viel mehr von sich, als ihnen selbst bewusst ist. (Das gleiche gilt natürlich, wenn auch wohl abgeschwächter, umgekehrt.) Im Hinblick auf derartige nicht beabsichtigte Selbstoffenbarungen ist ein besonders taktvolles Reagieren notwendig. Die so in Erfahrung gebrachten Informationen sind wertvoll und es gilt, sie im Verlauf der weiteren Zusammenarbeit im Auge zu behalten. Sie sind jedoch nur in dem Umfang in den weiteren Kommunikationsprozess einzubeziehen, wie es der Klient selbst zulassen kann. Allerdings ist der Generalverdacht von Übertragungen und falschen Schlussfolgerungen in diesem Terrain besonders im Auge zu behalten.

Hier ist zunächst nur allgemein festzuhalten: Erstgespräche stellen besondere Situationen von Selbstenthüllungen dar, für die bestimmte Abläufe und Formen erwünscht, andere unerwünscht sind. Professionelle Helfer haben eine besondere Verantwortung für die Handhabung dieser besonderen Situation: sie müssen in der Lage sein, erwünschte Formen selbstreferentieller Kommunikation zu fördern, unerwünschte Ausprägungen („Seelenstriptease", „Auftrittskater" usw.) zu vermeiden und mit dem Überschuss an nicht beabsichtigen selbstenthüllenden Informationen taktvoll umzugehen. Je mehr dies gelingt, desto stärker kann der Klient Vertrauen entwickeln.[118]

3.2.2 Wahrnehmung des Klienten

Um dem Klienten und seiner ambivalenten Situation bei der ersten Begegnung gerecht zu werden und damit die Grundlage für Vertrauensbildung zu stärken, empfiehlt es sich für den Sozialarbeiter, neben den vom Klienten verbal geäußerten Informationen den Verhaltensweisen und dem Zustand des Klienten besondere Aufmerksamkeit zu widmen. Es handelt sich hier überwiegend um Informationsquellen, die weniger stark bewusst kontrolliert werden können und deshalb das Potential besonders aussagekräftiger Informationen über das Befinden des Klienten enthalten. Bei der Nutzung ist allerdings darauf zu achten, dass es sich hier um unbewusste Selbstenthüllungen (vgl. 3.2.1) des Klienten handelt: sie können dem Sozialarbeiter dabei helfen, zu einer angemessenen Einschätzung der Situation des Klienten zu gelangen, müssen im Übrigen aber mit besonderem Taktgefühl und dem Bewusstsein falscher Interpretationsmöglichkeiten gehandhabt werden.

Die folgende Liste aus dem Lehrbuch von Fine & Glasser[119] gibt einen Überblick über Dimensionen, auf die zu achten besonders lohnt:

Wichtige Beobachtungsdimensionen im Erstgespräch

Englische Version	Deutsche Übersetzung (H.D.K.)
1. *The client's affective state.* For example, the degree of agitation and when the level rises or falls; or on the other hand, the state of lethargy, apathy, and depression that the client may exhibit.	1. *Die Gefühlslage.* Zum Beispiel der Grad der Erregtheit und bei welcher Gelegenheit sie steigt oder fällt; oder andererseits der Grad der Teilnahmslosigkeit, der Apathie und Niedergeschlagenheit.
2. *The client's dress.* Careful or sloppy, coordinated or haphazard; age-appropriate; flamboyant, extreme, seductive. Sometimes the client's dress will tell you the importance placed on meeting the therapist and whether the client is trying to impress you.	2. *Die Kleidung des Klienten.* Sorgfältig oder nachlässig, zusammenpassend oder eher zufällig, altersangemessen, grell, ausgefallen, verführerisch. Manchmal signalisiert die Kleidung, welche Bedeutung der Klient der Begegnung beimisst und ob er versucht zu beeindrucken.
3. *The client's movements.* Random, jerky, disjointed; clumsy or graceful.	3. *Die Bewegungen des Klienten.* Fahrig, ruckartig, unzusammenhängend, unbeholfen oder würdevoll.
4. *The client's state of health.* Pallor, excessive ruddiness, skin irritation, bloodshot eyes, trembling, coughing, or other signs of illness.	4. *Der Gesundheitszustand des Klienten.* Blässe, extreme Röte, Hautreizungen, blutunterlaufene Augen, Zittern, Keuchen oder andere Krankheitszeichen.
5. *The client's tension symptoms.* Swallowing, shaking, scratching, tics, or any other repetitive behavior.	5. *Hinweise auf Angespanntheit.* Schlucken, Schütteln, Kratzen, Gesichtszucken oder andere auffällige Wiederholungshandlungen.
6. *The client's voice.* Firm and confident; steady or shaking; small, whining, high-pitched.	6. *Die Stimme des Klienten.* Fest und selbstsicher; stabil oder unsicher; schwach, jammernd, hoch.
7. *The client's projection of himself.* For example, do the client's postures or voice have a childlike quality? Or does a young client perhaps have the stoop and manner of someone much older? Is the client aggressive or overly submissive?	7. *Projektionen des Klienten.* Haben zum Beispiel Körperhaltungen und Stimme etwas Kindliches? Oder hat ein junger Klient die gebeugte Haltung und Art eines wesentlich Älteren? Ist der Klient aggressiv oder ausgesprochen unterwürfig?

Je mehr Erfahrungen mit der bewussten Beobachtung dieser Dimensionen gesammelt werden, desto vielfältiger wird der Informationsgewinn. Diese

57

Informationen in Verbindung mit den Erzählungen des Klienten stellen die ersten vorsichtigen Grundlagen für Vermutungen und Hypothesen dar, gleichsam mit dünnen Bleistiftstrichen festgehalten, die im weiteren Verlauf ausradiert oder stärker geschrieben und ergänzt werden.[120]

Von besonderem Interesse sind Hinweise auf Diskrepanzen oder mangelnde Übereinstimmungen zwischen dem, was gesagt wird, und dem, wie es gesagt wird. Hierauf wird noch in einem anderen Zusammenhang näher einzugehen sein (5.3).

Ein Hinweis gilt dem Umgang mit Wahrnehmungen körperlicher Beschwerden oder Einschränkungen: hier gilt die Faustregel, dass sie durch Ärzte untersucht werden sollten. Solange dies nicht geschehen ist, dürfen sie nicht voreilig als psychisch bedingte Störungen interpretiert werden.[121]

3.2.3 Wichtige Basisregeln

Die folgende Übersicht über Basisregeln der Gesprächsführung in Erstgesprächen von Fine & Glasser (1996: 169-170) zeichnet sich dadurch aus, dass jede Empfehlung durch Hinweise auf ihr Gegenteil oder doch ihre Grenze relativiert wird. Damit wird deutlich, dass einerseits wichtige Richtlinien für das sozialarbeiterische Verhalten in Erstgesprächen aus Theorie und Erfahrung abgeleitet werden können. Andererseits muss in jedem Fall aufs neue bestimmt werden, wie diese Richtlinien in einer bestimmten Situation umgesetzt werden können. In diesem Sinne steckt die folgende Liste[122] das Terrain ab, innerhalb dessen Sozialarbeiter sich eigen- und klientenverantwortlich bewegen können.

Wichtige Basisregeln und ihre Variationen für Praktiker

Englische Version	Deutsche Übersetzung (H.D.K.)
1. Don't ask closed-ended questions, yet be sure you get the right information.	1. Stellen Sie keine geschlossenen Fragen, stellen Sie aber sicher, dass Sie die notwendigen Informationen erhalten.
2. Don't be directive, but at the same time don't be too passive either.	2. Meiden Sie direktives Verhalten, aber ebenfalls zu viel Passivität.
3. Don't answer questions, except sometimes.	3. Beantworten Sie keine Fragen, außer wenn es sinnvoll ist.
4. Do let the client lead, unless he's leading you around in circles or heading nowhere at all.	4. Lassen Sie den Klienten führen, außer wenn er Sie im Kreis oder nirgendwohin führt.

Englische Version	Deutsche Übersetzung (H.D.K.)
5. Don't try to control the client, but be sure you don't lose control of the interview.	5. Vermeiden Sie, den Klienten zu kontrollieren, aber stellen Sie sicher, dass Sie nicht die Kontrolle über das Gespräch verlieren.
6. Don't moralize, patronize, or sermonize; don't give advice, platitudes, or encouragement; yet be sure the client feels that you can help her.	6. Moralisieren Sie nicht, behandeln Sie die Klientin nicht gönnerhaft, halten Sie keine Predigten; äußern Sie keinen Ratschlag oder keine Allgemeinplätze; stellen Sie aber sicher, dass die Klientin merkt, daß Sie ihr helfen können.
7. Be open and honest with the client so she will come to trust you, but don't let her know what you really think.	7. Seien Sie offen und ehrlich, so dass die Klientin Ihnen vertraut, aber lassen Sie sie nicht wissen, was sie wirklich denken.
8. Don't let the client know your morals and values and beliefs even if hers are antisocial or pathological, but don't agree with her either.	8. Lassen Sie ihre Klientin über ihre eigenen moralischen Grundsätze, Werte und Überzeugungen selbst dann im Unklaren, wenn die der Klientin unsozial oder pathologisch sind, aber stimmen Sie ihnen auch nicht zu.
9. Don't take sides or defend the client's enemies, even if you think they may be right. At the same time, don't add gasoline to the client's fire by telling her how justified she is.	9. Ergreifen Sie nicht Partei[*] oder verteidigen die Gegner der Klientin, selbst wenn Sie der Meinung sind, dass sie Recht haben könnten. Vermeiden Sie gleichzeitig, Öl in das Feuer der Klientin zu gießen, indem Sie ihr zustimmen.
	*Dies gilt zumindest für die Anfangsphase der Zusammenarbeit. In späteren Phasen der Zusammenarbeit, wenn die Grundlagen klarer geworden sind, kann es durchaus notwendig werden, parteilich und anwaltlich Position zu beziehen.

Diese Regeln zur Kenntnis zu nehmen und sie mehr oder weniger zu akzeptieren ist das eine, sie umzusetzen und zu erproben das andere, deutlich schwierigere. Im Abschnitt 8.3 finden sich Hinweise auf Möglichkeiten des Lehrens und Lernens von Erstgesprächsverhalten. Als Orientierung für diese Einführung soll festgehalten werden: je stärker es gelingt, diese Basisregeln angemessen umzusetzen, desto stärker steigen die Chancen für den

Aufbau eines Vertrauensverhältnisses. Das gleiche gilt für weitere Richtlinien und Faustregeln für bestimmte Konstellationen und Ausgangsbedingungen im Erstgespräch, auf die jetzt weiter eingegangen werden soll.

3.2.4 Wichtige Verhaltensprinzipien

Im folgenden stelle ich einige Prinzipien, Faustregeln und Hinweise zusammen, die der Orientierung für die Gesprächsführung in Erstgesprächen dienen können.

Typische Formulierungen:
„Das hört sich so an, als hätten Sie schon viel darüber nachgedacht."
„Das hört sich so an, als drehten Sie sich im Kreis und Sie kommen da wieder an, wo Sie angefangen haben."
„Und wenn dann diese Sachen passieren, führt das dazu, dass Sie sich wie ein kleines Kind fühlen."
„Und jetzt, wo sie weggegangen ist, fühlen Sie sich, als sei Ihr Leben leer."
„Und das macht Sie ärgerlich ..."
„Und wenn Sie den Ärger fühlen, fühlen Sie sich auch noch schuldig."
„Wenn Sie also nur einen Weg finden würden, wie er Sie wieder lieben würde ..."
„Ich habe den Eindruck, dass Ihr Kopf das am liebsten aufgeben würde, aber Ihr Herz sagt etwas anderes."
„So scheint es nur zwei Möglichkeiten zu geben: alles zu tun, was er will, oder Ihren Job aufzugeben."

Einige grundlegende Prinzipien der Gesprächsführung[123]
• Der Klient leitet die Interaktionen, der Sozialarbeiter folgt.
• Äußerungen des Sozialarbeiters beziehen sich in erster Linie auf die Gefühle des Klienten, nicht auf sein Verhalten. Es gibt nichts, was Gefühle so wirksam beeinflussen kann wie ein Mensch, der versteht und akzeptiert, und der zusichert, dass die Gefühle berechtigt sind. Allein das Benennen der Gefühle kann hilfreich sein, sie in Zukunft besser zu kontrollieren
• Vertrauen aufbauen. Es entsteht durch die Art der Kommunikation, weniger durch die Inhalte der Kommunikation. Besonders wichtig

ist, aktiv zuzuhören, ehrlich zu sein, nicht zu lügen, keine falschen Hoffnungen zu wecken.

• Die Klientin akzeptieren. Keine „aber ...“-Sätze. Alle Beispielsätze sind Aussagesätze, denen kein „aber“ (auch kein gedachtes) folgt.

• Bewertungen vermeiden. Das gilt auch, wenn eigene Wertvorstellungen verletzt werden. Das bedeutet nicht Zustimmung. Ich versuche zu verstehen, nicht zu be- oder gar verurteilen. Konfrontation und Widerspruch sind erst zu späteren Zeitpunkten angebracht.

• Informationen sammeln. Dazu gehört, was Klienten erzählen, aber auch, was sie nicht erzählen, in welcher Reihenfolge sie erzählen, welche Pausengestaltung vorliegt usw.

Drei besonders wichtige Beiträge von Sozialarbeitern in Erstgesprächen[124]

„minimal encourager“ (kleine Ermutiger): Nicken. „MhMh“. „Können Sie mehr erzählen?“ „Erzählen Sie weiter.“

Zusammenfassungen. Zusammenfassungen in eigenen Worten. Einladung zu Korrekturen, für die gedankt werden sollte, keine defensive Reaktion!

Die Gefühle der Klientin reflektieren. Möglichst genau. Empathie notwendig. (Beispiele s.o.) Danach häufig Seufzen, Zustimmen. Wichtig: danach anteilnehmend Schweigen! („involved silence“)

Typische Formulierungen:

Kl: Mein Problem ist, dass es keinen sexuellen Kontakt mehr zwischen meiner Frau und mir gibt. Sie kommt jeden Abend nach Haus, isst ihr Abendbrot ohne zu reden, setzt sich vor den Fernseher, und dann gehen wir ins Bett. Nacht für Nacht ist sie zu müde für Sex.

Alternative 1: Haben Sie schon mit ihr darüber gesprochen?

Alternative 2: Wie wär's, sie zu einem romantischen Essen auszuführen und ihr ein hübsches Nachthemd zu kaufen?

Alternative 3: Das muss sie ärgerlich machen und vielleicht sehr traurig. Kl: Ja, manchmal denke ich ...

Es versteht sich, dass Alternative 3 die angemessene Reaktion ist. Was sollte vermieden werden?[125]

Falsche Ermutigungen. „Ich bin sicher, Sie finden wieder einen Job."
wird sich in aller Regel wie eine Lüge anhören. Hoffnung kommt von
Innen, nicht durch Worte von anderen.

Ablehnung, nicht wahrhaben wollen. Wenn wir etwas hören, was wir
nicht gern hören mögen, ist diese Form der Reaktion besonders naheliegend.

Tadeln. Vorhaltungen.

Allgemeinplätze. („Sie werden sehen, es wird schon wieder.")

Ratgeben. Mit eingebauter Frustrationsgarantie. Auch in versteckten
Formen wie „haben Sie schon mal versucht ..." nicht hilfreich.

Informationen geben kann dagegen manchmal notwendig und sinn-
voll sein. Dem Klienten ist es überlassen, ob und wie er sie nutzt. Der
Unterschied zwischen Informieren und Ratgeben: Ratgeben fördert
Abhängigkeit, Informieren befreit.[126]

Andere hilfreiche Beiträge zur Gesprächsführung[127] z. B.

*Auf Widersprüche zwischen Gefühl und Verhalten aufmerksam ma-
chen.* Beispiel: „Sie sagen, dass Sie wissen, dass es falsch ist, und machen trotzdem so weiter. Das scheint ein Widerspruch zu sein und ich
frage mich, wie Sie das empfinden."

Auf Ambivalenzen aufmerksam machen und sie zulassen. Beispiel:
Sie sagen, dass Sie den Job haben möchten, dass Sie aber das Bewer-
bungsgespräch zweimal verschlafen haben. Ich frage mich, ob Sie
zwei ganz unterschiedliche Gefühle zu diesem Job haben."

*Auf „entweder-oder" – Alternativen im Denken des Klienten auf-
merksam machen.* Beispiel: „So sehen Sie nur zwei Alternativen: Da-
bleiben, wo Sie sind und sich für den Rest des Lebens elend fühlen;
oder Ihre Sachen packen und abhauen. Ich frage mich, ob es irgendwelche Möglichkeiten dazwischen gibt, die Sie bisher nicht in Betracht gezogen haben."

*Auf Muster aufmerksam machen, aber nur, wenn das nicht bedrohlich
ist und sie offensichtlich sind.* Beispiel: „Nach dem, was Sie schildern, macht es Sie wirklich verrückt, wenn jemand versucht, Ihnen
vorzuschreiben, wie Sie Ihr Leben führen sollen, und Sie möchten zu-
rückschlagen."

Tendenzen zur Übernahme von Verantwortlichkeit klären. Beispiel: „Sie wissen also, dass egal, was Sie tun oder nicht tun, dies keinen Einfluss darauf hat, wie deprimiert sich Ihre Frau fühlt. Trotzdem glauben Sie, dass Sie ihr helfen können, wenn Sie sich nur mehr anstrengen."

Auf Rollenverhalten aufmerksam machen. Beispiel: „Obwohl Sie also erwachsen sind und Frau und eigene Kinder haben, ist es so, dass bei jedem Besuch Ihre Eltern Sie behandeln, als seien Sie ein Kind; und Sie fühlen und verhalten sich dann auch so. Sie fallen also richtig in Ihre Kinderrolle zurück."

Gefühle hinter Gefühlen artikulieren. Beispiel: „Wenn Ihr Chef Sie auffordert, Zusatzarbeit in Ihrer Freizeit zu machen, macht Sie das ärgerlich. Und ärgerlich zu sein, lässt Sie sich schuldig fühlen, weil Sie nicht in der Lage sind, ihm Bescheid zu sagen und sich dagegen zu wehren."

Grundannahmen des Klienten artikulieren. Beispiel: „Wenn Sie also jemand neu kennenlernen, dann greifen Sie auf etwas zurück, das Sie als Kind gelernt haben, dass man nämlich nur den Angehörigen der eigenen Familie trauen kann."

Berechtigung von Gefühlen stärken. Beispiel: „Das hört sich so an, als hätten Sie alles Recht der Welt, so zu fühlen."

Verstärken positiver Anzeichen. Beispiel: „Es ist also so, dass Sie Ihren Chef um einen Termin gebeten haben, um das Problem mit ihm zu besprechen. Und obwohl er abgelehnt hat, haben Sie es als gut empfunden, ihn angesprochen zu haben."

Fragen: vermeiden oder die richtigen Fragen stellen[128]
Wenn es irgend geht: Fragen vermeiden[129] zu Gunsten von reflektierenden und zusammenfassenden Statements (s.o.)
Wenn doch Fragen notwendig sind (z.B. Faktenfragen etc.):
• Fragen müssen auf das bezogen sein, was der Klient zuvor eingebracht hat.
• Gut sind Fragen, die dem Klienten helfen, sich selbst besser zu verstehen.
• „Warum"-Fragen vermeiden.
• Offene Fragen sind im allgemeinen besser als geschlossene Fragen.

- Die manchmal notwendigen Fragen nach Fakten von dem „eigentlichen" Erstgespräch deutlich trennen, z.B. am Ende.
- Bei Verwendung offener Fragen erfährt man vieles von dem, was sonst gezielt abgefragt werden würde, nur in anderer Reihenfolge.
- Wenn eine ausdrückliche (Nach-)Frage gestellt wurde, ist es wichtig, wieder zum allgemeinen Fluss des Erstgesprächs zurückzukehren, z.B. indem an das angeknüpft wird, was der Klient zuletzt, vor der Frage, erzählt hat.

Fazit: Man kann nichts falsch machen, wenn man keine Fragen stellt. Auf diese Weise vermeidet man, falsche Fragen zu stellen.[130]

Umgang mit Gegenfragen („turn-around questions")[131]
Das sind Fragen, die der Klient an den Berater richtet, um dessen Meinung zu hören:
„Was sollte ich Ihrer Meinung nach machen?"
„Denken Sie nicht auch, dass ich im Recht bin?"
Meist wollen die Klienten gar nicht wirklich eine Antwort hören, allenfalls die, die sie gern hören möchten. Die beste Art, mit Gegenfragen umzugehen ist, das hinter den Fragen verborgene Motiv herauszufinden.
Klient: Was sollte ich Ihrer Meinung nach machen?
SozArb.: Es muss wirklich schwer für Sie sein, eine Entscheidung zu treffen, wenn es zwei gleich schreckliche Möglichkeiten gibt.

Fazit: Wenn der Klient eine Frage stellt, ist es besser, sich ansatzweise für den Grund der Frage zu interessieren, als die Frage zu beantworten.

Umgang mit Schweigen und Pausen[132]
Es gibt unterschiedliche Arten des Schweigens und entsprechend unterschiedliche Reaktionsmöglichkeiten:

- *Denkpausen.* Wichtig, sich Zeit zu lassen und die eigene Ungeduld kontrollieren zu lernen.
- *Pause zum Sortieren von Gedanken und Gefühlen.* Die Beraterin könnte irgendwann sagen: „Es scheint bei Ihnen eine Menge im Inneren los zu sein. Vielleicht erzählen Sie mir, was gerade passiert."

- *Gefühlspause.* Zulassen, sich aber nicht selbst mit reinziehen lassen. „Was fühlen Sie gerade?"
- *Pause durch Verwirrung.* Hier ist es wichtig zu intervenieren und zu klären: „Was ich gerade gesagt habe, scheint Sie verwirrt zu haben. Was ich gemeint habe ist folgendes: ..."
- *Feindseliges Schweigen.* Ansprechen der entstehenden Spannung: „Uns beiden geht es wohl im Moment nicht besonders gut. Ich kann warten – aber wenn Sie mir irgendetwas über Ihr Gefühl sagen wollen, könnte das hilfreich sein."

Umgang mit „Anderssein", mit Angehörigen unterdrückter Gruppen etc.[133]

Rasse, Sprache, Geschlechtsorientierung, Geschlechtszugehörigkeit, sozialer und ökonomischer Status können Ursachen für das Empfinden starker Andersartigkeit sein. Für einen angemessenen Umgang mit diesen Erfahrungen gibt es u.a. folgende Empfehlungen:
- Sich mit den aufgeworfenen Fragen des Andersseins konfrontieren.
- Verständnis für die Andersartigkeit (Rituale, Traditionen, Glaubenssätze) entwickeln.
- Erworbene Kenntnisse über fremde Gruppen dürfen nicht auf den Einzelnen übertragen werden.
- Gerade in diesem Problemfeld sind Supervision und Kollegenaustausch hilfreich, um eigene Projektionen und die anderer Personen aufzudecken. Es ist erstaunlich, wie leicht es gelingt, Projektionen bei anderen Personen aufzudecken. Mit wachsender Selbstkenntnis lassen sich derartige Begrenzungen auch bei sich selbst eher auflösen.

Umgang mit bestimmten Klienten„typen" in Erstgesprächen[134]
- *Der feindselige Klient.* Anerkennen der Gefühle, ohne sie zu verstärken.
- *Der schmeichelnde Klient.* In der Interaktion ignorieren, aber innerlich festhalten und später drauf zurückkommen.
- *Der informelle Klient.* Etwas formelleres Auftreten als gewöhnlich. Die Regeln betonen.
- *Der weinende Klient.* Nichts ungewöhnliches. Ruhiges Zulassen, evtl. Taschentuch reichen. Danach fortfahren. Es ist ausgesprochen selten, dass das Weinen exzessiv und unkontrolliert wird.

- *Der schockierende Klient und der ans Herz gehende Klient.* Geschockt sein und Geschichten an sein Herz gehen lassen ist menschlich. Im Interesse des Klienten ist es aber fruchtbarer, ruhig und gefasst zu bleiben. Deshalb nicht geschockt sein und keine Sympathie zeigen.
- *Der kranke Klient.* Symptome ansprechen. Auf Hinzuziehen eines Arztes drängen.

Vorschläge zum Umgang mit verschiedenen Verhaltensweisen von Klienten[135]

- *Hört sich der Klient so an, als hätte er seine Darstellung vorher auswendig gelernt?* => Der Sozialarbeiter sollte dieses Muster auflösen. Er könnte versuchen, eine Frage zu stellen, die geeignet ist, den Klienten aus seinem Konzept herauszubringen, z.B. „Woran haben Sie gedacht, als Ihr Vater Sie angebrüllt hat?" Oder: „Das hört sich so an, als hätten Sie darüber immer und immer wieder schon mit sich selbst gesprochen." Der Klient muss möglichst schnell lernen, dass Gespräche mit dem Sozialarbeiter anders sind als Gespräche mit seinen Freunden und auch keine Gelegenheit bieten, auswendig gelernte Geschichten loszuwerden.[136]
- *Erscheint die Darstellung übertrieben dramatisiert, mit dem Klienten als Hauptdarsteller und Star der Vorstellung?* => Der Sozialarbeiter sollte nicht auf das geschilderte Verhalten eingehen („Was haben Sie danach gemacht?"), sondern auf die Gefühle („Sie müssen sich einsam gefühlt haben, als er Sie verließ.")
- *Ist das Verhalten des Klienten kindisch? Spricht eine Klientin mit Klein-Mädchen-Stimme?* => Eine Bemerkung wie „Sie fühlen sich dadurch also wie ein kleines Mädchen, das unterdrückt wird?" mag sich als hilfreich erweisen und zu einer nicht bedrohenden Einsicht beitragen.
- *Fordert Sie ein Klient auf, ihm zu sagen, was er machen soll?* => Darauf geht der Sozialarbeiter natürlich nicht ein. Es ist wichtig, nicht zu einer weiteren Autoritätsperson des Klienten zu werden. Stattdessen gilt es auch hier, die Verantwortung beim Klienten zu lassen. Vielleicht helfen Bemerkungen wie „Sie machen wirklich eine schwierige Phase durch." Oder „Es wäre wirklich einfacher, wenn jemand Ihnen sagen könnte, was zu tun ist."

• *Gibt es eine Diskrepanz zwischen dem, was der Klient mitteilt, und der Körpersprache?* => Der Sozialarbeiter könnte eine Bemerkung wie diese machen: „Sie haben mir gerade erzählt, dass Sie es mögen, wenn Ihre Schwiegermutter zu Besuch kommt. Dabei haben Sie Ihre Fäuste fest zusammengeballt. Ich frage mich, ob Sie sich tief in Ihrem Inneren wirklich gut dabei fühlen."

• *Tadelt der Klient andere Personen für seine missliche Situation?* => Es empfiehlt sich, darüber zunächst hinwegzugehen, um es später möglicherweise aufzugreifen.

• *Glaubt der Klient, dass das Schicksal oder Gott beim Entstehen der vorhandenen Probleme eine größere Rolle spielt? Und wenn: gibt es Hinweise auf Schuldgefühle?* => Der Sozialarbeiter sollte damit beginnen, die Wahrnehmungslogik des Klienten immer besser zu verstehen. Ansätze für Änderungen sollten auf spätere Phasen verschoben werden.

• *Glaubt der Klient, dass es nichts lohnendes in seinem Leben gibt?* => Wichtig ist, nicht in Debatten über die Berechtigung über diese Sicht einzutreten, um den Klienten von der Falschheit dieser Sicht abzubringen. Das machen wahrscheinlich schon genügend andere Menschen in seiner Umgebung.

• *Rechtfertigt oder rationalisiert der Klient sein Verhalten und seine Gefühle?* => Wieder geht es darum, sich nicht in Debatten einzulassen. Zunächst unkommentiert stehenlassen.

• *Gibt es Hinweise auf Schuldgefühle? Unterdrückten Zorn? Hoffnungslosigkeit? Apathie? Schamgefühle?* => Diese Gefühle sollten nicht hoch- oder runtergespielt, sondern so genau wie es geht widergespiegelt werden, verbunden mit der Einladung, diese Wiedergabe zu korrigieren. Fachjargon sollte dabei vermieden werden.

• *Berichtet der Klient von erfolgreichen Erfahrungen zur Bearbeitung des Problems?* => Das sollte anerkennend kommentiert werden.

• Liegen Therapieerfahrungen vor und wie bewertet der Klient sie? => Es kann sehr irritierend sein, wenn der therapieerfahrene Klient seine Situation schon mit Fachbegriffen benennt. Es empfiehlt sich, derartige Mitteilungen in möglichst nicht-therapeutischen Begriffen aufzugreifen. Wenn eine Klientin z.B. mitteilt, dass sie ein sexuelles Problem habe, weil ihre Mutter zwanghaft auf Sauberkeit bedacht gewesen sei, könnte die Antwort lauten: „Ihre Mutter ließ Sie also Ihr Zimmer säubern."

67

- *Entwickeln sich „Kämpfe" zwischen Klient und Sozialarbeiter? Und um was geht es dabei?* => Das kann ein wichtiger Schlüssel zum Verständnis des Ganzen sein. Es ist aber nicht notwendig, schon im ersten Kontakt herauszubekommen, um was es im einzelnen geht. Das lässt sich z.B. nach dem Erstgespräch mit Kollegen oder in der Supervision näher beleuchten.

Zusicherung von Vertraulichkeit, Datenschutz, Schweigepflicht[137]
Grundsätzlich gilt selbstverständlich, dass im Erstgespräch enthüllte Informationen ausschließlich für berufliche Zwecke gesammelt werden dürfen. Sie unterliegen der Vertraulichkeit, der Datenschutz ist sicherzustellen. Diese Maßnahme ist von entscheidender Bedeutung für den Aufbau von Vertrauen. Der Klient muss sich darauf verlassen können, dass die von ihm geäußerten Informationen „in guten Händen" sind. Das schließt ein, dass in informellen Situationen nicht über Klienten gesprochen werden sollte.[138] Sollte es doch erforderlich sein, dass Informationen weitergegeben werden, bedarf es der entsprechenden schriftlichen Zustimmung des Klienten. Diese Zustimmung darf nicht erschlichen werden, sondern muss auf der Grundlage einer angemessenen Information erfolgen.[139]
Es gibt *Ausnahmen von diesen Grundsätzen*: (1)Wenn ein Kind oder älterer Mensch missbraucht oder vernachlässigt wurde, ist es notwendig, diesen Sachverhalt den zuständigen Stellen mitzuteilen. Die Verantwortung für das Wohl des Klienten wird überlagert durch die Verantwortung für das Wohl des Opfers. Das gilt auch für (2), wenn ein Klient einen anderen Menschen bedroht. Hier muss das potentielle Opfer geschützt werden, indem es informiert wird oder der potentielle Täter muss hospitalisiert werden (vgl. oben die Ausführungen über Fremdgefährdung). (3) Wenn Fälle im Rahmen von Supervisionen oder Überweisungen vorgestellt werden.[140] In allen Fällen gilt, dass der Klient über die zu treffenden Maßnahmen der Informationsweitergabe informiert werden muss.

Werden diese allgemeinen Handlungsmaximen ansatzweise befolgt, wird der Klient zunehmend Vertrauen in die Professionalität des Sozialarbeiters entwickeln können. Die kurzen Zusammenfassungen dieser Hinweise macht die hohe notwendige Qualifikation deutlich. Erstgespräche erfordern hohe Kompetenz und kosten Kraft. Alle Hinweise, wie der Helfer für sich selbst sorgen kann, sind deshalb von Bedeutung.[141] Andererseits mag es beruhigend sein, dass Erstgespräche durchaus fehlerresistent sind: wenn man etwas vergisst, gibt es meistens eine Chance, zu einem späteren Zeitpunkt darauf zurückzukommen.[142] Ebenfalls tröstlich mag der Gedanke sein, dass es im Erstgespräch noch nicht um Veränderungen geht. Es geht um Zuhören und Verstehen.[143] Das ist anspruchsvoll genug. Es entlastet aber vom vermeintlichen Druck, dem Klienten irgend eine Lösung anbieten zu müssen (vgl. dazu auch 5.1).

3.3 ANBAHNEN VON ARBEITSBÜNDNISSEN ALS ZIEL VON ERSTGESPRÄCHEN

Können solche Zielsetzungen eines Erstkontakts, die zu anderen Abschlussperspektiven führen müssen – insbesondere eine Krisenintervention oder die Notwendigkeit einer Überweisung an eine andere Institution –, im Laufe des Gesprächs weitgehend als nicht gegeben ausgeschlossen werden (vgl. 3.1) und gelingt es, im Verlaufe des Erstkontakts wichtige Voraussetzungen für das Wachsen von Vertrauen zu schaffen (vgl. 3.2), dann kann zunehmend als Ziel von Erstgesprächen das Anbahnen von Arbeitsbündnissen in den Vordergrund treten. Hier soll zunächst allgemein über Funktion und Charakter von Arbeitsbündnissen informiert werden, an anderer Stelle wird es um Details und konkrete Gestaltungsmöglichkeiten gehen (vgl. 6.1).

Grundlage für ein Arbeitsbündnis ist die in den Erstgesprächen erfolgende gemeinsame Bestandsaufnahme der Lebenslage des Klienten und die Entwicklung von Perspektiven für angestrebte Änderungen. Die Einigung und Festlegung auf bestimmte Ziele und Vorgehensweisen, unter Beachtung von Grenzen auf beiden Seiten, wird hier mit dem Begriff des *Arbeitsbündnisses* bezeichnet.[144] Nicht gemeint ist damit eine bloß oberflächliche Form, die Technik eines Vertragsabschlusses etwa, die als Mittel zum Zweck die Verbesserung der Effektivität Sozialer Arbeit anstrebt.[145] Entscheidend ist vielmehr die Vorstellung, dass beide Seiten im Erstgespräch ihre *Möglichkeiten und Grenzen* einbringen und daraus gemeinsame *Schlussfolgerungen für ihre zukünftige Zusammenarbeit* ziehen, ohne dass bestehende ungleichgewichtige Grundlagen der Zusammenkunft verleugnet oder vernebelt werden. Nicht die äußere Form eines Arbeitsbündnisses ist demnach entscheidend, sondern die Qualität seines Zustandekommens und seiner Inhalte.[146]

Zentrale Merkmale dieser Qualität sind Wechselseitigkeit und Klarheit[147] sowie der Respekt vor dem Recht der Klienten, Einfluss auf die Zusammenarbeit mit dem Sozialarbeiter zu nehmen. Für die Sozialarbeiter bedeutet das, ihren Macht- und Kompetenzvorsprung dazu zu nutzen, den Klienten zu einer informierten Wahl über die Möglichkeiten, Grenzen und Nebeneffekte der in Aussicht genommenen Maßnahmen zu verhelfen.[148] Die Orientierung von Erstgesprächen am Ziel der gemeinsamen Entwicklung von Arbeitsbündnissen schließt die Bereitschaft zum Akzeptieren ablehnender Haltungen von Klienten ein, mit Ausnahme von gesetzlich vorgeschriebenen Kontrollfunktionen und Interventionen in bestimmten Ausnahmesituationen (siehe unten Abschnitt 4.6).

Der Weg zur Befähigung der Klienten zu einer bewussten Entscheidung über die Zusammenarbeit mit Sozialarbeitern, im Sinne eines Arbeitsbündnisses, muss nun sehr unterschiedlich aussehen, je nachdem, welches die Ursprungsmotivation der Klienten zum Erstkontakt war. Ich greife hier die Unterscheidung zwischen erbetenen, angebotenen und angeordneten Kontakten auf (siehe oben, Abschnitt 2.2): die Ausgangssituationen unterscheiden sich in der ursprünglichen Initiative für den Erstkontakt (und natürlich in den jeweiligen Problemkonstellationen und Persönlichkeitsstrukturen).

(1) Bei *erbetenen* Erstgesprächen wird das Vorgehen davon abhängen, inwieweit den Sozialarbeitern schon vorab Informationen über die betroffenen Personen und ihre Lage vorliegen. Ist dies der Fall, kann sich der Sozialarbeiter durch einfühlende Vorbereitung in die Lage der Klienten hineinzuversetzen versuchen. Durch die Gestaltung des äußeren Rahmens kann dazu beigetragen werden, eine entspannte Atmosphäre zu schaffen. Die Initiative für die Art der Schilderung und die Gewichtung der Probleme liegt überwiegend bei den Klienten. Sie sollten ermutigt werden, die bestehende Problemsituation aus ihrer Sicht möglichst angstfrei vorzutragen.[149] Bei Bedarf informiert der Sozialarbeiter über seine Arbeitsmöglichkeiten und Grenzen im Rahmen seiner Dienststelle. Die Rechte der Klienten sind in dieser Ausgangslage relativ leicht zu wahren: Dadurch, dass der Erstkontakt durch den Klienten selbst eingeleitet wurde, kann eine Basis geschaffen werden, auf der der Klient entscheiden kann, ob er die vom Sozialarbeiter genannten Hilfen in Anspruch nehmen will oder nicht. Beispiele und Überlegungen zur Gestaltung des Einstiegs in Erstgespräche bei erbetenen Hilfen werden unten (4.3) vorgestellt.

(2) Eine deutlich schwierigere Ausgangssituation besteht bei Erstgesprächen, die Klienten *angeboten* und besonders bei Erstgesprächen, die Klien-

ten *verordnet* wurden. In diesen Fällen liegt die Initiative für das Erstgespräch bei den Sozialarbeitern.[150] Hier ist der Entscheidungsspielraum der Klienten für die Zusammenarbeit deutlich beschränkt, auch und besonders dann, wenn dieser Hintergrund nicht auf Anhieb ersichtlich ist. In derartigen Ausgangssituationen ist es von entscheidender Bedeutung, die eingeschränkte Autonomie des Klienten nachträglich zu erweitern. Dies ist dadurch möglich, dass die Rahmenbedingungen der Zusammenarbeit gleich zu Beginn des Kontaktes bewusst gemacht werden. Dabei müssen die gesetzlich vorgegebenen Aufgaben und die Kontrollfunktion des Sozialarbeiters unverblümt angesprochen und jenseits eines – in der Regel engen – Auslegungsspielraums als nicht verhandelbar vermittelt werden. Im Hinblick auf darüber hinausgehende Möglichkeiten der Zusammenarbeit im Sinn einer helfenden Beziehung können und sollten dann aber Angebote formuliert werden, die die Klienten annehmen oder ablehnen können. In diesem deutlich als Wahlmöglichkeit herausgestellten Angebot liegt die Chance, aus einer sehr ungünstigen Ausgangslage herauszukommen und sich auf die Suche nach Möglichkeiten eines Arbeitsbündnisses zu begeben. Für die Verwirklichung dieser Vorstellung ist entscheidend, dass die Initiative im Erstgespräch zunächst bei den Sozialarbeitern liegt und hierbei Auflagen, Grenzen und Möglichkeiten der Zusammenarbeit klar und nachvollziehbar vorgestellt werden.[151] Damit Klienten Angebote zur Zusammenarbeit annehmen können, sind der geduldige Aufbau eines Vertrauensverhältnisses und die beständige Motivierung über einen langen Zeitraum erforderlich. Insofern kann schon ein längerer Kontakt zwischen Sozialarbeitern und Klienten bestehen, bevor „Erstgespräche" im hier gemeinten Sinn stattfinden können. Beispiele und Gestaltungsüberlegungen für das Vorgehen bei angebotenen oder verordneten Erstgesprächen werden weiter unten vorgestellt (4.4 und 4.5).

4. Anfangsphase von Erstgesprächen

Dieses und die folgenden Kapitel (bis Kapitel 7) stützen sich auf die bisherigen Überlegungen und versuchen, an Hand empirischer Materialien Schlussfolgerungen für die Gestaltung von Erstgesprächen auf einer konkreteren Ebene als bisher vorzustellen. In diesem Kapitel geht es um die Anfangsphase von Erstgesprächen, danach um verschiedene Dimensionen der Durchführung bis hin zur Beendigung von Erstgesprächen. Zunächst wird auf die Entstehung und Vorbereitung von Erstgesprächen eingegangen (Abschnitt 4.1). Dann wird die Frage erörtert, wer eigentlich als Klient in der Erstgesprächssituation angesehen werden kann (4.2). Die nachfolgenden Abschnitte sind den jeweiligen Bedingungen der Gesprächseröffnung in erbetenen (4.3), angebotenen (4.4) und angeordneten Erstgesprächen (4.5) gewidmet, sofern das Anstreben von Arbeitsbündnissen möglich erscheint. Sowie ab Beginn des Gesprächs Anzeichen für andere Zielsetzungen und Funktionen des Erstgesprächs (insbesondere Krisensituationen) zu erkennen sind, gelten andere Bedingungen, die in den Abschnitten 4.6 und 4.7 diskutiert werden.

4.1 ENTSTEHUNG UND VORBEREITUNG VON ERSTGESPRÄCHEN *

Grundsätzlich unterscheiden sich Erstgespräche, bei denen Sozialarbeiter und Klienten ohne jegliche Vorkenntnis und in der Regel ohne Vorankündigung aufeinandertreffen, von solchen, in denen Sozialarbeiter schon vor dem Gespräch irgendetwas über ihren Gesprächspartner und sein Problem wissen. Die Auswertung von Fragebogenangaben über Erstgespräche in der Praxis zeigt, dass in der überwiegenden Mehrzahl der Fälle sowohl *Vorinformationen* über den Gesprächspartner und/oder den Gesprächsgegenstand *vorlagen* als auch Absprachen über Termin (und Ort) der Begegnung vor dem Gespräch getroffen wurden. Nur sehr selten begannen Erstgespräche ohne Terminabsprachen und ohne Vorinformationen.[152]

Trotzdem gehört es zur Routine vieler Einrichtungen, dass Klienten ohne vorherige Terminabsprache direkt auf Sozialarbeiter zugehen und diese weder über die jeweiligen Personen noch über deren Anliegen vorab wenigstens minimale Informationen haben. Die Angaben aus den Fragebögen belegen, dass diese Situation am ehesten in Einrichtungen vorkommt, die Sprechstunden eingerichtet haben:

(* ZUSAMMENFASSENDES FAZIT S.78)

Beispiel 9: (Unterhaltsproblem; Frauengleichstellungsstelle)
„Klientin kommt zur Sprechstunde" (Quelle: Fragebogen 031)

Beispiel 10: (Kl fühlt sich im Sozialamt abweisend behandelt; Allgemeiner Sozialdienst)
„Klientin kam in Beratungsstelle" (Quelle: Fragebogen 038)

Beispiel 11: (Kl ist Mutter eines Sohnes mit Schulschwierigkeiten, sie wurde zu einer Klassenkonferenz eingeladen und fühlt sich hilflos; Jugendamt)
„Klientin kam ohne Anmeldung" (Quelle: Fragebogen 089)

Derartige Ausgangssituationen sind nicht einfach zu bewältigen, da sie am wenigsten vorstrukturiert sind: grundsätzlich ist mit allem zu rechnen. Wichtigster Gesichtspunkt muss daher zunächst die Frage nach der Dringlichkeit von Entscheidungen sein. Am wenigsten aufschiebbar erscheint das Problem im Beispiel 11. Hier ist das Vorgehen sehr stark davon abhängig zu machen, wie unmittelbar die „bedrohliche" Klassenkonferenz bevorsteht und inwieweit dieser Termin belastend wirkt. Kann eine dringliche und unaufschiebbare Krisenintervention ausgeschlossen werden, wie dies in den Beispielen 9 und 10 der Fall zu sein scheint, dann kann ruhiger geprüft werden, ob Vorbereitungen auf Arbeitsbündnisse in Frage kommen.

Hinsichtlich der wünschenswerten Vorbereitung auf Erstgespräche kann es bei fehlendem Zeitdruck durchaus gerechtfertigt werden, nach einer ersten Bilanzierung eine Terminabsprache vorzuschlagen, um sich in der Zwischenzeit auf das dann mögliche gründlichere Gespräch besser vorbereiten zu können.

In einigen Fällen kommt es nicht zu vorhergehenden Terminabsprachen; dennoch liegen den Sozialarbeitern aus unterschiedlichsten Quellen bereits Informationen vor.

Beispiel 12: (Drogenberatungsstelle)
In einem Fragebogen wird beschrieben, dass eine Kl von einem früheren Kollegen betreut wurde. Die Kl bat um ein sofortiges Gespräch. Die SA kannte über den früheren Kollegen ungefähr die Vorgeschichte.
In diesem Fall handelt es sich um ein Erstgespräch, weil die Kl und die SA sich vorher noch nicht gesehen haben. Der Kl ist die Institution aber bereits vertraut, die SA hat bereits ansatzweise Vorkenntnisse über die Kl. (Quelle: Fragebogen 013)

73

Auch in anderen Fällen finden Erstgespräche ohne Terminabsprache statt, die Sozialarbeiter haben aber prinzipiell bereits Zugang zu Informationen unterschiedlichster Art über die Klienten. Inwieweit sie bei nicht angekündigten Gesprächen tatsächlich verfügbar sind, lässt sich schwer einschätzen. Es handelt sich hierbei offenbar um Einrichtungen, in denen Informationen über Klienten gespeichert werden: Bildungseinrichtungen, Einrichtungen mit festem Klientenstamm u.a.

Beispiel 13: (Fragen des Unterhaltsgelds; Umschulung)
„Schüler kam ins Sozialbüro" (Quelle: Fragebogen 043)

Beispiel 14: (Schwierigkeiten mit Formularen; Aussiedler-Beratung)
„Besuch in der Sprechstunde" (Quelle: Fragebogen 069)

In diesen Fällen ist es schon während des Gesprächs oder danach möglich, Unterlagen einzusehen und Informationen zugänglich zu machen. In beiden Beispielen können akute Interventionsnotwendigkeiten ausgeschlossen werden. Im Beispiel 14 handelt es sich möglicherweise um eine punktuelle gezielte Hilfe. Es ist aber auch nicht ganz von der Hand zu weisen, dass über die Formularschwierigkeiten hinaus weitere Probleme vorhanden sind, die eine längere Zusammenarbeit, und damit die Vorbereitung eines Arbeitsbündnisses, angeraten erscheinen lassen.

Fast immer, wenn es zu Terminvereinbarungen kommt, besteht die Möglichkeit, bei dieser Gelegenheit erste Vorinformationen zu erhalten. Die Art der Vorkenntnisse ist dabei von denkbar unterschiedlicher Art und Qualität und stark beeinflusst von der Frage, ob der Kontakt vom Sozialarbeiter oder vom Klienten initiiert wird. Geht der Kontakt von Sozialarbeitern aus, liegen diesem häufig schriftliche Unterlagen wie Akten, Gerichtsurteile, Beobachtungsbögen über Klienten und ihre Situation vor:

Beispiel 15: (Sorgerechtsregelung; Allgemeiner Sozialdienst)
„Unterlagen aus vorherigem Scheidungsgeschehen und damit verbundener Sorgerechtsregelung" (Quelle: Fragebogen 018).

Beispiel 16: (Verhaltensauffälligkeiten bei Schüler; Schulpsychologischer Dienst)
„Informationen aus einem Lehrerfragebogen über Störverhalten des Schülers" (Quelle: Fragebogen 026).

Beispiel 17: (Aufstellung eines Vollzugsplans; Justizvollzugsanstalt) „Strafakte: Name, Inhalt, Lebenslauf etc." (Quelle: Fragebogen 105).

Beispiel 18: (Schwierigkeiten bei Beantragung von Sozialhilfe, Beginn der Bewährungsauflage; Bewährungshilfe) „persönliche Daten, Urteil, Bericht der JVA (Entlassungsbegründung)" (Quelle: Fragebogen 096).

Beispiel 19: (Anzeige wegen Verletzung der Fürsorge- oder Erziehungspflicht; Allgemeiner Sozialdienst) „Familie bei Jugendamt 'bekannt'" (Quelle: Fragebogen 040)

Beispiel 20: (Vorbereitung für Aufnahme in Schulkindergarten; Schulkindergarten) „Beobachtungsbogen über einen längeren Zeitraum betreffs: soziale Schulfähigkeit, körperliche Schulfähigkeit, kognitive Schulfähigkeit, Einschätzung des Klassenleiters" (Quelle: Fragebogen 100)

Es kann auch vorkommen, dass über Dritte Informationen über potentielle Klienten an Sozialarbeiter gegeben werden, so dass diese von sich aus mit einem noch weitgehend unbestimmten Hilfeangebot (und/oder als Kontrollinstanz) an Personen herantreten:

Beispiel 21: (Allgemeiner Sozialdienst) „Anruf von besorgter Nachbarin wegen Verdacht auf Kindesvernachlässigung" „getrennt lebende Frau mit zwei Kindern (3J, 1,5J) in kleiner Wohnung, die Kinder weinen viel" (Quelle: Fragebogen 006).

In all diesen Beispielen ist damit zu rechnen, dass die Beziehung der Klienten zu den Sozialarbeitern ambivalent ist: die Klienten müssen davon ausgehen, dass den Sozialarbeitern Informationen über ihre Situation vorliegen, ohne aber genau abschätzen zu können, um welche Informationen es sich dabei handelt.

Im Hinblick auf die Erweiterung der Entscheidungsspielräume der Klienten ist es deshalb in derartigen Situationen geboten, die *Informationslage offenzulegen*. Auf diese Weise wird es Klienten eher möglich, die Situation besser einzuschätzen und Unsicherheit abzubauen.

Eine Sonderstellung nehmen Gespräche ein, für die nach einer ersten – häufig telefonischen – Kontaktaufnahme zur Terminabsprache *schriftliche Informationen eingeholt* wurden:

75

Beispiel 22: So scheint es in einigen Schulpsychologischen Diensten üblich zu sein, vor dem ersten Gespräch mittels eines Fragebogens Informationen einzuholen, nachdem Eltern oder Schule sich an den Schulpsychologischen Dienst gewandt haben (zum Beispiel Fragebögen 022, 023). In einigen Fällen wurden von der gleichen Dienststelle Lehrern eines Schülers Fragebögen zugeschickt (Quelle: Fragebogen 026)

In diesen Fällen können die Klienten besser als in den vorher behandelten Situationen kontrollieren, welche Informationen den Sozialarbeitern vorliegen. Dennoch dürfte die Ambivalenz relativ hoch sein, da der Wert der so beschafften Informationen von Laien schwer einzuschätzen ist und die Freiwilligkeit des Kontaktes eher fragwürdig erscheint – in den angeführten Beispielen ging die Initiative für den Kontakt zu den Sozialarbeitern häufig nicht von den Klienten selbst aus.

Gespräche, die von Sozialarbeitern initiiert oder doch wenigstens, wie in den letzten Beispielen, stark vorstrukturiert wurden, sind deutlich zu unterscheiden von Gesprächen, die auf Ersuchen von Klienten stattfinden. Kommt es in diesen Fällen zu Terminabsprachen, werden diese offensichtlich dazu genutzt, über die Terminvereinbarung hinaus schon erste Angaben über die Art des Problems in Erfahrung zu bringen, beziehungsweise die Klienten erzählen schon bei der telefonischen Anmeldung in groben Zügen, um was es geht:

Beispiel 23: Am deutlichsten geht diese Vorgehensweise aus dem Organisationsmodell einer Beratungsstelle hervor, das von einer der Fragebogenbearbeiterinnen wie folgt beschrieben wurde:
„1. Der/die Klient/-in ruft in der Beratungsstelle an. In seltenen Fällen kommen sie auch persönlich in die Beratungsstelle, um sich anzumelden.
2. Der/die Klient/-in beschreibt meistens kurz seine/ihre Problemsituation und teilt uns mit, zu welcher Zeit er/sie einen Termin wahrnehmen könnte.
3. Bei diesem ersten Kontakt findet in der Regel noch keine konkrete Terminabsprache statt (Ausnahme in sehr dringlich erscheinenden Situationen), und wir bitten um einen zweiten, normalerweise telefonischen Kontakt. Entweder rufen die Klienten ein zweites Mal in der Beratungs-

stelle an oder wir rufen zurück. Der Zeitraum zwischen dem ersten Kontakt/Anruf und der konkreten Terminabsprache beträgt zwischen einem und drei Tagen, manchmal auch länger, wenn die Klienten sich selber wieder melden wollen.

4. Die entgegengenommenen Anmeldungen (1. Kontakt) werden schriftlich festgehalten und in der zweimal wöchentlich stattfindenden Teambesprechung thematisiert. Dann entscheiden die Mitarbeiter, wer, wann welches Erstgespräch/Beratung/Therapie übernimmt. Danach erfolgt der zweite Kontakt und damit die Terminfestlegung. In der Regel findet das Erstgespräch drei bis vierzehn Tage danach statt" (Quelle: persönliche Mitteilung an den Autor).

Beispiel 24: (die Kl hat die Scheidung eingereicht und will mit ihrem Kind aus der bisherigen gemeinsamen Wohnung ausziehen; der Ehemann will das Kind behalten und schüchtert seine Frau ein; Jugendamt) vorliegende Vorinformationen: „das, was schon grob im Telefongespräch (zur Terminabsprache, 1 Tag vorher) über Scheidung und Druck des Mannes gesagt worden ist" (Quelle: Fragebogen 033).

Im Beispiel 23 ist eine fast ideale Vorbereitung auf Erstgespräche beschrieben, wie sie vorgenommen werden kann, wenn keine Dringlichkeit vorliegt und Mitarbeiter einer Beratungsstelle eine bestmögliche Abstimmung zwischen Klientenproblemen und eigenen Arbeitsschwerpunkten und Arbeitsauslastungen anstreben. Allerdings wird dies nicht bei allen Klientengruppen möglich sein, zumal mit diesem Vorgehen auch eine relativ hohe Schwelle für die Kontaktaufnahme aufgebaut wird. Das Beispiel 24 steht stellvertretend für Situationen in Einrichtungen mit vielen Pflichtaufgaben: in relativ kurzer Zeit wird wegen der am Telefon erkennbaren Dringlichkeit ein Termin freigemacht. Der starke Problemdruck der Klientin lässt sie gleich beim ersten Kontakt am Telefon in groben Zügen erzählen, um welche Problemlage es sich handelt. Den Sozialarbeitern ermöglicht diese Ausgangssituation, sich auf das Gespräch kognitiv und affektiv vorzubereiten, so dass eine Annäherung an die Klienten gefördert wird.[153] Allerdings muss bei telefonischen Anmeldungen der Versuchung widerstanden werden, schon direkt zu intervenieren („instant therapy").[154] Es mag notwendig werden, den Anrufer zu unterbrechen und ihm zu sagen, dass das eigentliche Problem beim vereinbarten oder zu vereinbarenden Termin besprochen werden kann. Insofern sollte der Anrufer auch nicht durch Fragen ermutigt werden, ausführlich über seine Situation zu berichten, es sei denn, es entsteht der Eindruck, dass der Anrufer sich bei der falschen Stelle um einen Termin bemüht oder es deutliche Hinweise auf eine notwendige und nicht aufschiebbare Krisenintervention gibt.[155]

Zusammenfassend sollten bei *erbetenen Gesprächen* die Gelegenheiten zur Terminabsprache, wo immer es möglich ist, genutzt werden, um schon vorab eine zumindest *grobe Orientierung* über das anstehende Problem zu erhalten. Hierdurch können auch Fehlplatzierungen vermieden und eventuell notwendig werdende Kriseninterventionen erkannt werden. Durch eine affektive und kognitive Vorbereitung sowie durch eine kleine Pause, in der der Sozialarbeiter sich für das anstehende Gespräch die nötige Ruhe verschafft,[156] kann dann der Prozess der Annäherung erleichtert werden. Auf der anderen Seite dürfen diese Vorinformationen nicht zu einer Fixierung führen, die ein flexibles Eingehen auf überraschend auftauchende andere Probleme verhindert. Die Doppelgesichtigkeit der Auswirkung von Kenntnissen wird hier wie auch an anderen Stellen sichtbar: einerseits enthalten sie Chancen für eine gezieltere Arbeit, andererseits bergen sie die Gefahr in sich, die Wahrnehmungen einzuschränken. Das gleiche gilt auch für *angebotene und angeordnete Erstgespräche*. Hier ist es aber geboten, die *Klienten über die vorliegenden Informationen in Kenntnis zu setzen*, um die besondere Ambivalenz der Situation abzubauen und den Spielraum für autonome Entscheidungen der Klienten zu erweitern.

4.2 WER IST DER KLIENT?

Vom Beginn des Erstgesprächs an empfiehlt es sich für Sozialarbeiter, im Auge zu behalten, wer eigentlich Klient ist oder wird. Dies wird allerdings oft nicht schnell oder gar endgültig geklärt werden können. Das Identifizieren des Personenkreises, der zur Klientel Sozialer Arbeit gehören soll, stellt eine wichtige Teilstrecke auf dem Weg zu Arbeitsbündnissen dar. Häufig ist zu Beginn der Gespräche weitgehend unklar, wer zu diesem Kreis zu rechnen ist. Dennoch lassen sich schon sehr früh einige *Grundkonstellationen* erkennen, die Konsequenzen für die Gestaltung der Erstgespräche haben. Zum Verständnis der folgenden Ausführungen unterscheide ich zwischen *Klienten und Primärklienten*:

(a) „Primärklienten" nenne ich die Personen, die in Erstgesprächen mit Sozialarbeitern in Verbindung treten, ohne dass sie notwendig auch zu Klienten werden.[157]

(b) Als „Klienten" bezeichne ich die Personen, mit denen Sozialarbeiter auf der Grundlage von Arbeitsbündnissen über die Erstgespräche hinaus zusammenarbeiten.

Damit wird deutlich, dass erst im Laufe der Erstgespräche entschieden wird, inwieweit die Primärklienten zu Klienten der Sozialarbeiter werden beziehungsweise nicht anwesende Dritte in die Überlegungen zur Entwicklung eines Arbeitsbündnisses einbezogen werden müssen.

(1) Die häufigste Situation für Erstgespräche in der sozialen Einzelhilfe scheint die zu sein, dass der *Primärklient auch der Klient* ist, mit dem ein Arbeitsbündnis abzuschließen ist.[158] Dabei kann es dann selbstverständlich notwendig werden, andere Personen aus dem sozialen Netzwerk des Betroffenen und/oder andere berufliche Helfer im Sinne des Case Managements einzubeziehen:

Beispiel 25: Ein junger Mann kommt von sich aus in die Beratungsstelle, weil er in der Lehre nicht zurechtkomme. Vieles von dem, was er erzählt, deutet auf ein gestörtes Selbstbild hin. Im Gespräch gibt es Hinweise darauf, dass seine Eltern ihn nie anerkannt haben, während der Bruder immer erfolgreich war. (Quelle: Gespräch 06)

Hier ist der Primärklient ohne Frage auch im Zentrum der weiteren Arbeit des Sozialarbeiters. Inwieweit Familienangehörige oder andere Personen in die Arbeit einbezogen werden sollen, muss im Rahmen der weiteren Vorbereitung des Arbeitsbündnisses geklärt werden.

(2) Deutlich seltener, aber doch recht häufig, scheinen Situationen vorzukommen, in denen *Primärklienten stellvertretend für andere Personen* in Kontakt zu Sozialarbeitern treten.[159] Fine & Glasser sprechen von „second hand contacts".[160] Dies sind besonders schwierige Ausgangssituationen.

Beispiel 26: Ein Vater sucht in einer Beratungsstelle Hilfe. Er ist zutiefst beunruhigt über seinen „auffällig" gewordenen Sohn, der ihm verstockt erscheint. Der Sohn hat einen Ladendiebstahl begangen und schon Kontakt mit der Polizei gehabt. (Quelle: Gespräch 10)

Beispiel 27: Die Ehefrau eines arbeitslosen Bauarbeiters sucht Hilfe in einer Beratungsstelle. Der Ehemann trinkt zunehmend mehr Alkohol, wird gewalttätig, schlägt die Kinder. (Quelle: Gespräch 26)

Beispiel 28: Die Mutter eines elfjährigen Einzelkindes kommt in eine Erziehungsberatungsstelle. Die Tochter hat keine Freundin, ist schüchtern, hat Schulangst. Außerdem leidet sie an Bronchitis, die möglicherweise psychosomatischer Natur ist. (Quelle: Fragebogen 003)

Beispiel 29: Eine Frau kommt in eine Suchtberatungsstelle, weil ihr Bruder seit fünf Jahren Alkohol trinkt und zunehmend psychisch und physisch abbaut. (Quelle: Fragebogen 068)

Beispiel 30: (Eine Frau schildert in einer Beratungsstelle eindringlich ihre katastrophale Situation unter Weinen und Seufzen: der Mann trinkt, prügelt, es gibt finanzielle Schwierigkeiten. Sie bittet eindringlich um Hilfe. Es entsteht folgender Dialog:)

SA: Ja, das seh ich auch. Natürlich. – Aber ich kann Ihnen jetzt 'ne Hilfe anbieten und ... das wär' vielleicht nicht das Richtige in diesem Moment. Es kommt nicht Ihr Mann zu mir, sondern Sie kommen zu mir und das eigentliche Problem der Familie, soweit ich das Problem jetzt kenne, ist ja eigentlich Ihr Mann ...

Kl: Ja sicher ist das mein Mann.

SA: ... und wenn der, ich könnte also jetzt sagen, Ihr Mann braucht 'ne Therapie, und, weil er alkoholkrank ist, damit er vom Alkohol loskommt, damit er 'ne neue Basis schafft für die Familie, für ein neues Zusammenleben, dazu müsste er aber selbst bereit sein. Ohne seinen eigenen Willen ... ich kann ihm keine Therapie aufzwingen und da seh ich auch nicht 'ne Lösung jetzt.

Kl: Ja, aber können Sie nicht mal wenigstens mit ihm sprechen?

SA: Ja, das könnt' ich machen. Ich mein', er ist ja der eigentliche Alkoholkranke, für den ich dann auch in diesem Fall speziell zuständig wäre. (Quelle: Gespräch 15)

Deutlich erkennbar ist an diesen Beispielen, dass Angehörige (Partner, Lehrer o.a.) in eigener Bedrängnis und/oder aus Sorge um eine nicht anwesende dritte Person Verbindung zu Sozialarbeitern aufnehmen. Besonders am Beispiel 30 ist erkennbar, wie schwierig es ist, in dieser Situation den divergierenden Interessen gerecht zu werden, insbesondere dann, wenn der Primärklient deutlich Hilfe für einen abwesenden Dritten anmahnt, ohne dass dessen Mitarbeit als sicher vorausgesetzt werden kann. Aus den vorhandenen empirischen Materialien ist deutlich zu erkennen, dass sehr unterschiedliche Reaktionen auf derartige Ausgangslagen vorkommen können.

Beispiel 31: Eine Hauptschullehrerin kommt in eine Erziehungsberatungsstelle. Sie fühlt sich in ihrer Rolle als Lehrerin nicht nur als Wissensvermittlerin, sondern auch als Pädagogin für das Wohl ihrer Schüler verantwortlich. Ein Schüler bereitet ihr sehr viel Sorgen. Er leidet ganz offensichtlich unter Kontaktstörungen. Der Schüler ist in seinem letzten Schuljahr; hier sieht sie die letzte Chance, dem Schüler noch zu helfen, zumal auch bei der Berufswahl Entscheidungen bevorstehen, die dem Jungen schaden könnten. (Quelle: Gespräch 04)

Am Gesprächsverlauf ist deutlich erkennbar, dass Sozialarbeiterin und die Lehrerin als Primärklientin gemeinsam versuchen, die Situation des nicht anwesenden Schülers und seiner Familie zu analysieren. Das geschieht auf einer sachlichen Ebene. Dieses Muster ist häufig festzustellen: Primärklienten und Sozialarbeiter konzentrieren sich auf die abwesenden Personen, die Probleme haben. Sie untersuchen die Probleme des nicht anwesenden Dritten und versuchen, für ihn Lösungsmöglichkeiten zu finden.

Beispiel 32: Ein junger Ausländer möchte sich aus der Abhängigkeit zu seinem Vater befreien. Er fühlt sich von ihm „gegängelt": aus seiner Sicht versucht der Vater, über die Vergabe oder Verweigerung materieller Zuwendungen, sein Verhalten zu steuern. SA und Kl versuchen gemeinsam herauszufinden, wie man Einfluss auf den Vater nehmen beziehungsweise den Sohn aus dieser Lage herausholen kann. (Quelle: Gespräch 01)

Der Gesprächsverlauf in diesem Fall zeigt eine besondere Variante des vorherigen Musters: der (männliche) Sozialarbeiter versucht nicht nur, die Situation zu erkennen, sondern er identifiziert sich stark mit dem anwesenden Primärklienten und verbündet sich mit ihm gegen den abwesenden Vater, der von beiden als eigentlicher Problemträger angesehen wird.[161]

Beispiel 33: Ein Vater kommt in eine Beratungsstelle, weil der **Sohn** vielfältige Anlässe bietet, die ihm **Sorgen bereiten** (vergleiche dazu die Angaben zu Beispiel 26). Der Gesprächsverlauf zeigt, dass die **Sozialarbeiterin** meint, das Verhalten des Sohnes zu verstehen und im Verhalten **des Vaters und der Mutter** die Ursachen zu sehen ist. (Quelle: Gespräch 10)

Hier wird eine andere Reaktionsweise erkennbar: die Sozialarbeiterin solidarisiert sich mit dem abwesenden Sohn und versucht, dem anwesenden Vater als Primärklienten beizubringen, dass er etwas falsch gemacht hat und noch falsch macht.

Alle drei *Muster von Reaktionen auf den Umgang mit Primärklienten*, die sich Sorge machen über einen nicht anwesenden Dritten oder von diesem in Bedrängnis gebracht wurden, haben eines gemeinsam: die Zielsetzung, ein Arbeitsbündnis vorzubereiten, wird durch die geschilderten Vorgehensweisen eher erschwert. In allen drei Fällen wird etwas vorab entschieden, was erst im Laufe der Erstgespräche gemeinsam erkannt werden kann, nämlich wer in welcher Weise in einem Arbeitsbündnis in die gemeinsame Arbeit einbezogen werden soll. Im Beispiel 31 ist durchaus vorstellbar, dass die Lehrerin als Primärklientin Probleme hat, die über den Anlass ihres Besuchs hinausgehen. Sie ist voller Sorge in die Beratungsstelle gekommen und zeigt an verschiedenen Stellen des Gesprächs ihre Betroffenheit und Ratlosigkeit. Diese sind zunächst wichtiger als die Probleme des abwesenden Dritten. *Wann immer ein Primärklient Zeichen von Belastungen zeigt, müssen die Belange des Anwesenden Priorität vor denen der Abwesenden haben.* Dies darf allerdings nicht soweit gehen wie im Beispiel 32. Hier werden zwar die Probleme des Primärklienten aufgegriffen, aber in so undistanzierter Form, dass schon vorab der abwesende Dritte als der Schuldige dasteht. Die Möglichkeiten einer Zusammenarbeit werden dadurch erheblich erschwert. Das gleiche gilt mit umgekehrten Vorzeichen für das Beispiel 33: die Identifikation mit dem abwesenden Dritten lässt die Entwicklung eines Arbeitsbündnisses mit dem von Sorge gequälten anwesenden Vater sehr unwahrscheinlich werden, da dieser sich mit mehr oder weniger versteckten Vorwürfen konfrontiert sieht. Seine Bereitschaft, sich mit dem Sozialarbeiter auf ein Arbeitsbündnis einzulassen, wird sehr gering sein.

Wie sehr es darauf ankommt, das Ausmaß der persönlichen Betroffenheit des vielleicht nur scheinbar distanzierten Primärklienten im Auge zu behalten, zeigt das folgende Beispiel:

Beispiel 34: (In einer Schwangerschaftskonfliktberatungsstelle erscheint ein Mann und stellt Informationsfragen zu einer bevorstehenden Änderung der Rechtslage bei Schwangerschaftsabbrüchen. Durch eine Fernsehsendung sei er mit diesem Problem konfrontiert worden. Daraufhin entwickelt sich der folgende Dialog:)
SA: Sie haben das im Fernsehen gesehen, jetzt möchte ich Sie gern fragen, ob Sie das irgendwie persönlich auch betrifft.

Kl: Nein nein nein nein nein, überhaupt nicht, ich wollte mich da nur erkundigen.

SA: Hm. Ich frag mich dann, weshalb Sie dann hierhin kommen, ne? Hat Sie das jetzt aus dem Fernsehen persönlich betroffen gemacht, ja?

Kl: Nein, ich wollt mich wirklich nur so mal erkundigen.

SA: Also ganz informell.

Kl: Ja. Die Bekannte vom Freund von mir, das könnte sein, dass die jetzt schwanger ist, aber das weiß ich jetzt nicht so genau. Da wollte ich mal wissen, worum ... was die da machen kann, ob die das Kind ... Ich weiß noch gar nicht, ob sie überhaupt das Kind behalten will oder was.

SA: Hm. Können Sie jetzt noch mal die Frage wiederholen, die Sie am Anfang gestellt haben?

Durch dieses Vorgehen vermittelt die Sozialarbeiterin dem Primärklienten offenbar erfolgreich das Gefühl, dass sie sich eigentlich für dessen persönliche Probleme zuständig fühlt. Das hat auch Wirkung: einige Zeit später gibt der Klient sein Abtasten auf und eröffnet, dass seine Freundin ein Kind von ihm erwartet, das sie nicht bekommen will, dessen Abtreibung er aber verhindern möchte. (Quelle: Gespräch 11)

Der anwesende Primärklient ist zunächst die wichtigste Person. Seine Betroffenheit, seine Sichtweise und seine Motive sind Ausgangspunkte aller weiteren Überlegungen, selbst wenn es zunächst so aussieht – und vielleicht auch tatsächlich so ist –, als gehe es um ganz andere Personen. Diese können immer noch, zu einem späteren Zeitpunkt, in die Arbeit einbezogen werden. Das Eingehen auf die Belange des Primärklienten darf aber nicht so weit gehen, dass eine Solidarisierung gegen den nicht anwesenden Dritten erfolgt. Als allgemeine Schlussfolgerung kann festgehalten werden: die Entscheidung darüber, wer im Hinblick auf ein Arbeitsbündnis als Klient(in) und damit als Partner für die gemeinsame Anstrengung zur Verbesserung einer belastenden Situation angesehen werden soll, muss sehr sorgfältig gemeinsam mit den Beteiligten – und nicht gegen sie – vorbereitet werden. Der Primärklient kann, muss aber nicht notwendig Partner für das Arbeitsbündnis sein. Selbst wenn alle Informationen dafür sprechen, dass ein abwesender Dritter im Zentrum zukünftiger Arbeit steht, hat der anwesende Primärklient Anspruch darauf, dass seine Belastungssituation ernst genommen und auf sie eingegangen wird. Solidarisierende Verbindungen gegen den oder mit dem abwesenden Dritten müssen im Hinblick auf eine mögliche spätere Zusammenarbeit mit ihm und dem Primärklienten entschieden vermieden werden.

(3) Am seltensten scheinen Erstgespräche zu sein, bei denen von vornher-ein Klienten gemeinsam mit ihren *Angehörigen, Freunden, Lehrern* oder anderen Bezugspersonen anwesend sind.[162]

Beispiel 35: Nach einer telefonischen Kontaktaufnahme und Terminab-sprache kommen Eltern mit ihrer Tochter, die ihnen wegen Alkohol-konsums und nächtlichem Fernbleiben Sorgen bereitet, gemeinsam in die Sprechstunde des Allgemeinen Sozialdienstes. (Quelle: Fragebogen 019)

Beispiel 36: In eine Werkstatt für Behinderte kommen nach telefoni-scher Terminabsprache ein Behinderter und dessen Bruder auf Anraten des Arbeitsamtes. Der Klient erlitt vor zwei Jahres einen Schlaganfall. Der Bruder charakterisiert ihn mit den Worten, er lasse „sich hängen" und brauche neue Aufgaben. (Quelle: Fragebogen 035)

Die Schwierigkeit für die Sozialarbeiter in diesen Situationen ist vor allem darin zu sehen, dass die Motivation für das Gespräch bei den anwesenden Gesprächspartnern sehr unterschiedlich sein kann. So ist im Beispiel 35 gut vorstellbar, dass die Tochter nur widerstrebend in das von den Eltern ge-suchte und arrangierte Gespräch gegangen ist. Auch im Beispiel 36 könnte der Bruder des Klienten stärker als der Klient selbst auf das Gespräch in ei-ner Werkstatt für Behinderte gedrungen haben. Die Gesprächsführung er-fordert offensichtlich einen *Balanceakt*: einerseits die Sorgen und den Handlungsdruck der Angehörigen ernst zu nehmen und auf sie einzugehen, andererseits den im Zentrum der Aufmerksamkeit stehenden Personen das Gefühl zu vermitteln, dass nichts gegen sie unternommen werde, dass viel-mehr der Sozialarbeiter auch und in erster Linie für sie da ist. Lässt sich die-se Balance nicht herstellen, sollten getrennte Gespräche ins Auge gefasst werden, in denen stärker die unterschiedlichen Interessen und Sichtweisen artikuliert werden können, bevor zu einem späteren Zeitpunkt gemeinsame Gespräche wieder möglich werden.[163]

4.3 ANFANGEN BEI ERBETENEN ERSTGESPRÄCHEN

Zwei *Merkmale* lassen sich aus den empirischen Materialien zu den Anfän-gen bei erbetenen Erstgesprächen deutlich herauslesen:

(a) Das Ingangsetzen des Gesprächs ist in aller Regel unproblematisch.

(b) Das angemessene Reagieren auf das, was die Klienten als ihr Problem vortragen, verursacht große Probleme.

Zunächst einige (beruhigende) Beispiele für die Mühelosigkeit der Gesprächsanfänge:[164]

Beispiel 37: Kl übernimmt selbst die Initiative, ohne dass der Sozialarbeiter überhaupt etwas machen müsste. (Quelle: Gespräch 06)

Beispiel 38:
SA: Guten Tag (Sozialarbeiter und Klient geben sich die Hand)
Kl: Guten Tag
SA: Was führt sie zu mir?
Kl: (fängt an, ausführlich zu berichten) (Quelle: Gespräch 16)

Beispiel 39:
SA/Kl (gleichzeitig beim Händegeben): Guten Tag.
SA: Mein Name ist (Name). Ich bin hier Sozialarbeiterin und Sie sind zu mir gekommen?
Kl: Ja, ich heiße (Name). Und ich möchte meinen Jungen nicht mehr zu Hause haben ... (Klientin „legt los") (Quelle: Gespräch 30)

Beispiel 40:
SA: Darf ich mich erst mal vorstellen, Guten Morgen, (nennt ihren Nachnamen)
Kl: (nennt ihren Nachnamen)
SA: Ich bin die Sozialarbeiterin hier ...
Kl: Ja.
SA: ... und ... warum sind Sie hier? (Kl fängt an, umfangreich zu erzählen.) (Quelle: Gespräch 29)

Beispiel 41:
SA: Guten Tag, Frau (Name), ich geb' Ihnen nicht die Hand,[165] weil ich erkältet bin (lächelt dabei freundlich entschuldigend). Ja, was führt Sie zu mir? (Quelle: Gespräch 15)

Beispiel 42:
SA: Ja, Guten Tag, Frau (Name), Sie sind heute in die Beratungsstunde gekommen, weil Sie ein Problem[166] hatten, wir hatten am Telefon schon kurz gesprochen, ja fangen Sie halt einfach mal an, erzählen Sie mal. (Quelle: Gespräch 04)

Beispiel 43:

SA: Ja, Herr (Name), wir hatten letzte Woche miteinander telefoniert und für heute den Termin vereinbart und würden Sie mir jetzt vielleicht erzählen, weshalb Sie zu mir gekommen sind? (Quelle: Gespräch 20)

Beispiel 44:

SA: Ja, Guten Tag, mein Name ist (nennt Vorname und Nachname) ich bin hier Sozialarbeiterin.

Kl: Hm. Ja, also, soll ich gleich mal anfangen, oder?

SA: Ja, können Sie gerne machen.

Kl: Ja, gut. Also ich komm' zu Ihnen, weil ich also nicht mehr aus noch ein weiß ... (Quelle: Gespräch 25)

Beispiel 45:

Kl: Guten Morgen.

SA: Guten Morgen, bitte setzen Sie sich doch.

Kl: Ja, danke.

SA: Wir hatten schon miteinander telefoniert.

Kl: Ja, ja, jetzt ist der Termin da. Ich bin hier.

SA: Sind Sie das erste Mal in einer Beratungsstelle?

Kl: Ja. Ja, das erste Mal.

SA: Wie sind Sie denn an unsere Adresse gekommen?

Kl: Durch einen guten Bekannten, der mir also auch bei meinem Problem helfen möchte.

SA: Ja. Und warum sind Sie hier?

Kl: Ja, ich hab' 'n Alkoholproblem. ... (Quelle: Gespräch 28)

Beispiel 46: (männlicher SA begrüßt weibliche Kl freundlich und fragt, was sie zu ihm geführt habe.)

Kl: Ja ... ach ... haben Sie nicht vielleicht doch 'ne weibliche Kollegin, mit der ich sprechen könnte?

SA: Nein, im Moment nicht verfügbar, tut mir leid.

Kl: Ah, das fällt mir aber sehr schwer, jetzt so mit Ihnen darüber zu sprechen.

SA: Hm. Ja, dann müssten Sie eventuell ein anderes Mal wiederkommen, wenn Sie darauf bestehen, eine weibliche Person zu haben, mit der Sie sprechen können. Wie gesagt, im Moment bin nur ich verfügbar.

Kl: Ach ja, aber ich kann ja auch nicht mehr ... so lange warten (schluchzt und fängt dann an, von ihren Problemen zu sprechen.) (Quelle: Gespräch 15)

Mit Ausnahme des Beispiels 46, und dort auch nur sehr milde, scheint es keine Probleme damit gegeben zu haben, dass Klienten anfangen, ihre Situation zu schildern.[167] Eine freundliche Begrüßung reicht aus, häufig ist es nicht einmal notwendig, eine Frage zu stellen. Der Klient hat sich offensichtlich auf die Situation vorbereitet. Jedenfalls ist in den meisten Gesprächen, die durch die Initiative der Klienten zustande kommen, deutlich zu erkennen, dass unmittelbar nach Beginn des Gesprächs die Klienten ihre Situation zunächst in gedrängter Form darstellen.

Beispiel 47:
SA: Mein Name ist (Name) (sie geben sich die Hand)
Kl: Mein Name ist (Name)
SA: Hm.
Kl: Ja, ich bin eigentlich gekommen, weil ich Probleme habe, das heißt ich selber habe keine Probleme, meine Tochter, die hat 'n Problem, und zwar leb' ich getrennt von meinem Mann, und es geht halt um das Umgangsrecht. Meine Tochter ist vier Jahre alt und ja, es klappt halt nicht mit dem Umgang. Ich möchte nicht, dass meine Tochter weiterhin Kontakt zu ihrem Vater hat. Der Kontakt läuft zur Zeit über den Kinderschutzbund, aber irgendwie klappt das alles nicht.
SA: Hm.
Kl: Die Kleine kommt nach Hause und ist total aufgeregt und aggressiv und schmeißt alles von sich, ist total ... also fertig.
SA: Hm.
Kl: Und, ja, eigentlich komme ich auf Bitten meines Kinderarztes[168] hierher. Ich hab ihm so erzählt, wie es so gelaufen ist und so, ja. Die Leute beim Kinderschutzbund sagen immer, es wär' alles gut und so, aber ... also, ich kann da nichts Gutes bei finden, ne? Die ist total aggressiv zu ihrem kleineren Bruder, schlägt ihn und schreit dann rum „Scheißpapa, will nichts mehr von Papa wissen" und so, ne?
SA: Hm.
Kl: Die Leute vom Kinderschutzbund, die sagen es würd' eigentlich alles ganz anders laufen, was ich mir gar nicht vorstellen kann, ne?
SA: Hm. Sie sind – hab' ich das jetzt richtig verstanden – geschieden und haben das Sorgerecht für Ihre Tochter ...
Kl: Richtig.
SA: und die ist vier Jahre alt.
Kl: Richtig.SA: Und Ihr geschiedener Mann hat Besuchsrecht, regelmäßig ...

Kl: (unverständlich)

SA: ... das ist bei der Ehescheidung festgelegt worden. Und das möchten Sie nicht mehr?

Kl: Nein, weil, erst mal war das sowieso schon schwierig, ne? Weil, es klappte schon so nicht, weil mein geschiedener Mann ...

SA: Was klappte denn nicht? Das hab' ich jetzt nicht ganz verstanden.

Kl: Ich möchte nicht, dass meine Tochter zu meinem geschiedenen Mann nach Hause geht ...

SA: Hm.

Kl: ... weil er lebt mit einer Frau zusammen und meine Tochter mag die eigentlich gar nicht ...

SA: Hm

Kl: Sie schimpft immer über diese Frau und ja ... diese Frau ... das ist ... 'ne Hure, irgendwie, ne?

SA: Hm

Kl: ... also die ist ... also ich würd' das nicht erlauben wollen, ... (es folgen Ausführungen zu dieser Frau, die jetzt mit dem geschiedenen Mann zusammenlebt. Dies erweist sich als Grund dafür, dass Besuchskontakte zwischen Tochter der Kl und ihrem geschiedenem Mann an einem neutralen Ort, dem Kinderschutzbund, stattfinden. Dann weiter:)

Deswegen läuft das jetzt über den Kinderschutzbund und die beim Kinderschutzbund sagen alle, das wäre toll und das würde ganz gut laufen mit meinem Mann und, ja, das wäre unheimlich wichtig für meine Tochter. Aber ich kann da nichts wichtiges dran sehen, wenn sie nach Hause kommt, die ist total fertig, ne? Der Kinderarzt sagt auch, also die müsste demnächst in 'ne Behandlung ... psychologischer, weil die einfach Heulkrämpfe kriegt, Fieber, hohes Fieber kriegt und ...

SA: Hm

Kl: ... der Kinderarzt meinte, das wäre nicht so gut, dieser Kontakt, ne? So wie das jetzt läuft, ne? Also das macht mich total fertig, weil, die wird immer aggressiver, ich krieg' sie gar nicht mehr zu fassen, ne?

SA: Hm ... (Quelle: Gespräch 31).

Beim Lesen dieses Auszugs kann man gut nachvollziehen, wie verwirrend es für den zuhörenden Sozialarbeiter sein muss, die verschiedenen Informationsteilstücke zusammenzubekommen. Das, was den Klienten aus täglichem Erleben unmittelbar vertraut ist, wird komprimiert dargestellt und ist deshalb für Außenstehende nur schwer in den Zusammenhängen und Details nachvollziehbar. Die kognitive Überforderung des Sozialarbeiters ist das eine Merkmal dieser Situation. Das andere betrifft die affektive Zumutung: in den Darstellungen der Klienten wird eine geballte Ladung an Not und Problemen artikuliert. Wie sollen Sozialarbeiter damit fertig werden? Typisch ist, dass in den meisten Fällen dem *kognitiven Problem* vorrangig nachgegangen wird. Die ersten Reaktionen des Sozialarbeiters beziehen sich in der Regel auf Informationsdefizite. Er hat von der kompakten Ladung von Mitteilungen des Klienten nicht alles verstanden und fragt deshalb nach. Die verständliche Konzentration auf die sachliche Informationsebene wird möglicherweise noch dadurch gefördert, dass auf diese Weise die emotionale Belastung in Grenzen gehalten werden kann.

Beispiel 48:
Kl: Ja, Guten Morgen, ich wollte mit Ihnen mal über eine Sache reden – ich weiß nicht so richtig, wie ich mich so entscheiden soll. Es geht also so um mein Studium, und ich weiß nicht, wie ich das weitermachen soll. Ich bin nämlich schwanger und weiß jetzt nicht so richtig, ja, ob ich jetzt das Studium abbrechen soll und mich dann also ganz dem Kind widmen soll, was ja auch wichtig ist, dass das Kind Zuwendung hat, oder ob ... ob ich jetzt ... ja, wem ich jetzt Vorrang geben soll oder ob ich das irgendwie kombinieren kann, ich weiß also nicht, wie ich jetzt planen soll, ich muss mich ja auch irgendwie so von der Zeiteinteilung, was dann auf mich zukommt ... mal so langsam drauf einstellen, wie ich das so machen werde ... ich bin da also einfach überfordert ... ich weiß das jetzt gar nicht so im Moment ...
SA: Hm. Wie sieht das denn aus: Stehen Sie allein mit dem Kind, das Sie erwarten?
Kl: Nein. Nein, ich bin verheiratet. (Quelle: Gespräch 18)

Die Klientin signalisiert deutlich ihre Gefühle der Verwirrung, Ratlosigkeit und Überforderung angesichts sich widerstreitender Interessen. Für die Sozialarbeiterin bleibt die Situation in ihren kognitiven Dimensionen naturgemäß nach diesem Einstieg noch sehr dunkel. Deutlich entscheidet sie sich dafür, zunächst Informationen einzuholen und die affektiven Aspekte zunächst unberücksichtigt zu lassen.
Die Alternative zu diesem Vorgehen wird im folgenden Beispiel deutlich:

Beispiel 49: (Weibliche Kl wollte zunächst eine SA (siehe Beispiel 46); da dies nicht geht, ihr Problem aber so drängend ist, fängt sie an, dem SA zu erzählen.)

Kl: Das wird zu Hause immer schlimmer. Mein Mann trinkt und dann schlägt er zwischendurch die Kinder und mich, das ... ah ... das ist unerträglich geworden ... da muss jetzt was passieren, sonst ist das zu Hause nicht mehr auszuhalten.

SA: Hm. Also, Sie sind in einer tiefgreifenden Not, sehe ich?

Kl (seufzend): Ja. (Quelle: Gespräch 15)

Auch hier ist zunächst nur ganz grob nachvollziehbar, wovon inhaltlich die Rede ist. Auf der kognitiven Ebene fehlen dem Sozialarbeiter nach dieser komprimierten Eröffnung viele Informationen, bevor er sich vorstellen kann, wie die Situation der Klientin aussieht. Dennoch geht er zunächst auf die *Gefühle der Belastung und Not* ein und gibt ihnen damit deutlich *Vorrang vor den offenen Informationslücken.*

Folgende Schlussfolgerungen können festgehalten werden: kommen Klienten aus eigener Initiative in Kontakt zu Sozialarbeitern, ist damit zu rechnen, dass die Klienten sich auf die Situation vorbereitet haben. Es ist relativ einfach, die Klienten dazu zu bringen, von ihren Problemen zu erzählen. Das machen die meisten Klienten in einer Mischung aus mehr oder weniger deutlichen Signalen emotionaler Belastung und kompakten Zusammenfassungen der ihnen wichtig erscheinenden Informationen, die für den Sozialarbeiter in aller Regel unvollständig und verwirrend erscheinen müssen. Der Macht- und Kompetenzvorsprung des Sozialarbeiters muss nun dafür genutzt werden, aus dieser Ausgangsbedingung günstige Voraussetzungen für die Abklärung der Situation und für das Entstehen von Vertrauen entstehen zu lassen. Dazu erscheint es unbedingt erforderlich, *von Beginn an die Gefühle von Belastungen zuzulassen und sich ihnen zu stellen.* Ihnen ist immer dann Vorrang *vor den kognitiven Aspekten zu geben, wenn die Klienten entsprechende Signale geben.* Insbesondere nicht-verbale Aspekte werden hierbei zu berücksichtigen sein.

Aus diesem Grund wurde schon vorher für eine Nutzung von Vorinformationen plädiert, da sie dazu beitragen können, sich auf die Situation der Klienten besser vorzubereiten. Wie gezeigt wurde, sind in den meisten Fällen vor dem Erstgespräch schon Vorinformationen vorhanden oder können beschafft werden, so dass der Sozialarbeiter bereits im Zuge der Vorbereitung auf das Gespräch Anstrengungen machen kann, sich in die Situation der Klienten hineinzuversetzen. Dies sollte es erleichtern, die Gefühle der Klienten wahrzunehmen und sich ihnen zu stellen. Auf die Möglichkeit des Missbrauchs von Vorinformationen wurde schon verwiesen. Entscheidend ist der flexible, neue Wahrnehmungen zulassende Umgang mit ihnen.

Erst wenn die Klienten die Gewissheit haben, dass sie ihre Gefühle nicht unterdrücken müssen, dass ihre Gesprächspartner nicht kneifen, sondern sich den Ausbrüchen der Belastung, des Zorns, der Wut usw. zuwenden, kann dem Gesichtspunkt der Informationsweitergabe Rechnung getragen werden. Dazu erscheint es sinnvoll, die versteckte Struktur der Ausgangslage den Klienten erkennbar zu machen. Die Klienten müssen nachvollziehen können, dass das, was ihnen vertraut ist, für die Sozialarbeiter unbekannt und nicht ohne weiteres verständlich ist. Ist den Klienten diese Ausgangslage bewusst, wird es ihnen erleichtert, den Sozialarbeitern die Informationen zu geben, die sie zunächst nicht gegeben haben, weil sie ihnen selbst zu vertraut sind.

Diese Gewichtung von affektiven und kognitiven Elementen darf nicht so verstanden werden, dass zeitlich zunächst das eine und dann das andere zu erfolgen habe. Vielmehr ist grundsätzlich, zu jedem Zeitpunkt des Gesprächs, den Gefühlsäußerungen Vorrang zu geben. Ist ihnen ausreichend Platz gegeben worden, kann wieder den Informationen nachgegangen werden, bei deren Klärung wiederum auf Gefühlssignale geachtet werden sollte. Auch unter anderen Gesichtspunkten kommt den Gefühlssignalen eine erhebliche Bedeutung zu (siehe Abschnitt 5.3.).

4.4 ANFANGEN BEI ANGEBOTENEN ERSTGESPRÄCHEN

Eine Reihe von Angeboten Sozialer Arbeit wendet sich an potentielle Klienten in der Annahme, dass sie bei Bedarf auf weitergehende Hilfeangebote zurückgreifen werden. *Offene Einrichtungen* wie Jugendzentren oder Drogenberatungsstellen bieten den Besuch von Teestuben oder Diskotheken an, damit bei Bedarf intensivere Hilfen abgerufen werden können. Häufig können Mitarbeiter derartiger Einrichtungen Schwierigkeiten von Besuchern erkennen und Gespräche anbieten. Informationsdefizite oder mangelndes Vertrauen in die Hilfemöglichkeiten stellen Hemmschwellen für derartige Angebote dar.

Auch in *stationären Einrichtungen* gibt es ähnliche Situationen: Sozialarbeiter versuchen, über allgemeine Angebote die Inanspruchnahme spezifischer Hilfen zu erleichtern. Auch hier ist es häufig notwendig, geduldig auf die Klienten zuzugehen, Vertrauen aufzubauen und Hilfemöglichkeiten anzubieten. Häufig erst nach längeren Vorarbeiten ist es dann möglich, in eine Phase einzutreten, in der Erstgespräche geführt werden können: mit dem

Ziel herauszufinden, ob und wie eine soziale Einzelhilfe stattfinden kann. Im Gegensatz zu den erbetenen Gesprächen kommt es hier also auf die Initiative der Sozialarbeiter an. Sie sind gehalten, auf die betreffenden Personen zuzugehen, Misstrauen abzubauen, zu informieren, Vertrauen aufzubauen und für den Versuch eines Erstgesprächs zu werben. Lässt sich ein Klient nach entsprechender Vorarbeit auf ein derartiges Erstgespräch ein, sollte es darauf ankommen, dem Klienten ein Angebot zu machen, das darin besteht, über eine gemeinsame Bestandsaufnahme herauszufinden, ob und wie eine Zusammenarbeit aussehen könnte. Dem Klienten muss in freier Entscheidung überlassen bleiben, ob er sich auf dieses Angebot einlässt oder nicht. Lehnt er das Angebot ab, ist es wichtig, das Angebot für einen späteren Zeitpunkt offenzuhalten und weiter für ein derartiges Gespräch zu werben.[169]

Außerhalb von offenen und stationären Einrichtungen kann es zu angebotenen Erstgesprächen dann kommen, wenn Sozialarbeiter *über Dritte auf Notsituationen aufmerksam* gemacht werden. Auch hier wird der Sozialarbeiter im Gegensatz zu erbetenen Gesprächen die Initiative ergreifen und auf den potentiellen Klienten zugehen müssen. Dies könnte über ein Angebot für ein gemeinsames Gespräch zum Zweck einer Bestandsaufnahme geschehen, um auf diese Weise Möglichkeiten für Hilfestellungen herauszufinden. Vor einer derartigen Bestandsaufnahme sind aber Hilfezusagen zu vermeiden.

Im Hinblick auf angebotene Dienstleistungen gehen alle weiteren Überlegungen davon aus, dass sich die Klienten nach mehr oder weniger langer Vorlaufzeit dafür entscheiden, ein Erstgespräch zu führen mit dem Ziel, eine Bestandsaufnahme vorzunehmen und auf dieser Basis gegebenenfalls eine Bündnisabsprache zu treffen. Insofern ist *nach dieser Vorlaufzeit die Gesprächsführung vergleichbar der Situation bei erbetenen Gesprächen.*

4.5 ANFANGEN BEI ANGEORDNETEN ERSTGESPRÄCHEN

In Situationen dieser Art kommen Klienten unabhängig von ihrem Willen mit Sozialarbeitern in Kontakt, weil die Nachteile bei einem Nichterscheinen größer wären als die Unannehmlichkeiten der Kontaktaufnahme. Die Hintergründe zeigen, dass die Klienten in aller Regel in größten Schwierigkeiten stecken. Die Sozialarbeiter erscheinen in aller Regel als Vertreter von Behörden, die in solchen Situationen ausgesprochen kontrollierende Funktion ausüben.

Beispiel 50: Der Sozialarbeiter einer Gerichtshilfe bei einer Staatsanwaltschaft lädt einen Mann in die Sprechstunde ein („schriftliche Einbestellung"). Der Kl ist zu einer Geldbuße verurteilt, die er in niedrigen Raten abzahlen soll. Strafakte, Bewährungsakte, frühere Berichte der Gerichtshilfe liegen dem Sozialarbeiter vor. Im Gespräch stellt sich heraus, dass der Kl in einer schwierigen finanziellen Situation ist, er hat Schulden und Unterhaltsverpflichtungen. Seinen Arbeitsplatz hat er verloren. (Quelle: Fragebogen 083)

Beispiel 51: Ein Bewährungshelfer lädt einen Kl schriftlich zu einem Erstgespräch ein, nachdem er eine entsprechende Mitteilung und das schriftliche Urteil mit Bewährungsauflage bekommen hat. Im Gespräch zeigt sich, dass der Klient leichte finanzielle Probleme hat, außerdem leidet er unter Zukunftsängsten, ausgelöst durch eine unsichere Lebensplanung. (Quelle: Fragebogen 095)

In beiden Beispielen ist deutlich erkennbar, dass Sozialarbeiter aufgrund eines gesetzlichen Auftrags an die Klienten herantreten. Im Beispiel 50 soll der Sozialarbeiter dazu beitragen, dass die Verurteilung zu einer Geldbuße realisiert wird, im Beispiel 51 muss er die Bewährungsauflagen überprüfen. Den Klienten ist mit großer Sicherheit dieser Hintergrund deutlich. Die Sozialarbeiter werden als Vertreter der jeweiligen Einrichtung – in diesen beiden Fällen: des Gerichts – wahrgenommen, auch wenn sie sich gegen eine Gleichsetzung zur Wehr setzen. Ein Entscheidungsspielraum besteht für die Klienten zunächst nicht. Wollen sie nicht größere Nachteile in Kauf nehmen, beispielsweise die Aussetzung der Bewährung, sind sie gezwungen, dem Kontakt zu den Sozialarbeitern zuzustimmen. Auf dieser Grundlage aber kann keine Bereitschaft zur Entwicklung von Arbeitsbündnissen vorausgesetzt werden, da diese nur auf der Basis einer freiwilligen Entscheidung – was die Möglichkeit einer Ablehnung einschließt – vorstellbar ist. Es muss daher der Frage nachgegangen werden, wie in dieser schwierigen Ausgangslage ein zunächst nicht vorhandener *Entscheidungsspielraum* für die Klienten *im Nachhinein geschaffen* werden kann, ohne dass die Kontrollfunktion der Sozialarbeiter verleugnet wird.[170]
Vom eigenen Anspruch, aber auch von der Aufgabenstellung her haben Sozialarbeiter neben der gesetzlich vorgegebenen kontrollierenden Funktion auch eine *helfende Funktion*, die allerdings von unfreiwilligen Klienten kaum wahrgenommen werden kann. Es ist daher wichtig, das Macht- und Kompetenzgefälle dazu zu nutzen, die versteckte Grundstruktur der Beziehung für den Klienten durchschaubar zu machen. Einerseits ist die vorge-

gebene Kontrollfunktion deutlich herauszustellen, über die nicht grundsätzlich, sondern nur in der Auslegung im konkreten Einzelfall verhandelt werden kann. Andererseits aber kann im Hinblick auf bestehende Probleme ein Angebot formuliert werden, das abzulehnen oder anzunehmen in die autonome Entscheidung der Klienten fällt. Am Beispiel 51 soll dies etwas ausführlicher durchgespielt werden.

Angesichts des unfreiwilligen Charakters dieser Begegnung muss zunächst der Sozialarbeiter die Initiative für die Gestaltung des Gesprächs übernehmen. Er hat zu Beginn die Grundlagen für das Gespräch und die weitere Zusammenarbeit so zu verbalisieren, dass sie dem Klienten nachvollziehbar ist. Die Art der Kontrolle über die Einhaltung der Bewährungsauflagen sowie die Konsequenzen bei einem Nichteinhalten der Auflagen müssen transparent werden. Die Einbindung des Sozialarbeiters in die Institution und damit die Grenzen der eigenen Handlungsmöglichkeiten sollten für den Klienten nachvollziehbar vorgestellt werden.[171] Es reicht dabei nicht aus, diese wichtigen Voraussetzungen für das Gespräch nur kurz anzureißen. Vielmehr müssen diese Klärungen mit ausreichendem Zeitrahmen so lange und so deutlich erfolgen, bis der Klient verstehen kann, weshalb er in dieses Gespräch mit dem Sozialarbeiter geraten ist. Erst auf dieser Grundlage besteht Aussicht, dass der jeweilige Pflichtauftrag (z.B. Beschaffen von Informationen für einen zu erstellenden Bericht) so gut es geht erfüllt werden kann. Neben dieser „Pflicht" sollte aber die „Kür" einen Platz erhalten, die sich ebenfalls aus dem Auftrag in diesen Arbeitsfeldern ableiten lässt.[172] Deutlich ist nämlich zu erkennen, dass der Klient gravierende Probleme hat. Im Hinblick auf diese Probleme (finanzielle Schwierigkeiten, Zukunftsängste, Lebensplanung) kann der Sozialarbeiter das Angebot formulieren, gemeinsam eine Bestandsaufnahme vorzunehmen und nach Lösungsmöglichkeiten zu suchen, die in Form eines Arbeitsbündnisses konkretisiert werden. Während der Klient die im Pflichtteil vorgestellten Auflagen nur unter Inkaufnahme großer Nachteile verweigern kann, muss ihm deutlich gemacht werden, dass er das Angebot des Kürteils ohne Nachteile ablehnen kann. Durch dieses deutliche Differenzieren wird dem Klienten auch bei angeordneten Erstgesprächen in einem wichtigen Teilbereich ein autonomer Entscheidungsspielraum eingeräumt. Lehnen die Klienten das Angebot zu einer Bestandsaufnahme und zu einer Vorbereitung eines Arbeitsbündnisses ab, müssen Sozialarbeiter dies als eigenständige Entscheidung der Klienten akzeptieren. Vorsicht ist geboten, dass derartige Ablehnungen keine Gefühle des Gekränktseins auslösen.[173] Nehmen Klienten das Angebot an, besteht eine realistische Möglichkeit – ähnlich wie bei erbetenen Gesprä-

chen – in einer gemeinsamen Anstrengung Grundlagen für ein Arbeitsbündnis zu schaffen.[174]

Beispiel 53: (In einem Behindertenwohnheim bedient sich eine junge
Frau, die seit längerer Zeit nur unregelmäßig oder gar nicht am gemein-
samen Essen teilnimmt, nachträglich am Kühlschrank. Dabei geht ein
Glas zu Bruch. Die SA ist neu im Haus und kommt in dieser Situation
hinzu. Sie will mit ihr sprechen, die Kl erlebt das als Bevormundung
und wehrt sich, schreit die SA laut an. Die Kl erklärt sich bereit, die
Glasscherben zu beseitigen, um Ruhe zu haben. Daraufhin:)
SA: Das ist auch nicht das Problem mit dem Glas. Das Problem ist die
Einhaltung der Regeln und das Problem ist, dass ich ... die Regeln stelle
und versuche ... oder was heißt ich nicht stelle, sondern im Team darüber gesprochen wird, welche Regelungen getroffen werden, und dass
die Regelungen von Dir als Einengung empfunden sind und jetzt müssen wir in dieser Situation gucken, dass wir miteinander einen Weg finden, der uns beide einigermaßen zufrieden macht.
Kl: Tja, denn mach mir doch 'n Vorschlag. Ich kann nicht mehr als mich
entschuldigen dafür, fertig.
(Im weiteren Gespräch wird deutlich, dass die Kl einen Freund in einem
anderen Haus des Heimes hat, sich aber ständig durch die Mitarbeiter
des Hauses in der Art, wie sie leben möchte, bevormundet fühlt. Sie
möchte ihre Zeit selbst einteilen und ihr Leben selbst einrichten können.) (Quelle: Gespräch 14)

Auch in dieser Situation besteht eine vertrackte Verquickung von (vermeintlich) kontrollierenden Aufsichtspflichten und für den Klienten schwer erkennbaren Hilfefunktionen Sozialer Arbeit. Die Situation in Beispiel 52 ist
natürlich noch dadurch komplizierter, weil in einer aktuell entstandenen Situation (Scherben in der Küche) länger aufgestaute, aber bisher offensichtlich nicht angesprochene Verärgerungen (Regeln nicht einhalten) zusammentreffen. Grundsätzlich muss es auch hier darauf ankommen, der Klientin
zunächst die nicht verhandelbaren Pflichtaufgaben zu verdeutlichen. Worin
diese eigentlich bestehen und wieweit die Regelverletzungen der Klientin
wirklich gravierende Regelverletzungen sind, müsste aber zunächst auf Seiten der Mitarbeiter geklärt werden, mit dem denkbaren Effekt, dass bei erwachsenen Bewohnern eines Wohnheims starre Essenszeiten vielleicht un-
angemessen sind.

Darüber hinaus lassen sich aber auch hier Probleme bei der Klientin erkennen, für deren Bewältigung ein Hilfeangebot mit der Perspektive der Entwicklung eines Arbeitsbündnisses formuliert werden kann. So sind die Verhaltensweisen der Klientin durchaus als natürlicher und positiver Protest einer Erwachsenen interpretierbar. In einer gemeinsamen Anstrengung lassen sich die Wünsche nach Verselbstständigung und die Wege dahin identifizieren und in einem Arbeitsbündnis festhalten. Dazu bedarf es dann allerdings einer Situation, die sorgfältig vorbereitet und nicht durch Ärger über Glasscherben und Zuspätkommen belastet ist.

Als wesentliche Schlussfolgerung lässt sich festhalten: bei fremdinitiierten Erstgesprächen muss auch das Gespräch selbst von den Sozialarbeitern in der Anfangsphase initiiert und gestaltet werden.[175] Ganz deutlich muss die nicht verhandelbare Grundlage des Zusammentreffens (mit den vorliegenden Informationen und Auflagen) transparent werden. Darüber hinaus kann und sollte aber eine Perspektive für eine gemeinsame Arbeit an den fast immer vorhandenen Problemen angeboten werden, über deren Annahme oder Ablehnung die Klienten autonom entscheiden. Dieser autonome Entscheidungsspielraum muss deutlich sichtbar werden; ebenso müssen die Entscheidungen der Klienten von den Sozialarbeitern so oder so akzeptiert werden, auch wenn für eine Annahme des Angebots gleichwohl immer wieder geworben und motiviert werden muss. Entscheidet sich der Klient für das Hilfeangebot, sollte auch hier als erstes eine gemeinsame Bestandsaufnahme erfolgen, um Hilfemöglichkeiten erkennen zu können, die dann in einer Bündnisabsprache konkretisiert werden. Insofern gelten dann für das weitere Vorgehen die gleichen Überlegungen wie sie für erbetene Erstgespräche und angenommene angebotene Erstgespräche gelten.

4.6 AUSNAHME: KRISE/FREMD- UND SELBSTGEFÄHRDUNG

Wann immer in Erstgesprächen deutlich wird, dass der Primärklient oder durch ihn vertretene Dritte in akuten Krisensituationen stecken, sich selbst oder andere gefährden, müssen alle mittel- und langfristigen Überlegungen im Hinblick auf die Vorbereitung eines Arbeitsbündnisses zurücktreten zu Gunsten eines Eingehens auf die akuten Gefährdungen. Angesichts des relativ seltenen Vorkommens derartiger Fälle[176] besteht die Gefahr, dass man entsprechende Hinweise leicht übersieht, da man nicht unbedingt mit ihnen rechnet. Für sie einen Blick zu entwickeln und sofort umzuschalten von dem Ziel der Bestandsaufnahme und der Vorbereitung eines Arbeitsbündnisses auf ein Eingreifen unter Zurückstellung aller mittel- und langfristigen Überlegungen, ist unbedingt erforderlich, sollen nicht Situationen eintreten, in denen Klienten vor lauter Not nicht ein noch aus wissen, während sich der Sozialarbeiter mit langfristigen Perspektiven beschäftigt. Einige Beispiele sollen belegen, mit welchen unterschiedlichen Situationen zu rechnen ist.

Beispiel 54: (Kl ist ein obdachloser Mann, der für die nächste Zeit, bis es vielleicht wieder etwas milder wird, eine Unterkunft sucht, da es nachts jetzt zu kalt geworden ist.)
SA: Ja, und Sie möchten jetzt also eine Bleibe für den Winter, oder ... also für längere Zeit würden Sie das anstreben, wieder in eine Wohnung zu kommen?
Kl: Also für mich würde erst mal vorrangig heute abend ...
SA: Heute abend.
Kl: ... oder die nächsten zwei Wochen, drei Wochen ...
SA: Ja ...
Kl: ... vielleicht wird's ja auch wieder ein bisschen milder.
(Quelle: Gespräch 20)

Hier über die Hintergründe der Obdachlosigkeit zu sprechen und Versuche zu unternehmen, grundsätzliche Änderungen ins Auge zu fassen, ist angesichts der Dringlichkeit einer kurzfristigen Lösung illusorisch. Erst wenn dieses Bedürfnis befriedigt ist – so unbefriedigend das für die Sozialarbeiter sein muss, da es häufig dabei bleiben wird – können gemeinsame Überlegungen über längerfristigere und grundsätzlichere Hilfen angeboten werden.

Beispiel 55: (Kl ist ein 22-jähriger Mann, dessen Vater als zentrale Bezugsperson vor wenigen Tagen gestorben ist.)
Kl: ... Also mir hat 'n Bekannter, 'n Freund von meinem Vater, der mich auch hier hingeschickt hat, der hat gesagt, dass es vielleicht so Wohngemeinschaften oder irgendwas gäb' und da hab' ich gedacht, ... dass man mich nächste Woche oder so in 'ne Wohngemeinschaft bringt. Dass ich da nicht so lange in der Wohnung bin, weil mit jedem Tag, den ich da mehr in der Wohnung bin, ... das ist echt schlimm.
SA: Fällt die Decke auf den Kopf, ja?
Kl: Also ich bin schon ein' Tag, ... oben ... beim Gymnasium, also an der Schule gewesen und hab' dann mit Steine auf 'n Schild geworfen, weil ich so wütend war über alles, weil ich so alleine war und mein Vater war

nicht da und da hab' ich auch ganz laut geschrien, aber da war keiner in der Nähe, das hat keiner gehört, ne? Aber dann bin ich richtig wütend.
SA: Hm.
Kl: Und je mehr und je länger ich so alleine bin in der Wohnung, desto schlimmer wird das.
SA: Hm.
(später im Gespräch: Kl spricht von seinen Hoffnungen, die er mit einem Wechsel des Studienortes von (Ort A) nach (Ort B) verbindet.)
Kl: ... Das dauert ja jetzt auch noch 'n bisschen. Aber was mach' ich denn jetzt die ganze Zeit? Und wenn mir wieder so die Decke auf'n Kopf fällt und ... und ich wieder so schrei'n muss und ich so wütend bin, weißt Du, dann ... dann ... dann ... das ist schon schlimm. Könnt' ich immer alles zusammenschlagen. ... Und dann hab' ich geweint und ... hab' geschrien und so ... und da bin ich auch so richtig traurig gewesen.
(Quelle: Gespräch 27)

Andere Hinweise in diesem Gespräch spiegeln die völlige Erschütterung des jungen Mannes durch den vor wenigen Tagen eingetretenen Tod seines Vaters wider, zu dem eine überaus intensive Bindung bestand. Hier wäre abzuklären, inwieweit diese Erschütterung so stark ist, dass mit Selbst- oder Fremdgefährdungen zu rechnen ist. Gegebenenfalls wären dazu andere Fachkräfte zu Rate zu ziehen. Diesem Gesichtspunkt der Betreuung und Begleitung in der unmittelbar bevorstehenden Zeit ist jedenfalls deutlich Vorrang zu geben vor allen anderen Überlegungen, die zunächst zurückzutreten haben, so wichtig sie ihrerseits sind (Selbständigkeitsprobleme, Abhängigkeit vom Freund des Vaters usw.).
Ganz anderer Natur ist die Akutsituation im nächsten Beispiel. Zunächst fällt die kompakte Eröffnung direkt nach der Begrüßung auf (siehe Abschnitt 4.3), in der schon die meisten Problembereiche im Kern angesprochen werden:

Beispiel 56:
SA: Ja, Guten Tag, mein Name ist (nennt Vorname und Nachname). Ich bin hier Sozialarbeiterin.
Kl: Hm. Ja, also, soll ich gleich mal anfangen, oder ...?
SA: Ja, können Sie gerne machen.
Kl: Ja, gut. Also ich komm' zu Ihnen, weil ich also nicht mehr aus und ein weiß, ja? Ich hab' also seit geraumer Zeit unheimliche Schwierig-

keiten, überhaupt auf die Straße zu gehen, das ist bei der Arbeit ... fällt mir schwer, ... meine Arbeit zu verrichten, weil ich unheimliche Angst habe, eben mit Leuten in Kontakt zu treten, ne?

SA: Hm.

Kl: Im Moment sieht's also so aus, dass ich also angefangen hab' zu trinken, und das Pensum steigert sich mehr und mehr. Ich merk' also, dass ich morgens kaum noch raus komme, ich komm' zu spät zur Arbeit, hab' bereits meine zweite Abmahnung bekommen von meinem Chef und, wenn das so weitergeht, werde ich vielleicht sogar meine Arbeit verlieren müssen, ne?

SA: Hm.

Kl: Ja.

SA: Auf Grund Ihres Alkoholtrinkens oder warum die Arbeit verlieren?

Kl: Ja, ich komm' also morgens immer zu spät zur Arbeit, ne? Also trinke dann teilweise bis drei vier Uhr allein zu Haus vorm Fernseher und dann komm' ich also morgens absolut nicht raus, ne?

SA: Hm.

Kl: Ja, und also wie gesagt, mein Chef ist also unheimlich sauer auf mich, und wenn das so weitergeht, meint er, müsst' er mir die Kündigung geben, ne? Aber ich weiß auch nicht, wie ich mich ändern kann, weil, also ich hab' also unheimlich Probleme, wie schon gesagt, also überhaupt auf Menschen zuzugehen, ne?

SA: ... Was sind denn diese Probleme? Wie machen die sich denn bemerkbar?

Kl: Im Einzelnen also, wenn ich zum Beispiel raus gehe, zum Beispiel in 'ne Kneipe oder irgendwie ins Kino, ich krieg' also feuchte Hände und fang' an zu schwitzen, teilweise ist mir übel, und ich kann also keine Leute mehr sehen, das ist ... es geht mir also einfach schlecht dann, wenn ich raus gehe und deswegen bleibe ich also gleich zu Hause, ne?

SA: Gehen Sie denn immer alleine raus oder wie machen Sie das ...?

(Quelle: Gespräch 25)

In den Ausführungen des Klienten deuten sich gravierende Probleme an, die nur längerfristig und möglicherweise unter Einschaltung anderer Hilfequellen (Case Management!) angegangen werden können. Zunächst wird es aber darauf ankommen, die jetzige Situation zu stabilisieren. Damit kann Zeit für die Vorbereitung weitergehender Schritte gewonnen werden. Im Hinblick auf dieses Ziel erscheint insbesondere eine dritte Abmahnung und der damit wahrscheinliche Wegfall der einzigen noch halbwegs funktionierenden Außenbezüge des Klienten als bedrohlich. Eine sinnvolle Sofortmaßnahme könnte darin bestehen, sich im Einvernehmen mit dem Klienten mit dem Arbeitgeber in Verbindung zu setzen und unter Verweis auf die Bereitschaft des Klienten, an seinen Problemen zu arbeiten, um Aufschub zu bitten, oder, anders ausgedrückt, den Arbeitgeber zum Bündnispartner für die weiteren nötigen Schritte zu gewinnen. Liegt dieses Einverständnis vor, kann mit etwas weniger Zeitdruck eine sorgfältige Bestandsaufnahme gemacht und ein Arbeitsbündnis vorbereitet werden.

Ein anderer Anlass für die Aufgabe oder Zurückstellung des Ziels, ein Arbeitsbündnis vorzubereiten, liegt dann vor, wenn Primärklienten oder von ihnen vertretene andere Personen Gewalttätigkeiten ausgesetzt sind:

Beispiel 57:
Kl: Ja, ich hab' mir das also unheimlich lange schon überlegt, ob ich zu Euch in die Drogenberatungsstelle gehen sollte, weil ... es geht also um meinen Mann, der ist also vor kurzem arbeitslos geworden und der hat vorher auf dem Bau gearbeitet, und Du weißt ja selber, dass da ... so manche Flasche Bier ... getrunken wird, aber jetzt, seitdem er arbeitslos geworden ist, trinkt er also nicht nur eine Flasche Bier, sondern sitzt da auf seiner Couch und ist völlig frustriert und bekommt auch überhaupt keine Arbeit im Moment, weil es eine schlechte Zeit ist im Moment, wir haben ja noch Winter ...
SA: Hm.
Kl: Und die haben alle ihre Bauten dicht gemacht, ja und trinkt sich jetzt eine Flasche Bier nach der anderen. Und dabei bleibt es nicht: Dann kommt vielleicht mal der Kumpel von nebenan vorbei, und dann trinken sie ihre Schnäpsges. Und wenn er dann noch friedlich bleiben würde; aber das ist überhaupt nicht der Fall. Dann, abends, ist es überhaupt nicht selten, dass unsere Sessel da durch die Gegend fliegen und dass er auch mal unsere Kinder schlägt. Wir haben zwei Kinder: Unsere Jutta ist acht und der Bernd ist sechs. ... Ja, er wird also völlig aggressiv, der schlägt auf die Kinder ein und wenn ich dann dazwischen gehe, dann fang' ich mir dann auch noch eine. Das geht überhaupt nicht mehr. Am Anfang habe ich immer gedacht, das krieg' ich als Ehefrau in den Griff, aber das rutscht mir so aus der Hand, ...
(An anderer Stelle heißt es im gleichen Gespräch:)
Kl: Ja, vor allem wenn er jetzt nicht auf die Kinder so losgehen würde, dann wär' mir das ja noch egal, dann würd' ich ja noch sagen, ja wenn's

Frühling wird, dann kriegt er wieder Arbeit, und dann seh' ich vielleicht einen Lichtblick. Aber der hat mir den Bernd so zugerichtet, der hat ihm richtig eine geschlagen, der hatte ein richtiges Veilchen, und wenn ich jetzt den in die Schule gehen lasse, und ... die anderen fragen ihn: „Ja, wo hast Du denn das Veilchen her?"; und dann sagt der: „Ja, Papa hat mich gehauen!"; ja, ich meine: Wie steh' ich denn dann da, ne?
SA: Hm.
Kl: Und dann sagen die anderen vielleicht, die Nachbarinnen, wo ich mich eigentlich gut mit verstehe: „Wie ... Ihr Mann oder Dein Mann haut Eure Kinder?" ...
(Quelle: Gespräch 26)

Besonders die Bedrohung der Kinder und ihre eigene Gefährdung wird deutlich. Im Hinblick darauf müssen alle Versuche, gemeinsam mit der Ehefrau Einfluss auf den Ehemann zu nehmen oder andere Überlegungen zur Änderung der Lage anzustellen, zunächst zurücktreten vor der Frage, wie unmittelbar bedrohlich die Gewaltanwendung des Ehemannes ist. Ein Beispiel für diese Vorgehensweise findet sich im folgenden Auszug aus einem anderen Erstgespräch bei vergleichbarer Problematik:

Beispiel 58:
SA: Ja, Frau (Name), wir haben letzte Woche telefonisch einen Termin miteinander vereinbart und ... würden Sie mir jetzt bitte erzählen, weshalb Sie zu mir gekommen sind?
Kl: Hm. Ja, also ich hab' folgendes Problem. Und zwar: Ich bin verheiratet, hab' 'n kleines Kind von zwei Jahren, bin im dritten Monat schwanger, also mein zweites Kind kommt so Mitte Juni nächsten Jahres. Und ich hab' vor einiger Zeit 'n Studium angefangen, und seit circa ... ja, so vor drei, vier Wochen hat mein Mann sich ziemlich stark verändert. Und das hat aber ganz rapide ziemliche Ausmaße angenommen, und zwar hat er angefangen zu trinken, und angefangen, mich zu schlagen. Und das ist für mich jetzt so 'ne ganz merkwürdige Situation, weil ... ich hab' früher immer gedacht: einmal, mir könnte so was nicht passieren, beziehungsweise wenn mir das passiert, dann wär' für mich ganz klar die Konsequenz, dass ich mich trennen würde beziehungsweise auch so 'n Gegenangriff vielleicht vornehmen würde, ja? Und jetzt merk' ich, dass ich so in der Situation mit den beiden Kindern ... gefühlsmäßig ziemlich gebunden bin und mir irgendwie nicht vorstellen

kann, mich zu trennen. Das heißt, vom Verstand her weiß ich, dass es, vielleicht, wenn es so weitergehen sollte, die einzige Möglichkeit ist. Aber ich merk' so vom Gefühl her, dass das für mich ... so 'ne ausweglose Situation ist, weil, ja, ich denk', so mit den Kindern, dass sie im Grunde genommen so 'n Recht halt auf ihren Vater haben und ich mir nicht vorstellen kann, ... mich zu trennen und, ... ich weiß ja nicht so recht, wie das weitergehen soll. Vor allem ist es jetzt auch so, dass ich auf Grund des Studiums auch finanziell so ziemlich abhängig bin und das ist für mich so 'ne ausweglose Situation.
SA: Könnten Sie mir das 'n bisschen näher erklären, wie das mit dem Trinken aussieht und wie das mit dem ... aussieht, wie er Sie schlägt, und wann er sie schlägt? (Quelle: Gespräch 21)

Die Gefährdung der Primärklientin ist hier besonders schwerwiegend, weil sie im dritten Monat schwanger ist. Von allen Details, die in der kompakten Eröffnungsschilderung der Klientin genannt werden, konzentriert sich die Sozialarbeiterin daher mit Recht zunächst auf den Aspekt der unmittelbaren Gefährdung. Erst wenn mit ausreichender Sicherheit ausgeschlossen werden kann, dass eine direkte Gefahr für die Unversehrtheit von Klientin und Kind besteht, kann auf die übrigen Aspekte eingegangen und mit geringerem Zeitdruck eine gemeinsame Bestandsaufnahme eingeleitet werden.
Im nächsten Beispiel findet sich ein anderer Anlass für eine mögliche drohende Gefährdung, die aber vom Sozialarbeiter ersichtlich nicht registriert wird:

Beispiel 59: (SA hat Therapieeinrichtungen gepriesen und geworben, dass Kl einen weiteren Versuch wagt.)
Kl: Ja, wissen Sie, ich bin an einen Punkt angelangt, wo ich mir sage, es muss helfen. Ich seh' sonst in meinem Leben keinen Sinn mehr.
SA: Hm.
Kl: Soweit ist es also schon, ne? Wenn Sie von einer Entgiftung zur anderen ... eine Entgiftung nach der anderen machen, und ... zig Therapieversuche hinter sich haben und ... alles bringt nichts, und ... der ganze Stress, der ganze Ärger geht weiter, dann ...
SA: Hm.
Kl: Dann sind Sie irgendwann mal am Punkt angelangt, wo ... wo Sie sagen: Naja, es wär' wohl besser, wenn ... wenn das Leben, so wie es jetzt läuft, beendet wird.

SA: Hm. Ja, ganz schön frustrierend. Aber ich glaub' auch, mit dieser Therapieeinrichtung, dass es damit denn auch nicht getan ist. Sondern wir bieten dann auch noch so Selbsthilfegruppen an, die sich dann einmal in der Woche, je nach Bedarf, auch teilweise mehrmals, treffen und wo dann mit dieser Therapie das dann nicht abgeschlossen ist, und man fällt dann nicht ins Leere rein, sondern da sind dann auch wieder Menschen, die selber ähnliche Erfahrungen gemacht haben oder die eben auch Stützung brauchen, die sich da treffen, einmal in der Woche oder zweimal oder dreimal, je nachdem, und die dann untereinander sich so ... so 'n Halt geben, was so 'ne Therapie alleine wahrscheinlich gar nicht leisten kann.

Kl: Jaja, ich weiß, wovon Sie sprechen, also Selbsthilfegruppen hab' ich auch schon zur Genüge mitgemacht ... (Quelle: Gespräch 24)

„Ich seh' sonst in meinem Leben keinen Sinn mehr", „So weit ist es also schon", „wenn das Leben, so wie es jetzt läuft, beendet wird": in der Auswertung dieses Gesprächs wurde deutlich, wie sehr diese Äußerungen die Sozialarbeiterin erschreckt haben. Die Reaktion lässt deutlich erkennen: je greller die Selbstgefährdungssignale der Klientin ausstrahlen, desto stärker wird versucht, Therapieangebote „zu verkaufen", obwohl deren Sinn angesichts der bisherigen Erfahrungen eher zweifelhaft ist. Wichtig wäre stattdessen gewesen, die Selbstgefährdung der Klientin wahrzunehmen, ihre Äußerungen zuzulassen und auf sie einzugehen. Auf diesem Weg bestünde auch eine Chance, die Unmittelbarkeit der Selbstgefährdung besser einschätzen zu können. Nur dann, wenn mit vertretbarer Sicherheit eine unmittelbare Gefährdung auszuschließen ist, kann eine ausführlichere Bestandsaufnahme wieder aufgenommen werden.

Das letzte Beispiel zur Notwendigkeit unmittelbaren Eingreifens belegt anschaulich die Konsequenzen, die sich ergeben, wenn in der Routine eines gängigen Erstgesprächs verfahren wird, obwohl viele Hinweise auf eine unmittelbar notwendige Krisenintervention vorhanden sind:

Beispiel 60:
Kl: Das wird zu Hause immer schlimmer. Mein Mann trinkt und dann schlägt er zwischendurch die Kinder und mich. Das ... ist unerträglich geworden ... da muss jetzt was passieren, sonst ist das zu Hause nicht mehr auszuhalten.

SA: Hm. Also, Sie sind in einer tiefgreifenden Not, sehe ich?

Kl (seufzend): Ja.

(etwas später; Kl sagt, dass es nicht mehr auszuhalten ist; SA fragt nach den Hintergründen.)

Kl: Der ist den ganzen Tag nur am Rumschreien und ... am Trinken und ... ach, und dann schlägt er die Kinder und mich ..., das war schon so schwer für mich, heute hierher zu kommen.Ich musste ja jemanden finden, der die Kinder nimmt, weil ich kann die ja nicht mehr zu Hause lassen, wer weiß, was der mit denen macht.

SA: Hm. (Pause) Da haben Sie dann kein Vertrauen mehr zu dem Mann, ne?

Kl: Nein, das geht nicht mehr.

SA: Das ging früher? Sie sagen, das geht nicht mehr, das bedeutet ja für mich, dass das früher mal besser geklappt hat. (Quelle: Gespräch 15)

(Im Sinn einer Klärungshilfe in der Bestandsaufnahme (siehe Abschnitt 5.6) macht das durchaus Sinn: Der Vergleich mit der Vergangenheit wird als Kontrastmittel eingesetzt; im Hinblick auf eine Krisenintervention hätte dies jetzt wohl zunächst zurücktreten müssen zu Gunsten des Abklärens, ob unmittelbares Eingreifen notwendig ist.

Etwas später geht das Gespräch so weiter:)

Kl: Und wir haben ja jetzt auch nicht mehr genug Geld, seit er arbeitslos ist, jetzt gibts ja nur noch Arbeitslosenhilfe, das ist ja viel zu wenig, da können wir gar nicht mehr von leben.

SA: Hm. Was hat Ihr Mann denn ausgeübt, und wann ist er arbeitslos geworden?

Kl: Ja, mein Mann war Schlosser, aber nachdem er zu oft zu spät kam, weil er abends wieder gesoffen hatte, da ist er dann entlassen worden.

(Neben der körperlichen Bedrohung wird eine finanzielle Notsituation sichtbar. Nicht auf diese, sondern auf die beruflichen Hintergründe beim Ehemann geht der Sozialarbeiter ein. Nach mehreren Hinweisen dieser Art durch die Klientin, die immer wieder in Weinen ausbricht, kulminiert der Konflikt zwischen den Appellen der Klientin nach unmittelbarer Hilfe und der Arbeitseinstellung des Sozialarbeiters in folgendem Dialog:)

Kl: Irgendwie müssen Sie mir helfen. Also irgendwie muss doch die Situation besser werden für uns.

SA: Ja, Frau (Name), ich kann Ihnen nicht versprechen, dass ich Ihnen helfen kann. Aber was ich zunächst mal machen kann, ist, Ihren Fall versuchen zu verstehen. ... versuchen zu verstehen, welche Gründe da sind, und wie Sie sich fühlen und wie Ihr Mann sich dabei fühlt, wie Ihre Kinder sich dabei fühlen. Daraufhin würde ich gern hinarbeiten.

Kl: Ja, aber dadurch hört doch das Schlagen nicht auf, wenn Sie ...

SA: Nein.

Kl: Wir haben ja auch jetzt fast nicht mehr genug zum Leben. Der versäuft doch alles. Mir ist doch nicht damit geholfen, dass Sie mich verstehen. Da muss doch was passieren.

SA: Ja, das seh ich auch. Natürlich. ... (Quelle: Gespräch 15)

Fast immer ist die Verweigerung direkter Hilfe zu einem sehr frühen Zeitpunkt von Erstgesprächen richtig (siehe Abschnitt 5.1 und 5.2). Immer dann aber, wenn es um ganz aktuelle, unmittelbare, nicht aufschiebbare Problemkonstellationen geht, hat die Aufklärung der Gesamtsituation – im Sinne einer Bestandsaufnahme – zurückzutreten zu Gunsten der gemeinsamen Prüfung, inwieweit ein unmittelbares Eingreifen erforderlich ist. Das Angebot eines Gesprächs in einer derartigen Situation muss fast wie Hohn wirken, so sinnvoll und notwendig es unter anderen Voraussetzungen sein mag.

Als allgemeine Schlussfolgerung kann festgehalten werden: die hier vertretene Position einer Zielvorgabe für Erstgespräche mit Bestandsaufnahmen und Arbeitsbündnisvorbereitung verliert immer dann ihre Geltung, wenn ein unmittelbarer Zeit- und Handlungsdruck dazu keine Gelegenheit lässt. Der Zeitdruck tritt immer dann ein, wenn Personen in unmittelbarer Not sind oder durch Handlungsverzögerungen eine unmittelbare Verschlechterung der Situation zu befürchten ist. In diesen Fällen ist immer zunächst die Behebung der unmittelbaren Gefährdung vordringlichste Aufgabe, bevor – mit geringerem Handlungsdruck – die ursprüngliche Zielsetzung wieder aufgenommen werden kann. Diese darf dann allerdings nicht aus den Augen verloren werden. Sonst verharrt Soziale Arbeit in einer unangemessenen, sich selbst beschränkenden Feuerwehr-Funktion.

5. Verlaufsbezogene Aspekte von Erstgesprächen

In diesem Kapitel sollen in mehreren Anläufen verschiedene Aspekte der Gestaltung des *Verlaufs* von Erstgesprächen nach deren Einstiegsphase näher beleuchtet werden. Damit ist die Prozessqualität von Erstgesprächen thematisiert.

Im folgenden Kapitel gehe ich von Situationen aus, in denen Bündnisabsprachen als Ziele von Erstgesprächen sinnvoll erscheinen. Im Hinblick auf die Freiwilligkeit des Gesprächs unterstelle ich, dass es den Sozialarbeitern gelungen ist, bei angeordneten oder angebotenen Erstgesprächen eine nachträgliche Wahlmöglichkeit und damit die Ausdehnung des durch Anordnung eingeschränkten Autonomieraumes zu erreichen (siehe Abschnitte 4.4 und 4.5). Krisensituationen, Situationen mit Fremd- oder Selbstgefährdungen sowie andere Ausnahmesituationen, mit denen in Erstgesprächen immer gerechnet werden muss (siehe Abschnitte 4.6 und 4.7), bleiben unberücksichtigt. Ich gehe demnach im folgenden davon aus, dass die Klienten – bei erbetenen Gesprächen von vornherein, bei angeordneten oder angebotenen Gesprächen durch eine nachträgliche autonome Entscheidung – bereit sind, sich grundsätzlich auf die Prüfung einer Zusammenarbeit mit Sozialarbeitern einzulassen, ohne schon genaue Ziele und Wege bestimmen zu können.

5.1 HELFEN: ABKLÄREN STATT RAT GEBEN

Die *wichtigsten Bestimmungsgrößen* von Erstgesprächssituationen – hier und im folgenden immer ohne die dargestellten Ausnahmen – sind *auf der einen Seite* die vorhandenen Probleme mit ihren gesellschaftlich-sozialpolitischen Hintergründen aber individuellen Verarbeitungs- und Erscheinungsformen bei den Klienten; und *auf der anderen Seite* die Sozialarbeiter in ihren Einrichtungen mit jeweiligen gesetzlichen und institutionellen Vorgaben.[177] Beim Zusammentreffen dieser sowohl von langen Vorgeschichten geprägten als auch von den Details der Situation beeinflussten Personen in Erstgesprächen lassen sich nun bestimmte typische *Reaktionsmuster auf beiden Seiten* beobachten, die einerseits naheliegend und verständlich sind, andererseits leicht in Widerspruch zu den beschriebenen Zielen der Vertrauensbildung und der Vorbereitung von Arbeitsbündnissen geraten können.

Im Zentrum der folgenden Überlegungen soll dabei der *„Hilfe"-Begriff der Sozialarbeiter* stehen, der den Kern ihrer beruflichen Identität bildet und entscheidend darüber befindet, wie Erstgespräche gestaltet und wie Formen und Inhalte der weiteren Zusammenarbeit mit den Klienten entwickelt werden.

Beispiel 62: In einer Drogenberatungsstelle berichtet eine Frau, die auf Rat ihrer Freundin gekommen ist, von einem Konglomerat von vorhandenen Problemen: (a) Alkoholabusus mit mehrfachen erfolglosen Therapieversuchen; (b) bei den Kindern sind schon Schwierigkeiten aufgetaucht: Schulprobleme, Sitzenbleiben; (c) der Ehemann hat resigniert und hat jetzt eine Freundin; (d) Suizidandeutungen; (e) Angst vor Menschen; (f) finanzielle Belastungen durch Alkoholkonsum, Ladendiebstahl; als einziges Plus ist zu verzeichnen (soweit im Gespräch von selbst angesprochen): die Klientin hat eine Freundin, mit der sie sich gut versteht. (Quelle: Gespräch 24)

Beispiel 63: Eine 75-jährige Frau mit Gebrechlichkeitserscheinungen kommt in eine Beratungsstelle. Die Kinder wohnen räumlich weit entfernt und können deshalb nicht helfen, obwohl sie in großen Schwierigkeiten ist. Der Ehemann ist vor drei Wochen gestorben, mit ihm („mein ein und alles") hat sie alles zusammen gemacht. Sie hat ihn bis zuletzt gepflegt. Jetzt empfindet sie große Trauer. Wegen der eingetretenen Einkommensreduktion hat sie jetzt Angst, die Wohnung zu verlieren. Vor kurzem ist sie in der Wohnung gefallen, es dauerte Stunden, bis eine Nachbarin auf sie aufmerksam wurde. Sie verspürt „keine Lust mehr" zu leben (Suizidgefährdung?), hat auch keine Lust mehr, für sich zu kochen. Auch das Einkaufen fällt ihr wegen des Tragens schwer. (Quelle: Gespräch 17)

Beispiel 64: Eine Frau erscheint im Jugendamt und eröffnet der Sozialarbeiterin, dass sie ihren Sohn loswerden möchte. Schon nach ca. zwei Minuten Gespräch hat sie aus ihrer Sicht folgende Aspekte ihrer Situation auf den Tisch gebracht: (a) die Klientin will ihren Sohn loswerden; (b) den anderen Sohn ist sie schon losgeworden: er lebt in Italien bei den Eltern ihres italienischen Mannes; (c) sie lebt in Scheidung mit ihrem Mann, der ihr ohnehin schon auf die Nerven geht; (d) sie ist nervenkrank; (e) sie ist tablettenabhängig; (f) sie deutet suizidale Neigung an; (g) sie wird von allen fertiggemacht. Im weiteren Verlauf des Gesprächs kommen noch folgende Schwierigkeiten hinzu: (h) sie kann nicht allein zu Hause bleiben; (i) sie kann nicht allein auf die Straße gehen; (k) sie kriegt aggressive Anfälle; (l) der Sohn versagt in der Schule, soll in die Sonderschule; (m) der Sohn hat letzte Woche einen Diebstahl in Supermarkt begangen (das war der Auslöser für ihren Entschluss, jetzt zu handeln); (n) es gibt offensichtlich eine schwierige Beziehung zwischen der Klientin und ihrer Mutter. (Quelle: Gespräch 30)

Diese drei Beispiele wurden ausgewählt als besonders anschauliche Illustrationen für „Überfälle", denen Sozialarbeiter in Erstgesprächen ausgesetzt sein können. Das Ausmaß der *Brisanz* und der *Problemkomplexität* wird nicht immer so groß sein wie in diesen Beispielen. Doch sehr häufig werden Sozialarbeiter mit erheblichen Belastungen konfrontiert, denen sich Klienten ausgesetzt sehen. Damit verbunden ist dann häufig die Hoffnung der Klienten, in den Sozialarbeitern Menschen zu finden, die etwas zum Positiven ändern können. Darüber hinaus wird besonders am Beispiel 64 die Notwendigkeit für Case Management deutlich. Mit großer Sicherheit sind nämlich schon eine Reihe von beruflichen Helfern und andere Personen in der Umgebung der Klienten tätig, ohne dass sie voneinander wissen oder gar ihre Tätigkeit koordiniert wird: der Arzt der Klientin, Mitarbeiter in einer Klinik (für die die Klientin einen Aufenthalt bewilligt bekommen hat), ein Jugendamtvertreter (durch die laufende Scheidung), die Mutter der Klientin, ihr Bruder und ihre Schwägerin, ihre Schwiegereltern in Italien. Der Widerspruch zwischen der großen Zahl von Helfern und der Erfolglosigkeit der Hilfe spiegelt sich in dem Ausruf der Klientin wider: „Ja, erzählen tue ich meine Probleme allen. Aber keiner hilft mir. Die sind ja alle gegen mich." Auch in den beiden anderen Beispielen sind schon weitere Helfer tätig oder müssen zur Behebung der vielfältigen Probleme aktiviert werden. Soll der Sozialarbeiter nicht bloß ein weiterer Helfer sein, dessen Hilfe nichts nützt, muss er also etwas anderes machen, als bisher geschehen ist. Die hier vertretene Position lautet: als Voraussetzung für eine mögliche Hilfe sollte dem Klienten zunächst angeboten werden, eine *gemeinsame Bestandsaufnahme* durchzuführen, wobei Hinweisen auf notwendige Kriseninterventionen vorrangig nachzugehen ist. Erst auf dieser Basis kann dann geprüft werden, welche Möglichkeiten für eine Zusammenarbeit bestehen. Als Arbeitsbündnis mit Orientierung am Case Management sollten die vorläufigen Ergebnisse dieser Anfangsphase festgehalten werden, bevor mit der eigentlichen „Hilfe" begonnen wird.

Der Verwirklichung dieser Vorgehensweise steht nun aber ein Reaktions-muster im Wege, das in einer Vielzahl von Varianten immer wieder zu be-obachten ist.

Beispiel 65: (Der Kl schildert, dass seine Ehefrau ihm ihren im gleichen Haus wohnenden Bruder als Vorbild darstellt und ihn kritisiert, dass er zu wenig für das Studium tut. Der Bruder ist ein „Arbeitstier" und ent-sprechend erfolgreich bei Prüfungen. Gegen diesen Hinweis seiner Frau kann der Kl nichts anführen.)

Kl: ... da hab ich Schwierigkeiten gegen anzukommen ... Dann sagt sie: „Hier guck mal (Name), ne?" So heißt mein Schwager, ne? „Der tut wat und der schreibt immer gute Klausuren und der hat auch alle bestanden" und so, ne? Ja, und da soll ich mal wat gegen sagen, ne? Kann ich ja ... schlecht gegen argumentieren, ne?

SA: Hm. Also da fällt mir auch ... irgendwie so kein guter Rat ein. Aber ich denke mir, aber vielleicht ist Ihre Frau auch in der Lage zu erkennen, dass jeder Mensch so seine eigene Persönlichkeit hat und so auf seine eigene Art und Weise ... aber es ist schwer, natürlich, wenn in unmittel-barer Nähe so ein ... so einer lebt und dann Sie dagegen ... und wie gehe ich damit um, ne? (Quelle: Gespräch 12)

Deutlich ist zu erkennen, wie die Sozialarbeiterin unter dem Druck steht, „einen guten Rat" zu geben. Sie bedauert, dass ihr hier nichts einfällt, was dem Klienten weiterhelfen könne.

In den meisten Fällen fällt Sozialarbeitern zu Problemen aber durchaus et-was ein. Es ist nicht verwunderlich, dass sie angesichts der Notlage ihrer Klienten ihr *Wissen aktivieren* und in das Gespräch einbringen:

Beispiel 66: (Frauengleichstellungsstelle)

Kl: Ja, es geht mir darum, über die Aufstiegsmöglichkeiten der Frauen im Beruf ... und zwar bin ich Sozialarbeiterin im Jugendamt und habe einen Kollegen. Wir haben gleichzeitig angefangen zu arbeiten. Ich bin jetzt drei Jahre dabei, und er hat eigentlich die Möglichkeit ... ja, aufzu-steigen und ich nicht. Und ich meine, ich bin genauso qualifiziert wie er. Das ist total witzig irgendwie, weil die Männer teilweise ... ja, unter be-setzt sind im Amt und dass die dann ausgerechnet gleich an die höheren Positionen kommen.

SA: Hm.

Kl: Das find' ich irgendwie total ungerecht.

SA: Das ist ja meistens im Studium auch schon so. Dass viele Frauen eben Sozialarbeit studieren und Sozialarbeiterinnen dann auch werden und dass es auch relativ wenig Männer gibt, die Sozialarbeit studieren und trotzdem dann hinterher dieses Ungleichgewicht, dass die dann schneller höhere Positionen kriegen als zum Beispiel Sozialarbeiterinnen oder so.

Kl: Hm

SA: Gerade wie Sie das auch ansprachen, wenn es um Aufstiegsbewerbung geht.

Kl: Ja warum, warum ist das so? Warum bekommen Männer bessere Möglichkeiten, den Aufstieg zu machen. Warum Frauen nicht auch?

(Hier reagiert die Klientin auf die vorherige Belehrung, indem sie jetzt eine Erklärung haben möchte. Sie lässt sich also auf diese Ebene ein, nachdem sie vorher das Problem als ein ganz persönliches Problem eingeführt hat.)

SA: Ja, vielleicht liegt das mit an dieser ganzen Organisation, die eigentlich immer schon vorgeherrscht hat ... (Quelle: Gespräch 32)

Deutlich reagiert hier die Sozialarbeiterin auf das individuelle persönliche Problem einer Klientin als Expertin und wird daraufhin von der Klientin auch in dieser Funktion angesprochen. Das, was die Sozialarbeiterin äußert, ist als Hintergrundwissen für das Problem ungleicher Chancen zwischen den Geschlechtern sicherlich nützlich. Auf den Umgang mit Wissen, Hypothesen usw. in Erstgesprächen wird an anderer Stelle noch näher eingegangen (siehe Abschnitt 5.5). Schon hier jedoch ist zu sehen: das bloße Mitteilen von (vermeintlichen) Kenntnissen hilft offensichtlich wenig bei dem eigentlichen Ziel, gemeinsam herauszufinden, wie das Problem bei dieser einen Klientin beschaffen ist und was in diesem einen Fall getan werden kann.

Eine andere Variante des Umgehens mit den Problemen von Klienten besteht darin, die offensichtlich von ihnen erwünschte *Funktion des „Beratens"* im alltäglichen Sprachsinn zu übernehmen. Wie problematisch dies ist, kann am folgenden Beispiel abgelesen werden:

Beispiel 67: (Ein 17-jähriger Mann berichtet in einer Beratungsstelle über Schwierigkeiten in seiner Lehre als Einzelhandelskaufmann. Im Laufe des Gesprächs wird eine sehr starke Abhängigkeit von der alleinstehenden Mutter deutlich, die ihn darin hindert, befriedigende Kontakte zu Gleichaltrigen aufzunehmen.)

SA: Es ist ein Konflikt für Sie: Einerseits möchten Sie gerne raus, mit anderen Freundschaften schließen ...

Kl: Ja.

SA: ... andererseits möchten Sie sich mit Ihrer Mutter keinen Ärger einhandeln.

Kl: Ja.

SA: Kann man das so sagen?

Kl: Ich glaub' schon, dass das richtig ist.

(Hier hätte man noch kurz prüfen können, ob noch andere Zustandsräume belastet beziehungsweise wo gegebenenfalls Stärken und Ressourcen sind, um dann in gemeinsame Überlegungen einzutreten, wie man an diesem Problem arbeiten will. Stattdessen fühlt sich die Sozialarbeiterin offensichtlich unter dem Druck, „zu beraten".)

SA: Hm. Tja, jetzt weiß ich im Moment auch nicht so recht, was ich dazu sagen soll. Also ich denk' schon, dass es für jemanden, einfach für jeden Menschen wichtig ist, Beziehungen zu anderen Menschen zu haben. Es ist einfach zu wenig, wenn man nur immer mit seiner Mutter zusammenlebt. Und Sie merken das ja auch selbst. Sie fühlen sich nicht wohl. Und ich denk', da müssen Sie selber vielleicht denn auch mal 'ne Entscheidung treffen für sich.

Kl: Also, soll ich denn mehr auf die Leute zugehen ... auch?

SA: Ja. (Quelle: Gespräch 19)

Hier wird deutlich, dass der Klient bereitwillig die Autorität der Mutter durch die Autorität der Sozialarbeiterin ersetzt. Gerade in dieser Problemkonstellation einer stark unterentwickelten Eigenständigkeit des Klienten durch die zu starke Abhängigkeit von der Autorität der Mutter muss es eher als kontraindiziert erscheinen, dem Klienten irgendwelche inhaltlichen Vorschläge zu machen.[178] Ziel müsste wohl eher folgendes sein: nämlich dass der Klient selbst lernt, ohne Anweisungen zu handeln. Genau hier könnten Vereinbarungen des Arbeitsbündnisses ansetzen. Dabei ist das, was die Sozialarbeiterin inhaltlich äußert, mit großer Wahrscheinlichkeit zutreffend. Nur hilft das nicht nur nichts, sondern schadet möglicherweise noch, indem es das vorliegende Problem noch verstärkt.

Mit den belastenden Problemen von Klienten konfrontiert zu werden, als Experten um Rat gefragt zu werden, häufig über Informationen, Kenntnisse und Erfahrungen zu derartigen Problemen zu verfügen und Ideen für ihre Lösung im Kopf zu haben, wie man es selbst in derartigen Situationen machen würde, stellt offensichtlich eine schwer zu widerstehende *Versuchung dar, inhaltliche Vorschläge zu machen:*

Beispiel 68: (der Kl hat sich für sechs Klausuren in diesem Semester angemeldet. Jetzt fürchtet er, dass bei Prüfungsversagen seine Ehefrau wieder nörgeln und ihn damit empfänglich für eine andere Frau machen könnte.)

SA: Ja, vielleicht versuchen Sie mal, ... Ihrer Frau so die ganze Studienangelegenheit ... darzustellen, ja? Dass sie da eventuell schon einen Schritt da vorbereitet ist, ne? Denn ich seh' das so, wenn sie jetzt damit rechnet, dass Sie die sechs Sachen bestehen, ne?

Kl: Ja.

SA: ... und Sie sie nicht bestehen, dann entsteht wieder ein Konflikt, ne? Also ich denke mir ... oder wie meinen Sie das? Wäre das für Sie vielleicht eine Möglichkeit?

(im gleichen Gespräch heißt es an anderer Stelle:)

SA: Also das einzige ... was heißt einzige ... das Problem ist jetzt so dieses Druckmachen während ... im Bezug zum Studium und dann Ihre Angst so, sagen wir mal, in Bezug auf das eine Erlebnis, das sie da hatten, dass das vielleicht ... also Sie suchen es nicht ganz bewusst oder streben es nicht an.

Kl: Nee.

SA: Nur aus so 'nem Rückzug, jetzt sagen wir mal Trotz oder so, ja? Jetzt mach' ich was, ne?

Kl: Hm.

SA: Also ich fänds ganz wichtig, dass Sie mit Ihrer Frau, also, die Situation entschärfen, ja? Über ein Gespräch, ja? Und halt sich so mal öffnen und sagen: „Weißt Du was, das und das, das bereitet mir Schwierigkeiten, wenn Du mir dann sagst: 'Die Prüfungen und so', dann gehe ich schon mit Angst in die Prüfung rein (davon war bisher von Seiten des Klienten nicht die Rede; H.D.K.) und dann, wie es so manchmal halt ist, die Angst macht einen ja auch irgendwie kaputt, dass man dann schon unter so extremen Bedingungen dann automatisch vielleicht die Prüfung jetzt, sagen wir mal, falsch schreibt oder was ... ?" (Quelle: 12)

Die kursiv gesetzten Stellen lassen deutlich erkennen, wie diese Reaktion inhaltlich entstanden ist: die Sozialarbeiterin ist mit Eifer bemüht „zu helfen". Sie hört in sich hinein und fragt sich, was sie in einer derartigen Situation gemacht hätte. Dabei assoziiert sie offensichtlich eigene Erfahrungen, die aber zum Teil gar nicht auf die Situation des Klienten übertragbar sind. So spricht sie plötzlich von Prüfungsangst, von der der Klient vorher nie geredet hat. Die Lösungen, die der Sozialarbeiterin geeignet erscheinen, sind mit großer Wahrscheinlichkeit nicht auf den Klienten übertragbar. Allemal wird bei dieser Vorgehensweise nicht eine Bestandsaufnahme gemacht und gar nicht ein Arbeitsbündnis vorbereitet oder Vertrauen gefördert, sondern vielmehr versucht, auf unzulänglicher Grundlage schon nach kurzer Zeit in der ersten Begegnung die Probleme zu bearbeiten, indem man direkt aus der eigenen Lebensvorstellung erwachsene Lösungen vorschlägt.

Die *Übertragung der eigenen Problemlösungsstrategien* auf die Probleme der Klienten liegt besonders nahe bei Problemen, die große Betroffenheit auslösen, und bei Klienten, mit denen man sich über ähnliche Erfahrungen besonders gut identifizieren kann. Noch problematischer ist das Vorschlagen von Lösungen dann, wenn man als Helfer schon von vornherein eine festgelegte Meinung zu einem Problem hat, wie etwa bei einer grundsätzlich ablehnenden Haltung zum Schwangerschaftsabbruch. Das folgende Beispiel steht für eine derartige Ausgangssituation und stellt zugleich eine besondere Variante des Reagierens auf Probleme in Form von Fragen dar, *die mehr oder weniger versteckt Vorschläge* enthalten. Für diese Vorgehensweise scheinen Berufsanfänger besonders anfällig zu sein:

Beispiel 69: (In einer Stelle für Schwangerschaftskonfliktberatung: Deutlich ist, dass die 16-jährige schwangere Kl eher abtreiben will, große Schwierigkeiten mit den eigenen Eltern und deren Erziehungsmethoden hat. Wenn die Abtreibung nicht geht, will sie das Kind auf jeden Fall behalten. Das war schon bei einer vorangegangenen Gesprächsphase über die Möglichkeit einer Unterbringung in einer Pflegefamilie deutlich herauszuhören. Ebenfalls deutlich erkennbar ist, dass die SA einem Abbruch grundsätzlich negativ gegenübersteht.)
SA: Und ... haben Sie schon mal an Adoption gedacht?
Kl: Will ich nicht. Wenn ich das Kind austrage, dann will ich's auch haben. (Quelle: Gespräch 05)

Im Grunde ist die Frage an eine konfliktzerrissene schwangere junge Frau, ob sie schon einmal an Adoption gedacht habe, ziemlich „unverfroren", denn eine Frau in einer derartigen Notsituation wird sich natürlich diese und ähnliche Fragen mit großer Sicherheit selbst gestellt haben – dazu braucht man nicht Soziale Arbeit studiert zu haben. Interessant ist, dass die Antwort auch gar nicht eine Antwort auf diese Frage ist, sondern eine Antwort auf die tatsächlich gemeinte Frage: „Ich schlage Ihnen eine Adoption vor, was halten Sie davon?" – Ein ähnliches Muster im gleichen Gespräch weist die folgende Passage auf, der Tonfall der Klientin wird dabei zunehmend gereizt und ungeduldig:

> *Beispiel 70*: (aus dem gleichen Gespräch von Beispiel 69)
> SA: Und das wär keine Möglichkeit für Sie, wenn Sie die Lehrstelle nach Beendigung der Schwangerschaft ... also wenn Sie das Kind bekommen haben, doch eine Lehrstelle ... – (Kl unterbricht)
> Kl: Wo soll ich denn hin mit dem Kind? Ich kann das doch nicht alleine lassen, wenn es so klein ist.
> SA: Sie hatten gerade erwähnt, dass Ihre Mutter also eventuell Zeit haben könnte ... (Kl unterbricht wieder)
> Kl: Nee, das geht nicht.
> SA: Das kommt also für Sie überhaupt nicht ... – (Kl unterbricht)
> Kl: Die würde mein Kind total streng erziehen und immer nur mit schimpfen, und das will ich nicht. (Quelle: Gespräch 05)

Auch andere Beispiele belegen dieses häufig beobachtbare Reaktionsmuster: der Klient hat ein Problem geschildert, der Sozialarbeiter fühlt sich unter Druck, *Lösungshilfen* anzubieten, will aber nicht direkt Vorschläge machen, so dass diese *in der indirekten Form von Fragen („Vorschlagsfragen")* ans Tageslicht kommen:

> *Beispiel 71*: (Die Kl möchte die Kombinierbarkeit von Studium und Kindesversorgung erreichen.)
> SA: Ihr Partner ist ja auch noch da, nech? Wie wär' das denn, wenn Sie sich die Aufgabe teilen würden? Wie steht er denn dazu? (Quelle: Gespräch 18)

Die Zielrichtung der Frage ist nachvollziehbar: die Einstellung des Partners und die Art der Auseinandersetzung zwischen Klientin und Partner sind ohne Frage wichtig für die Erhellung des Problems. Statt aber die aus der Einstellung und Lebensauffassung der Sozialarbeiterin herrührende Vorschlagsfrage zu stellen, wäre es für die Bestandsaufnahme besser, ohne Vorgaben danach zu fragen, wie die Klientin die derzeitige Situation sieht, beispielsweise so:

SA: Sie haben gesagt, dass Ihr Mann und Sie sich auf das Kind freuen. Als Sie dann angefangen haben, über die Zeit nach der Geburt zu reden, wie sah das aus, wie ist da heute der Stand Ihrer Überlegungen und die Ihres Mannes?

Manchmal kann an den Reaktionen der Klienten auf Vorschlagsfragen die Wirkung abgelesen werden. Dadurch, dass diese versteckten Vorschläge meist eher mit der Situation der Sozialarbeiter als mit der der Klienten zu tun haben, können letztere häufig nichts mit ihnen anfangen, sind teilweise sogar irritiert:

Beispiel 72: (Die Kl ist seit drei Wochen verwitwet, sie hat Schwierigkeiten im Haushalt, aber auch noch nicht den Verlust ihres Mannes verwunden.)
SA: Oder haben Sie schon mal daran gedacht, 'ne Haushaltshilfe auch zu nehmen?
Kl: Naja, das kann ich mir nicht erlauben ...
SA: ... finanziell nicht? (Quelle: Gespräch 17)

Diese Frage entstammt deutlich dem Denkhorizont einer Mittelschichtangehörigen, die sich offensichtlich noch nicht der Situation ihrer Klientin ausreichend genähert, beziehungsweise sich für sie nicht ausreichend interessiert hat: gibt es Schwierigkeiten, nimmt man bezahlte Hilfe in Anspruch. Im Vordergrund steht eine im eigenen Denken wurzelnde Lösung, ohne das Problem der Klientin bisher genügend erkannt zu haben. Für die Lebenswelt der Klientin kommen derartig finanziell aufwendige Lösungen meistens nicht in Frage.

Beispiel 73: (Kl, Mutter eines adoptierten Jungen, berichtet, dass das Kind nichts von der Adoption weiß, andererseits in der Schule Gerüchte über seine Adoption umlaufen.)

SA: Meinen Sie nicht, dass es dann, wenn er da schon Probleme hat, wenn da von außen Probleme herangetreten (sic) werden oder herantreten an ihn: „Du bist adoptiert" oder so, dass man dann mit ihm darüber sprechen sollte?

Kl: Ja, ich meine aber nicht, dass das so ... dass das jetzt schon der Zeitpunkt ist, ne? (Quelle: Gespräch 22)

Hier wäre wichtig, die Sichtweise der Klientin kennenzulernen, welche Vorstellungen sie hat, welche Hoffnungen und Ängste sie mit der Adoption verbindet, was nach ihrer Meinung der richtige Zeitpunkt für Gespräche mit dem Jungen über die Adoption sind.

Beispiel 74: (Kl befürchtet, der Erholungswert der anstehenden Therapie sei schnell wieder weg, wenn sie in die Wohnung zurückkommt und alles ist beim alten – gemeint ist offenbar: der sie nervende Sohn ist immer noch da.)

SA: Und haben Sie schon mal überlegt, aus der Wohnung auszuziehen? Wenn zum Beispiel Ihr Sohn jetzt ins Heim kommt oder in 'ne Pflegefamilie kommt oder wenn ... je nachdem was mit Ihrem Sohn jetzt passiert?

Kl: Was hat das denn mit Ausziehen zu tun? Also die Wohnung gefällt mir so ganz gut.

SA: Ja, aber ...

Kl: Ich bin da ja mit meinem Mann ...

SA: Und das Zusammenleben mit Ihrem Mann, das möchten Sie auch weiterhin?

Kl: Das gefällt mir nicht, aber der gibt mir Geld. Und der stört mich auch nicht, wenn der da ist, ne? (Quelle: Gespräch 30)

An der Reaktion der Klientin ist deutlich zu erkennen, wie deplatziert sie die Frage und den in der Frage versteckten Vorschlag der Sozialarbeiterin einschätzt.

Beispiel 75: (Kl berichtet über gravierende Schwierigkeiten als Lehrling mit seinem Monteur.)
SA: Haben Sie schon mal mit dem Monteur geredet? ... oder mal versucht, zu reden?
Kl: Geht nicht ... hat keinen Zweck ... (Quelle: Gespräch 06)

In den letzten Beispielen sind deutlich typische *Projektionen des eigenen Vorgehens* zu erkennen. Das muss in jedem Fall schlecht sein. Wenn der in eine Frage eingekleidete Vorschlag eine für den Klienten mögliche Lösung darstellt, ist er mit großer Sicherheit schon selbst drauf gekommen. Wenn er keine für den Klienten mögliche Lösung enthält, fühlt er sich nicht verstanden oder kommt vielleicht auf die Idee, dass dieser Vorschlag, weil von einem Experten kommend, richtig sein muss.

Die in den Kommentaren zu den angeführten Beispielen zum Ausdruck kommende Kritik soll nicht als billige Besserwisserei missverstanden werden. Dass angehende Sozialarbeiter angesichts der Konfrontation mit vielfältigen und schwierigsten Problemen oftmals verzweifelt nach Hilfen suchen, ist ein nur zu verständlicher Ausdruck einer stark ausgeprägten Hilfsbereitschaft. Es ist genau diese Art der Hilfe, wie wir sie im Privatleben praktizieren und auch schätzen, weil sie Solidarität und Anteilnahme zum Ausdruck bringt: Freunde berichten von Problemen, wir überlegen, was wir an ihrer Stelle machen würden und wir zeigen entsprechende Reaktionen, in Form von Vorschlägen oder Vorschlagsfragen. Genau dieses Muster erweist sich aber als um so erfolgloser, je größer die soziale Distanz zwischen problemsuchender (=Klient) und lösungnahelegender Person (=Sozialarbeiter) ist, zumal dann, wenn diese Art des Beistehens schon von den Personen des sozialen Netzwerks der Klienten – wahrscheinlich ohne Erfolg – versucht wurde. Wenn Klienten mit Sozialarbeitern zu Erstgesprächen zusammenkommen, kann dies auch als Ausdruck dafür interpretiert werden, dass die privaten Hilfen aus dem sozialen Netzwerk für die Behebung der anstehenden Probleme versagt haben.[179] Die *Hilfe der Sozialarbeiter muss also anders als die von Privatpersonen ausfallen.*[180]
Wenn Belehrungen und „Beratungen" als typische Ausdrucksformen privater Hilfeleistungen im beruflichen Setting von Erstgesprächen wenig erfolgversprechend sind, muss es offensichtlich darauf ankommen, diese besonders für Berufsanfänger[181] naheliegende Form der Hilfe durch andere Vorgehensweisen zu ersetzen. Beratung in Erstgesprächen kann offensichtlich nicht mit „Ratgeben" gleichgesetzt werden.[182] Die *Hilfe der Sozialarbeiter*

117

in Erstgesprächen sollte vielmehr darin bestehen, dass die *Klienten ihre Lebensumstände* in einer Art und Weise darstellen können, die die Aussicht eröffnet, die *vorhandene Situation anders als bisher zu sehen*: nämlich vollständiger und systematischer als dies in den Gesprächen mit den Personen des sozialen Netzwerks oder in Selbstgesprächen (innerer Dialog) geschehen kann. Die Sozialarbeiter als „Fremde" haben die Chance, den in ihren Problemen verstrickten Klienten andere Gesprächspartner zu sein als alle Privatpersonen, mit denen die Klienten bisher ihre Situation besprochen haben. Sie wissen zunächst nichts, können aber plausibel geltend machen, die Gesamtsituation der Klienten gründlich kennen zu müssen, um sich gemeinsam mit ihnen auf die Suche nach Lösungsmöglichkeiten begeben zu können. Aus dieser Grundkonstellation heraus ergibt sich für die Sozialarbeiter das genaue Gegenteil von „Rat geben" und Belehren: nämlich eine *Haltung der Neugier und des Lernenwollens.*[183] Diese Haltung – angemessen in Verhalten übersetzt – gibt den Klienten die Chance, ihre Lebensumstände neu darzustellen und selbst neu zu sehen, da sie sie jetzt für einen anteilnehmenden Fremden umfassend und systematisch darstellen. Diese neue und ungewohnte Form der Darstellung allein kann schon klärende und „behandelnde" Wirkung haben. Indem die Klienten in dieser umfassenden und systematischen Form ihre Situation für den fremden Gesprächspartner schildern, hören sie sich selbst zu und schaffen eine klärende Distanz zu sich selbst.[184] Die Notwendigkeit für eine derartige „Veräußerung" innerer Zustände kommt im folgenden Gesprächsausschnitt gut zum Ausdruck:

Beispiel 76:

Kl: Also ich überleg' ja auch so, ne? Aber überall wo ich überlege, finde ich ... finde ich ganz schnell Gründe ... Ja, was heißt Gründe, ich merk' ganz schnell, hier kannst Du ja... nichts Entscheidendes ändern, ne?
(ähnlich etwas später, nach längerer Pause:)
Kl: Ja, ich komm' da nicht raus, ne? Ich wälz' Gedanken, ne? Und überlege hier und da und dort und vielleicht hab' ich da 'n bisschen mehr Zeit, aber das nächste Wochenende ist zu, da ist 'ne Fortbildung, und das übernächste Wochenende muss ich mich um die Familie kümmern, weil letztes Wochenende war schon irgendwas, weswegen es nicht geklappt hat und ... naja ... (unverständlich) ... Nicht mal so 'ne Nische, so 'ne kleine Möglichkeit, ne? (Quelle: Gespräch 23)

Für Erstgespräche in der sozialen Einzelhilfe ergibt sich nach diesen Überlegungen folgende Aufgabenstellung im Hinblick auf die professionelle
Hilfe: grundsätzlich können Sozialarbeiter in Erstgesprächen mit allen nur
denkbaren Hilfeanforderungen konfrontiert werden. Dies stellt größte Anforderungen an ihre Flexibilität. Die Schwierigkeit dieser Ausgangslage
wird allerdings dadurch etwas reduziert, dass vor Beginn der Erstgespräche
in den meisten Fällen schon Vorinformationen über die Art der Probleme
vorliegen, selbst wenn diese nicht zuverlässig und richtig sein müssen. Besonderes Augenmerk muss auf alle Signale gelenkt werden, die auf unmittelbaren und direkten Handlungsbedarf im Sinn der Abwendung einer dro-
henden Gefährdung hinweisen. Für diese Situationen und für Situationen,
in denen es lediglich um kurzfristige und punktuelle Aufgabenstellung
geht, gelten andere Regeln als für die quantitativ bedeutsameren übrigen
Erstgesprächssituationen, auf die hier eingegangen wird. Für diese Gespräche gilt, dass kein unmittelbarer direkter Handlungsbedarf im Sinn einer
Krisenintervention besteht, was nicht mit einer geringeren Brisanz der anstehenden Probleme gleichgesetzt werden darf. Was die vorhandenen Probleme der Klienten angeht, ist mit einer über die betroffenen Personen hin-
ausreichenden Verursachung sowie mit einer Verzahnung vielfältiger Problemlagen zu rechnen. Vor dem Zusammentreffen mit Sozialarbeitern
haben die Klienten in aller Regel bereits vielfältige Versuche zur Problemlösung auf Privatinitiative unternommen. Die auf eigene Initiative zustande
gekommene Begegnung mit Sozialarbeitern oder die nach entsprechenden
„Auffälligkeiten" auf gesetzlicher Grundlage durch Sozialarbeiter initiierte
Begegnung mit Klienten kann demnach auch als Ausdruck des Versagens
der privaten und persönlichen Hilfemöglichkeiten der Klienten angesehen
werden. Die Klienten sind dabei häufig so sehr in ihre Probleme verstrickt,
dass sie von sich aus keine Lösungsmöglichkeiten mehr erkennen können.
Die Sozialarbeiter hingegen sind in Einrichtungen mit bestimmten Auf-
tragsprofilen und institutionellen Rahmenbedingungen als Arbeitnehmer
mit einer bestimmten beruflichen Identität tätig. Für sie ist es wichtig, die
auf sie einstürmenden Probleme ihrer Klienten, ihre eigene Auffassung
über ihr berufliches Tun sowie die Anforderungen im Rahmen der Dienststelle in ein tragfähiges Gleichgewicht zu bringen. Dies gelingt nach der
hier vertretenen Sichtweise am ehesten dadurch, dass an die Stelle der –
verständlichen aber wenig Erfolg versprechenden, zum Teil sogar schädli-
chen – Hilfeform des „Ratgebens" oder der Belehrung die *Aufgabenstellung der Klärungshilfe*[185] gesetzt wird. Im Hinblick auf den Versuch, eine
gemeinsame Perspektive für die Bearbeitung der anstehenden Probleme zu
finden, ist es für den Sozialarbeiter notwendig, sich ein umfassendes Bild

von der Lebenssituation der Klienten zu machen. Für die Klienten eröffnet die Darstellung der eigenen Situation für einen akzeptierenden Fremden zugleich die Chance, ihre Lebenssituationen in neuem Licht zu sehen. Von dieser Perspektive unbenommen ist die Funktion der Erstgespräche, bei Bedarf zu informieren, über eigene Rechte aufzuklären etc. Aufgabe der Sozialarbeiter in Erstgesprächen dieser Art ist es demnach, den Klienten zunächst dabei zu helfen, ihre Situation in einer bilanzierenden Bestandsaufnahme umfassend und systematisch darzustellen. Jede darüber hinausgehende Hilfe kann erst auf der Grundlage des dabei zu entwickelnden Arbeitsbündnisses erfolgen. Den Konsequenzen und Überlegungen, die sich aus dieser Auffassung des Helfens in der Erstgesprächssituation ergeben, sind die weiteren Ausführungen gewidmet.

5.2 HELFEN: AUSSCHLUSS NICHT ERFÜLLBARER FORDERUNGEN

Die Zielsetzung, ein Arbeitsbündnis dadurch vorzubereiten, dass der Sozialarbeiter versucht, sich die Situation des Klienten zu veranschaulichen, und der Klient dabei selbst einen neuen Blick auf seine Lage wirft, schließt notwendig andere Ziele aus. Dies wurde schon deutlich, indem Belehrungen und Beraten in Form von Ratgeben als mögliche Ziele verworfen wurden. Die Vorbereitung des Arbeitsbündnisses dient aber außerdem dem Zweck herauszufinden, in welchen Bereichen welche Hilfen möglich erscheinen und damit zugleich, für *welche Bereiche Sozialarbeiter Hilfen verweigern* müssen.[186] Dieses Aushandeln an Stelle der ungefragten Unterbreitung von Hilfemöglichkeiten enthält die Chance für Sozialarbeiter, ihre Einbindung in bürokratische Organisationen und ihre vertretbaren persönlichen Eigeninteressen (siehe Abschnitt 2.3.2) offen in den Austausch mit den Klienten einzubringen und auf diese Weise ihr Verhalten durchschaubarer und nachvollziehbarer zu machen.

Beispiel 77:
SA (äußert Verständnis für schwierige Situation der Kl, fährt fort): ... Ich sehe, dass Sie sich unsicher sind .., und die Entscheidung letztendlich, ob Sie das Kind abtreiben oder nicht, die kann ich Ihnen nicht abnehmen.
Kl: Hm.
SA: Ich kann Ihnen nur helfen, sich bewusster darüber zu werden, über Ihre Gefühle und über Ihre Motivation, ja, möchte ich das Kind oder möcht ich es nicht, abzuwägen, ne? Was ist Ihnen wichtig, ne? Dieses

Kind oder ... beziehungsweise was belastet Sie mehr, ne? Ein Kind zu bekommen oder dieses Kind abzutreiben, ne?
Kl: Ja.
SA: Ich denke mir, das ist 'ne wichtige Sache ... worüber Sie sich klar werden müssen, ne?
Kl: Ja, ja, dann werd ich darüber noch mal nachdenken.
SA: Also, vielleicht ist es auch ganz sinnvoll, wenn Sie das in Anspruch nehmen möchten, Sie können auch gern noch mal mit Ihrem Partner hierher kommen.
Kl: Ja, das würde ich gern machen ... (Quelle: Gespräch 13)

Das Beispiel zeigt, wie die Sozialarbeiterin versucht, der Klientin zu verdeutlichen, was sie nicht leisten kann (ihr die Entscheidung abnehmen), aber auch worin ihre Hilfe bestehen könnte (im Gespräch die Gefühle und Motive besser erkennen).

Beispiel 78: (Ein junger Mann mit Problemen in seiner Lehrstelle äußert im Laufe des Gesprächs den Wunsch, die SA solle ihm durch Hypnose helfen. Dies lehnt die SA entschieden ab mit der Begründung, dass der Kl selbst mithelfen müsse, während ihre Aufgabe zunächst nur darin bestehen könne, zuzuhören. Sie macht geltend, auf diese Weise herausfinden zu können, was er eigentlich wolle. Wörtlich darauf:)
SA: Ich biete Ihnen an, zuzuhören. (Quelle: Gespräch 06)

In dem Wunsch des Klienten kommt die verständliche Erwartung zum Ausdruck, der Sozialarbeiter als Experte möge wie ein Arzt mit Hilfe einer bestimmten Technik die vorhandenen Probleme aus der Welt schaffen. Hier ist es ganz offensichtlich notwendig zu verdeutlichen, was geleistet und was nicht geleistet werden kann. Damit wird ersichtlich, dass Sozialarbeiter manchmal ihren Klienten gerade dadurch helfen müssen, dass sie die von ihnen eingeforderten Hilfen verweigern. Dies darf natürlich nicht willkürlich geschehen, sondern bedarf einer Begründung, die den Klienten vermittelt werden kann. Bei Hilfeverweigerungen muss es sich um *reflektierte und begründbare Nicht-Interventionen* handeln.[187]

Beispiel 79: (Kl will verhindern, dass seine schwangere Freundin das erwartete Kind abtreiben lässt. Er sucht dafür Unterstützung bei der SA. Diese nimmt die Gefühle des Mannes durchaus Ernst, lässt sich aber nicht vor seinen Karren gegen die Interessen der Freundin spannen.)
SA: ... Also, ich habe selber damit Schwierigkeiten ...
Kl: Ja, aber Sie arbeiten doch jetzt hier ...
SA: Also, wenn Sie jetzt sagen, Sie wollen Informationen haben, um was zu verhindern,
Kl: Hm.
SA: ... dann ist das für mich jetzt erst mal schwierig, ... also ich wehre mich dagegen, Ihnen Informationen ... zu geben, weil ich das nicht o.k. finde, dass Sie ... dann nach Hause gehen damit, und sagen: „So jetzt hab ich ... jetzt weiß ich wo... wo ich Bescheinigungen her krieg' ... äh ... und damit ist das dann geregelt. Ja?"
(Etwas später versucht der Kl noch einmal, die SA zu einem „Deal" zu bewegen: Sie soll die für eine Abtreibung notwendige Bescheinigung für die Freundin nicht ausstellen, wenn sie vorbeikommt. Dies bezeichnet er etwas später als „Mitspracherecht")
SA: Also, ich denk, wenn Sie sagen, irgendwie: ich soll was nicht ausfüllen, wenn sie kommt, ich denke ... oder ich hab den Eindruck, dass Sie derartig verschiedene Meinungen haben, dass ich Sie nicht zusammen sehen kann, ... Ich kann mir Ihre Sache anhören, und ich kann, wenn Ihre Freundin kommt, mir ihre Sache anhören, aber ich kann Ihnen sagen, dass ich, ... Vorschläge von Ihnen nicht annehmen kann, ... weil ich ... Ihre Freundin auch erst mal anhören möchte. Verstehen Sie, was ich meine? ... Ja, wenn Sie von Mitspracherecht sprechen, muss ich Ihnen ganz ehrlich sagen: Also ich hab' das Gefühl, dass Sie ... gar nicht mehr mitreden wollen, sondern, indem Sie, ... hier den Vorschlag machen, dass ich das jetzt für Sie regeln soll, dass sie halt nicht abtreibt, dass Sie also sie praktisch auch übergehen, ... (Quelle: Gespräch 11)

Deutlich wird an den Formulierungen – und in der Auswertung des Gesprächs durch die Sozialarbeiterin bestätigt – wie schwer es fällt, dem anwesenden Primärklienten etwas abzuschlagen. *Den vor einem sitzenden Klienten anzunehmen und seine Sichtweise zuzulassen, ihm aber inhaltlich nicht unbedingt zu folgen, gehört zu den wohl schwierigsten Anforderungen in Erstgesprächssituationen.* Am ehesten lässt sich dieser Balanceakt wohl verwirklichen, wenn es gelingt, einerseits Verständnis für die Wunschvorstellungen des Klienten aufzubringen und dies auch zu zeigen, andererseits die Gründe für die Ablehnung nachvollziehbar zu vermitteln. Gerade dann, wenn mangelnde Selbständigkeit oder zu große Abhängigkeit von anderen Autoritätspersonen Teil der anstehenden Problematik sind, muss die Erfüllung des Wunsches, nämlich dem Klienten zu sagen, was er machen soll, diese Problematik eher verstärken. Die Abwehr dieses Wunsches ist hier geradezu zwingend, um nicht eine Abhängigkeit durch eine neue zu ersetzen.

Beispiel 80: (Durch eine lange enge und ausschließliche Beziehung zu seinem Vater ist ein junger Mann nach dessen Tod in eine schwierige Situation geraten. Vieles deutet darauf hin, dass er danach sucht, dass – wie bisher – jemand ihm sagen soll, was er tun und lassen soll.)
Kl: Ja, was kann ich denn jetzt machen? Wo kann ich denn jetzt hingehen? Hast Du nicht 'ne Adresse für mich, so? Mit 'n paar Namen oder so, wo ich mal hingehen kann?
(und an anderer Stelle des gleichen Gesprächs:)
Kl: Ja, könntest Du denn zum Beispiel nicht mit mir da irgendwo hingehen oder was versuchen oder so?
SA: Dass ich mit Dir zum Schwarzen Brett gehe und gucke, wo Zimmer frei sind und ... (unverständlich)
Kl: Ja, vielleicht so, oder ich weiß ja nicht, vielleicht gibt's noch irgendwie 'ne andere Möglichkeit so?
SA: Ich würd' sagen, das kannst Du auch alleine ausprobieren.
Kl: Hm.
SA: Da mal anzurufen, da stehen ja meistens Telefonnummern bei.
Kl: Kann ich denn ... also ich kann das ja mal versuchen, ne?
SA: Das würd' ich sagen.
Kl: Aber wenn das jetzt nicht geht, dann komm' ich wieder.
SA: Kannst Du mal probieren. (Quelle: Gespräch 27)

In diesem Fall wehrt der Sozialarbeiter das Ansinnen des Klienten zunächst mit einer ironischen Gegenfrage ab, ohne dass der Klient die Ironie wahrnimmt („Dass ich mit Dir zum Schwarzen Brett gehe und gucke, wo Zimmer frei sind und ...?"), danach lehnt er es schroff ab, in dieser Form dem Klienten beizustehen („Ich würd' sagen, das kannst Du auch alleine probieren."). Dabei ist die bloße Weitergabe von Informationen (etwa Adressen) zu unterscheiden von der Erfüllung des Klientenansinnens, ihm zu sagen, was zu tun oder lassen ist (vgl. hierzu den Unterschied zwischen Informieren und Ratgeben unter 3.2.4).

123

Für Klienten mit großen Kontaktschwierigkeiten liegt es nahe, in Personen, die sich Zeit nehmen, mit ihnen zu reden, einen Ersatz für fehlende private Kontakte zu sehen. Im folgenden Beispiel 81 geht der Sozialarbeiter auf die Kontaktprobleme seines Klienten ein (es handelt sich um das gleiche Gespräch wie im vorhergehenden Beispiel 80) und bietet ihm das „Du" an, was vom Klienten auch mit Freude angenommen wird. Zunächst deutet einiges darauf hin, dass diese Anrede[188] es dem Klienten erleichtert, auch Schwieriges über sich zu erzählen. Danach wird aber auch deutlich, dass durch ein vorschnelles „Du" eher illusionäre Vorstellungen über das Entstehen vertrauter sozialer Kontakte geweckt werden:

Beispiel 81: (Der Kl hat von seinem Studium in (Name des Ortes) berichtet. Dort ist alles unpersönlich und man muss die Leute siezen. Vorher berichtet er, dass er allein mit seinem Vater zusammengelebt hat, der aber vor ein paar Tagen gestorben ist. Er hat keine Freunde.)

SA: Und ... soll ich 'Du' sagen dann ... nehme ich an?

Kl: Ja, fänd' ich schöner.

SA: o.k.

Kl: Also ich heiß' (Name).

SA: Hm. o.k. Ich bin der (Name).

Kl: Das ist schon viel schöner, wenn man sich so duzt. Dann hat man gleich ... (unverständlich)

SA: Ist 'ne viel bessere Atmosphäre, finde ich auch, auf jeden Fall.

Kl: Von da kann man ja unter Umständen auch mehr aufbauen, ne?

SA: Das kommt drauf an ... Wenn man das gern möchte. Erleichtert die Sache bestimmt.

Kl: Ja.

SA: Also, ich glaub', da hast Du Schwierigkeiten mit, so mit Freundschaften zu schließen und so, ne?

Kl: Das ist ... das ist 'n Problem. Weil, ich war ja auch immer zu Hause und ...

(Hier und im weiteren Verlauf wird immer wieder deutlich, dass der Kl das Duzangebot begierig als Beginn einer Freundschaft interpretiert. Zugleich wird sichtbar, wie naiv und unrealistisch er Beziehungen überhaupt einschätzt, abgeschirmt wie er bisher in seiner Beziehung zu seinem Vater gelebt hat. Andere Stellen (u.a.), in denen explizit das Duzen vom Kl angesprochen wird:)

Kl: ... Also ... mein Vater hat immer gesagt, früher, ... aber wir duzen uns ja jetzt, ne?

SA: Hm.

Kl: Das ist ja schon ... ist schon 'ne gute Basis, ne? ... also für 'ne Freundschaft oder so ... dann kann ich das ja ruhig erzählen jetzt ...

SA: Wenn Du willst.

Kl: (erzählt ihn peinigende Geschichte aus Jugend/Kindheit)
(Das Duzen fördert hier offensichtlich die Bereitschaft des Klienten, etwas auszusprechen, was für ihn bedrückend ist. Diese Bereitschaft zur Selbstenthüllung wird aber mit einem hohen Preis bezahlt; die Förderung

Kl: ... Ich würd' mir vorstellen, das kommt jetzt so alles mit der Zeit, ne? Ich bin irgendwo mit Leuten zusammen, die so in meinem Alter sind und meine Interessen haben. Und dann macht man so Radtouren und Wanderungen und so was und dann ... so auch wie wir jetzt: Du hast gleich gesagt, wir können uns duzen, weil, das macht ja auch nicht jeder, und das ist schon so der erste Schritt, und dann dauert's nicht mehr so lang, vielleicht so 'n halbes Jahr oder so 'n bisschen weniger. Und dann ist man vielleicht auch so weit, dass man irgendwie auch so Frauen und so kennenlernen kann. ...
(und etwas später:) ... Also, ich wusste auch nicht genau, ob ich jetzt hier hinkommen sollte, ne? Aber Du hast ja gleich gesagt, wir können uns duzen, das ist schon ganz schön für mich.

SA: Das wusstest Du vorher ja gar nicht.

Kl: Ja, habe ich aber so 'n bisschen gehofft. Sonst säß' ich vielleicht jetzt schon gar nicht mehr hier und wär' schon wieder gegangen, ne? Also ich könnt' mir schon vorstellen, dass ich ... also zu Dir könnt' ich schon Vertrauen haben.

(Und gegen Ende des Gesprächs: Kl will versuchen, eine Wohnung zu finden.)

Kl: Aber ich hab' ja auch Deine Telefonnummer vom Büro hier und wenn irgendwas ist, kann ich ja auch mal anrufen, wa?

SA: Das kannst Du machen.

Kl: Hm. hm. Aber das mit dem Duzen, das bleibt so, wa? Wenn ich Dich mal anrufe oder so, nicht dass Du nächste Woche oder wann wieder sagst: „Hier, Du musst jetzt 'Sie' sagen" oder so? (Quelle: Gespräch 27).

Einerseits sich den Klienten so weit anzunähern, dass ein Vertrauensverhältnis entstehen kann, andererseits die Grenzen der eigenen Hilfemöglichkeiten deutlich zu erkennen und dem Klienten nachvollziehbar zu vermitteln, ist sowohl für Klienten als auch für Sozialarbeiter von entscheidender

Bedeutung: für die Klienten, um sich vor falschen Hoffnungen zu schützen, für die Sozialarbeiter, um Überforderungen vorzubeugen. Das in den Erstgesprächen zu entwickelnde Arbeitsbündnis sollte demnach in Form realistischer Ziele und Wege diese Grenzen deutlich respektieren. Die Fähigkeit, nein sagen zu können, erleichtert in anderen Fällen die Möglichkeit, Hilfe zusagen zu können, weil Kräfte gespart werden, die anderenfalls vertan sind. Der haushälterische Umgang mit der knappen Ressource „qualifizierte Arbeitskraft" ist gerade auch durch eine bewusste Gestaltung realistischer Hilfeangebote und die dadurch bewusste Abwehr unrealistischer Forderungen zu verwirklichen.[189] Eine angemessene Vorstellung von der Art der zu leistenden Hilfe in Erstgesprächen unter Berücksichtigung der Grenzen der eigenen Hilfemöglichkeiten stellen eine solide Grundlage dar, um Erstgespräche zu führen und die daraus resultierenden Schritte des vereinbarten Hilfeprozesses einzuleiten.

In den nächsten Abschnitten werden weitere Fragen der inhaltlichen Gestaltung des notwendigen Klärungsprozesses in Erstgesprächen aufgegriffen.

5.3 AUSWÄHLEN: GEMEINSAMES ERMITTELN WICHTIGER THEMEN

Worüber soll in Erstgesprächen gesprochen werden? Besonders junge Sozialarbeiter machen häufig die Erfahrung, dass sie in den Gesprächen mehr mit der Frage beschäftigt sind, was sie als nächstes fragen könnten, als dass sie den Äußerungen der Klienten Aufmerksamkeit schenken.[190] Einige Gesichtspunkte der bisherigen Darstellung geben schon Hinweise darauf, dass dieses Problem weniger brisant sein dürfte, als es in der „Lampenfieber-Vorstellung" von Neulingen der Fall ist. Zum einen gibt es – wie schon gezeigt – Hinweise darauf, dass Klienten sich auf Gespräche mit Sozialarbeitern vorbereiten und direkt nach der Begrüßung ihr eng verschnürtes und komprimiert gepacktes Problempaket auf den Tisch der Sozialarbeiter legen. Es bedarf daher häufig keiner großen Anstrengungen, Klienten etwa durch kunstvolle Fragen zum Sprechen zu bringen. Dies gilt besonders für erbetene Gespräche; mit Abstrichen aber auch für angebotene und angeordnete Erstgespräche, wenn die Klienten das Angebot zu einer über die Pflichtaufgaben hinausgehenden Zusammenarbeit in autonomer Entscheidung angenommen haben. Der auf dem Sozialarbeiter lastende Druck, dem Klienten etwas sagen zu müssen, wird offensichtlich auch durch Vorstellungen verursacht, die aus einem falschen Hilfebegriff resultieren. Gelingt es, sich von diesem Druck zu befreien, im Erstgespräch schon die angesprochenen Probleme mit Rat oder Belehrung angehen zu müssen, wird Raum geschaffen für die intensive Zuwendung und Konzentration auf die Lebenssituation der Klienten. In den Erstgesprächen – von den erwähnten Ausnahmen abgesehen – geht es „nur" um die Abklärung der Lebenssituation der Klienten mit dem Ziel, die Notwendigkeit, die Möglichkeiten und die Grenzen einer Zusammenarbeit (bei Zusammenspiel mehrerer Personen: im Sinn eines Case Managements) zu prüfen und in einem Arbeitsbündnis festzulegen.

Trotz dieser entlastenden Voreinschätzung bleibt das Problem der Gestaltung des Erstgesprächs komplex genug. Gerade dann, wenn Klienten mit einem kompakten Bündel ineinander verknoteter Probleme auf die Sozialarbeiter zukommen, muss *entschieden werden, wovon die Rede sein soll*, da nicht gleichzeitig über alles gesprochen werden kann. Eine Bestandsaufnahme kann nie alle Lebensbereiche in ihren gegenwärtigen Ausprägungen und mit ihren Vorgeschichten in gleicher Intensität berücksichtigen, sondern muss sich auf bestimmte *Schwerpunkte* konzentrieren, die aber offensichtlich von Fall zu Fall anders aussehen müssen. Die Fragen nach einer *sinnvollen Auswahl der Themen und ihrer Prioritäten* lassen sich dabei nicht nach Gesichtspunkten beantworten, wie sie die empirische Sozialforschung mit ihren Stichprobentechniken bereithält.[191] Auch Versuche, die Auswahl der Themen durch standardisierte Erhebungsverfahren, etwa durch Anamneseschemata, vorab festzulegen und dadurch den Sozialarbeitern die Schwierigkeit der Themenauswahl abzunehmen, erscheinen angesichts der festzustellenden Problemvielfalt und Unterschiedlichkeit jedes einzelnen Falls allenfalls in wenigen Arbeitsfeldern praktikabel zu sein.[192]

Die im folgenden zu belegende *These* geht dahin, dass *die Wahl der Themen und ihre Behandlung ebenso ein Gegenstand gemeinsamer offener Auseinandersetzung sein sollte wie die Vereinbarungen des Arbeitsbündnisses selbst*. Beide Seiten müssen dazu ihre Gesichtspunkte einbringen. Die gemeinsame Identifikation der wichtigen Themen ist ein zentraler Teil der Vorbereitung des Arbeitsbündnisses und kann den Beteiligten nicht abgenommen werden. Hierzu ein paar Beispiele, mit welchen Formulierungen man ein „target problem" gemeinsam festlegen kann:[193]

- „Sie haben mir erzählt, dass es eine ganze Reihe von Dingen gibt, die Sie beunruhigen (aufzählen). Welches davon beschäftigt Sie am meisten?"

- „Was bedrückt Sie zur Zeit am meisten?"

- „Sie haben drei Probleme in Ihrem Leben benannt. Wenn Sie an die Gewichtigkeit denken, in welche Rangreihe würden Sie sie dann bringen?"

- „Sie haben mir über einige Sachen berichtet, die in ihrem Leben falsch laufen. Welches davon könnten Sie nach Ihrer Einschätzung am ehesten ändern?"

In diesen Fragen klingen verschiedene Gesichtspunkte an, die bei Festlegung von Prioritäten eine Rolle spielen können. Grundsätzlich können dies folgende Aspekte sein:[194]

- Das am unmittelbarsten ausgedrückte Anliegen des Klienten. Dieser Gesichtspunkt entspricht der Maxime, den Klienten da abzuholen, wo er ist. Eine wichtige Auswahlhilfe dazu sind Gefühlssignale des Klienten – darauf wird gleich noch einzugehen sein.

- Der Verhaltensbereich, der die stärksten negativen Auswirkungen auf den Klienten oder andere Menschen hat, wenn er nicht behandelt wird. Dies bezieht sich vor allem auf Selbst- oder Fremdgefährdungen, aber auch auf drohende negative Konsequenzen wie den Verlust des Arbeitsplatzes bei weiterer Auffälligkeit.

- Das Anliegen, das von der überweisenden Institution als das wichtigste Problem angesehen wird. Die Erfahrungen der Institution können (und müssen z.T.) als wichtige Leitlinie hilfreich sein.

- Der Lebensbereich, der am schnellsten und/oder wirksamsten bearbeitet werden kann.

- Der Verhaltensbereich, der vor allen anderen geregelt werden muss.

Im Folgenden soll an Hand von Beispielen konkreter der Frage nachgegangen werden, welche Aspekte bei der Themenbestimmung eine Rolle spielen können. Zunächst geht es dabei um Beiträge der Klienten.

Im Zentrum der Aufmerksamkeit müssen offenbar solche Äußerungen der Klienten stehen, die durch *Signale affektiver Belastung* gekennzeichnet sind. Derartige Signale deuten mit großer Sicherheit auf Bereiche hin, die in die gemeinsamen Überlegungen zur Vorbereitung von Arbeitsbündnissen einbezogen werden müssen. Dabei muss es zunächst darauf ankommen, dem Klienten die Möglichkeit zu geben, derartige Gefühle zu zeigen. Er muss erleben, dass Sozialarbeiter bereit sind, sich derartigen Belastungen auszusetzen. Einige Beispiele für die ansatzweise Verwirklichung dieser Forderung sollen dies illustrieren:

Beispiel 82: (Kollegen des Kl bezeichnen ihn als „Stubenhocker". Die SA fragt, was sie damit wohl meinen. Der Kl gibt zu verstehen, dass er nicht gern allein ausgeht.)
SA: Das tun Sie auch? Also Sie gehen nicht gerne aus?
Kl: Nein. Alleine nicht und ...
SA: Und das belastet Sie sehr, dass Sie so keinen privaten Zugang zu Ihren Arbeitskollegen finden.
Kl: Ja, auch sonst ... ohne Freunde ist 'n bisschen schlecht. (Quelle: Gespräch 19)

Beispiel 83: (Die Kl schildert ihre Situation in Kompaktform: der Ehemann ist auswanderungswillig, sie zunehmend weniger, wobei sein Festgelegt-Sein und die mangelnde Bereitschaft, auf ihre Widerstände einzugehen, die Hauptprobleme zu sein scheinen. Die SA spiegelt zunächst das Vorhergehende, kleine Pause, dann:)
SA: Das ist für Dich recht schmerzhaft, wenn Du daran denkst.
(Die Kl geht auf die Gefühlsebene ein, korrigiert allerdings: „nicht schmerzhaft, eher unsicher".) (Quelle: Gespräch 03)

Beispiel 84: (Der Kl meint, dass die handwerkliche Lehre für ihn eventuell ungeeignet ist. Alle hacken auf ihm rum und geben ihm zu verstehen: er macht alles falsch.)
SA: Also, eigentlich ist so das Gefühl des Versagens da, dass Sie da gar nicht so richtig zurecht kommen.
(und etwas später:)
SA: Ich glaub', dass Sie im Moment so allgemein das Gefühl haben, dass ... also ... dass mit Ihnen nichts los ist.
Kl: Ja, ja. (Quelle: Gespräch 06)

Beispiel 85: (Es handelt sich um einen Kl in einer Ehekrise, die aber seit ca. zwei Monaten behoben ist. Beide Partner waren für kurze Zeit mit einem anderen Partner eine Beziehung außerhalb der Ehe in einer Zeit starker beruflicher Belastung eingegangen. Stress entsteht in der Beziehung unter anderem dadurch, dass die Ehefrau dem Klienten das Studium finanziert und ihn ständig drängt, mehr fürs Studium zu tun.)
SA: ... Sie haben jetzt Angst, dass eventuell so was wieder passieren könnte, jetzt bei Ihnen selbst.
Kl: Ja. (Quelle: Gespräch 12)

In den Beispielen gehen die Sozialarbeiter auf unterschiedliche Weise auf Gefühle möglicher Belastungen ein. Zum Teil laufen diese Fragen Gefahr,

Suggestivcharakter zu bekommen – offenere Reaktionsmöglichkeiten wären wahrscheinlich günstiger gewesen. So wäre es beispielsweise möglich, offen nach den Gefühlsempfindungen zu fragen, statt bestimmte Gefühle in der Frage schon vorzugeben. In Beispiel 83 geht die Klientin zwar auf die von der Sozialarbeiterin angesprochene Gefühlsebene ein, korrigiert aber die Umschreibung der Sozialarbeiterin. Sie fühle sich eher verunsichert, als dass das Problem für sie schmerzhaft sei. Andere Klienten sind vielleicht weniger in der Lage, derartige Korrekturen vorzunehmen.

Für die hier zur Debatte stehende Problematik eignen sich die Beispiele aber als Beleg für die Möglichkeit, durch Gefühlsäußerungen begleitete Beschreibungen von Lebensbereichen der Klienten anzusprechen und ihnen zu vermitteln, dass sie diese Gefühle äußern können. Zugleich wird den Klienten dadurch wirksamer als durch bloße verbale Zusicherung gezeigt, dass die Sozialarbeiter bereit sind, sich auf sie einzulassen. Dies ist für die Bildung einer vertrauensvollen Zusammenarbeit von großer Wichtigkeit.

Die Art der *Reaktion der Sozialarbeiter* auf Hinweise von großen Belastungen prägt nachhaltig Atmosphäre und Verlauf des Erstgesprächs. Interessant ist, dass in den ausgewerteten Gesprächsaufzeichnungen immer dann, wenn Sozialarbeiter nicht auf die deutlich erkennbaren Belastungen eingehen, auch die Klienten „zurückschalten" und sich auf eine sicherere inhaltliche Ebene begeben. An anderer Stelle (S. 88 ff.) ist schon auf das verständliche aber gefährliche Phänomen der schützenden Abwehr zu großer Belastungen in den Sozialarbeiter-Reaktionen eingegangen worden. Angesichts der großen Bedeutung dieses Phänomens soll hier noch einmal an Beispielen belegt werden, in welch unterschiedlichen Formen Sozialarbeiter auf Vorgaben der Klienten, die starke Hinweise auf Belastungen enthalten, ausweichend und abwehrend reagieren können. Diese Reaktionsweisen sind wahrscheinlich auch deshalb schwer zu vermeiden, weil sie für sich genommen durchaus sinnvolle Fragen oder Reaktionen auf der inhaltlichen Ebene enthalten können; nur als Reaktion auf vorhergehende sichtbare Gefühlskomponenten der Klienten belasten sie die Gespräche, statt sie zu fördern:

Beispiel 86:
Kl: ... Ah, ich hab das Problem jetzt: Ich bin schwanger und ..., aber ich weiß nicht, wie ich das alles machen soll. Das geht überhaupt nicht!
SA: Frau (Name) war ihr Name?
Kl: (Name)
SA: Und wie alt sind Sie?
Kl: Ich bin 16.

SA: Hm. 16 Jahre. Ja. Und wer hat Sie hierher geschickt?

Kl: Das war'n Bekannter, der mir das gesagt hat – ich hab mit dem darüber geredet –, und der hat gesagt, ich soll mal hierher gehen.

SA: Und im wievielten Monat sind Sie? Wissen Sie das?

Kl: Im 3. Monat ... das heißt noch nicht ganz, das ist gerade erst festgestellt worden.

SA: Und Sie geh'n auch noch zur Schule? Nehme ich an ...

(Die Frage nach Namen, Alter und Phase der Schwangerschaft sind wichtige Informationen, ohne die das Gespräch nicht beendet werden kann. Als Reaktion auf die Mitteilung der Schwangerschaft signalisiert die SA aber ungewollt, dass sie an den Auswirkungen der Schwangerschaft und an dem durch sie verursachten Leidensdruck nicht besonders interessiert ist. Diese Faktenebene wird erst nach fast 30 Minuten verlassen:)

SA: Wie sind denn die Gefühle zu dem Vater?

Kl: Das Schwein hat mich doch nur ausgenutzt. Das stimmt doch alles gar nicht, was er erzählt hat. Der wollte sich scheiden lassen. Jetzt hat er plötzlich was anderes gesagt ... Wenn ich das Kind austrag', dann nur um ihm zu beweisen, dass ich nicht das mach', was er will ... Wenn ich das Kind austrag', sag' ich auch, dass er das war. Kann er ja ruhig abstreiten, können sie ja feststellen. Dann soll er wenigstens bezahlen. Seine Frau soll das auch ruhig wissen, die hat er ja genauso verarscht wie mich.

SA: Hm. Also, dass der Vater des Kindes praktisch dazu herangezogen wird, die Kosten für das Kind mit zu tragen, dazu wären Sie dann schon mit einverstanden?

Kl: Sicher, dann soll er auch bezahlen.

SA: Das würde ja auch für Sie die Sache etwas erleichtern ... (Quelle: Gespräch 05)

Die Frage nach den Gefühlen zum Vater löst bei der Klientin einen Strom intensiver Gefühlsäußerungen aus, die sich unter anderem in Rachephantasien niederschlagen: der Mann solle wenigstens zahlen. Auf diese Einzelheit reagiert die Sozialarbeiterin, obwohl es sich hier eher um eine Randerscheinung des zentralen Gefühls des Verlassenseins handeln dürfte. Auch hier kann der Wert der inhaltlichen Frage an sich nicht in Abrede gestellt werden. Die Einstellung der Klientin zur Unterhaltspflicht des Vaters gehört durchaus zum Kernthema. Nur ist hier offensichtlich nicht der richtige Zeitpunkt für diesen Aspekt des Gesamtproblems. Zunächst gilt es, die Gefühlssignale zuzulassen und durch angemessene Reaktionen einer gemeinsamen Betrachtung zugänglich zu machen.

Beispiel 87: (Kl ist ein Vater in Sorge um seinen Sohn.)
Kl: ... Irgendwann kommt der Tag, da schlägt er vielleicht mich zusammen oder meine Frau ... Und dann?
SA: Ist von der Schule aus Stellung bezogen worden? Ist Ihnen irgendwie nahegelegt worden, dass ... ?
(Gleiches Gespräch, gegen Ende:)
Kl: ... Möglicherweise nimmt er Drogen. Ich mag da gar nicht dran denken. Ich weiß nicht mehr, was ich machen soll. Ich weiß nicht mehr.
SA: Also ich würd' schon begrüßen, wenn Ihr Sohn mal vorbeikäm'.
Kl: Ja.
SA: Dass ich mal mit ihm rede ... (Quelle: Gespräch 10)

In beiden kurzen Passagen ist die große Sorge des Vaters spürbar, der sich aber die Sozialarbeiterin nicht stellt. Sie zieht es vor, auf inhaltlicher Ebene zu reagieren und lässt damit den Klienten mit seinen Sorgen allein.
Auch im folgenden Beispiel ist in der Frage der Sozialarbeiterin eine für sich genommen durchaus sinnvolle Reaktion zu erkennen. Nur: als Reaktion auf die vorher vom Klienten geäußerten Probleme vertut sie die Chance, die Gefühlsebene zuzulassen.

Beispiel 88: (Die SA fragt nach Kontakten, Freunden usw. Der Kl antwortet, dass er keinen Freund hat. Bei Arbeitskollegen bestehen nur oberflächliche Kontakte. Darauf:)
SA: Heißt das denn, dass Sie denn ständig alleine sind, alleine in Ihrer Wohnung, alleine rausgehen?
Kl: Ja, also außer der Arbeit habe ich sonst nichts, nur den Fernseher und ... , also ich kann einfach nicht mehr rausgehen, das ist ... das geht mir also immer mehr gegen den Strich, ne?
SA: Hm. War das denn immer schon so, dass Sie niemanden hatten? ...
(Quelle: Gespräch 25)

Man muss sich einmal vergegenwärtigen, was der Klient da gesagt hat! Offensichtlich ist auch die Sozialarbeiterin erschüttert, lässt das aber nicht zu, sondern zieht es vor, in die Vergangenheit zu tauchen, was – wie noch zu zeigen sein wird – an anderer Stelle durchaus Sinn machen könnte. Je belastender der Hinweis der Klienten ist, desto stärker scheint der Druck zu sein, vor dieser Belastung zu fliehen und auf die inhaltliche Ebene zu flüchten.

Beispiel 89: (Die Kl berichtet von belastenden Umständen ihres Lebens und fährt fort:)

Kl: ... Es geht immer alles nur gegen mich, von allen Seiten. Ich will auch gar nicht mehr leben, also ...

SA: ah ... hm ... Ihr Mann, lebt der hier in Deutschland?

(An anderer Stelle ähnlich: die Kl berichtet, dass sie eventuell nach der anstehenden Kur doch wieder Tabletten nehmen wird. Anschließend:)

Kl: .., weil, ich mein', ich möchte zwar nicht tablettenabhängig sein, aber der Arzt, der hat den Fehler gemacht, der hat mir das vor Jahren verschrieben, der hat mich nicht drauf hingewiesen, dass das süchtig macht. Und jetzt bin ich's nun 'mal, und wenn ich's bleibe: was soll das? Ich will 'eh nicht mehr leben. Das ist mir alles egal, ne? Ich geh' jetzt mal da hin, damit ich meine Ruhe hab'. Da bin ich unter Aufsicht, das ist für mich wie so 'ne Art Urlaub, ne?

SA: Die Therapie ist für Sie wie ein Urlaub?

Kl: Ja. ... (Quelle: Gespräch 30)

Eine *typische Fluchtmöglichkeit* scheint darin zu bestehen, aus dem, was die Klienten an Belastendem äußern, ein Detail auszuwählen und darauf inhaltlich einzugehen. Häufig ist dies ein Aspekt, der gegen Ende der Sequenz erwähnt wird:

Beispiel 90: (Die Kl schildert, dass ihr Ehemann („Vati") vor drei Wochen gestorben ist. Der Pastor hatte nur ein paar Worte für sie, obwohl sie gern mit jemandem geredet hätte. Ihre Freundin hat sie in die Beratungsstelle geschickt.)

SA: Leben Sie jetzt alleine?

Kl: Ja, ich leb' jetzt alleine. Alleine in der Wohnung halt, wo ich mit dem Vati zusammengelebt hab', ne? Ja (seufzt tief).

SA: Haben Sie denn noch Kinder? Oder ... ?

Kl: Ja, ich hab' Kinder. Ach, aber die, die sind ja soweit weg, die kümmern sich ja gar nicht um mich, ne? Die sind oben in Hamburg, ne? Und unten in Süddeutschland, die sehe ich alle halbe Jahre mal. Naja, und jetzt hab ich so gedacht, brauch' ich einfach mal jemanden, mit dem ich reden kann, ne? Und ich ... ich bin so traurig, wissen Se, mein Vati, der war mein ein und alles, und wissen Sie, ich bin ja 75, 75 Jahre bin ich

alt, und ich bin ja auch nicht mehr die Jüngste, ne? Und mir tut et auch schon ganz schön weh und so, und meinen Mann, den hab' ich bis in 'n Tod, bis in 'n Tod hab ich den gepflegt, ne? Ja, und dann, dann, er hat Krebs gehabt, ne? Und das hab ich immer noch gemacht, alles hab ich gemacht, ne? Noch gekocht und ...
SA (unterbricht): Sie haben Ihren Mann zu Hause gepflegt? Ist er nicht ins Krankenhaus gekommen? ... (Quelle: Gespräch 17)

Eine besondere Variante des Reagierens auf problemsignalisierende Äußerungen der Klienten ist der Versuch, den Ursachen dieser Belastungen auf die Spur zu kommen:

Beispiel 91: (Ein 17-jähriger Lehrling im ersten Lehrjahr hat nur sehr oberflächliche Beziehung zu Arbeitskollegen und leidet unter dieser Kontaktarmut. Das Gespräch hat bisher etwa zweieinhalb Minuten gedauert.)
SA: Können Sie das an irgendetwas festmachen .., auf irgendwas zurückführen?
Kl: Was?
SA: Diese Art des Umgangs miteinander, dieses Distanzierte?
(Die Antwort des Kl belegt, dass er keine Ahnung hat, sondern nur sieht, dass es so ist, wie er es geschildert hat.) (Quelle: Gespräch 19)

Noch kann gar nicht richtig erkannt worden sein, wie das Problem der Kontaktarmut bei diesem Klienten aussieht, wie es sich bei ihm auswirkt, wie er darunter leidet. Da sind Fragen nach der Begründung fehl am Platze. Zu einem späteren Zeitpunkt allerdings mag es dann durchaus von Interesse sein, die Sichtweise des Klienten zu diesem Punkt in die gemeinsamen Überlegungen einzubeziehen. Vorher muss aber deutlicher werden, worum es eigentlich geht.
Aus den vorgestellten Beispielen lässt sich deutlich folgender Schluss ziehen: bei dem gemeinsamen Versuch herauszufinden, worüber im Erstgespräch überhaupt zu reden ist, haben alle Themen absoluten Vorrang, die mit Zeichen gefühlsmäßiger Anteilnahme ins Spiel kommen. Dabei muss es zunächst darauf ankommen, diese Gefühlsäußerungen selbst zuzulassen. Ist dies geschehen, kann der inhaltlichen Seite des gefühlsbesetzten Themas stärker Rechnung getragen werden. Wann immer aber affektive Anzeichen

wieder bemerkbar sind, sollte ihnen vor der weiteren inhaltlichen Behandlung Vorrang gegeben und letztere erst zu einem späteren Zeitpunkt wieder aufgegriffen werden. Insofern *lassen sich die von Klienten geäußerten Gefühle als Leitsterne für die Identifikation wichtiger Themen bezeichnen.*

Das gleiche gilt in abgeschwächter Form auch für die Gefühlsreaktionen, die durch die Klientenäußerungen bei den Sozialarbeitern selbst ausgelöst werden. Im Grunde sind die in den Beispielen 86 bis 91 vorgestellten Reaktionen am ehesten als Flucht vor den eigenen Gefühlsreaktionen zu verstehen. Das vorliegende Material reicht leider nicht aus, diese Vermutung im Detail zu belegen. Die Auswertung der Gesprächsaufzeichnungen stützt aber die Interpretation, dass die Sozialarbeiter regelmäßig über die starke affektive Belastung ihrer Gesprächspartner erschrocken waren. Aus *nicht eingestandener Furcht, nicht sofort geeignete Lösungen anbieten zu können, flüchteten* sie aus der „gefährlichen" emotionalen Zone heraus in *inhaltliche Bereiche*, die weniger belastend waren. In vielen Fällen wurde als Begründung für dieses Verhalten auch angegeben, „objektiv" sein zu wollen, weshalb es erforderlich sei, die ausgelösten eigenen Gefühle zurückzudrängen. Ganz abgesehen davon, dass es schwer möglich sein dürfte, affektive Reaktionen ganz zu unterdrücken, stellt sich auch die Frage, ob hierdurch nicht versucht wird, einen wichtigen Kompass für die Gesprächsführung der Sozialarbeiter abzuschalten, statt ihn zu nutzen. Die von den Sozialarbeitern empfundenen affektiven Reaktionen waren ja zutiefst berechtigt und den vorgetragenen, zum Teil gravierendsten Problemen durchaus angemessen. Weniger die von den Sozialarbeitern empfundenen Gefühle also waren falsch, als vielmehr der Umgang mit ihnen.

Eine Alternative zum Unterdrücken der Gefühle, die durch die Darstellungen schwierigster Probleme der Klienten ausgelöst werden, kann darin gesucht werden, ihren Wert anzuerkennen und sie für die eigene Gesprächführung zu nutzen. So wie die Gefühlsäußerungen der Klienten signalisieren, dass sie in bestimmten Lebensbereichen vor zutiefst belastenden Problemen stehen, können die durch diese Äußerungen *bei den Sozialarbeitern hervorgerufenen Gefühle* ebenfalls als *Signale* fungieren, die darauf aufmerksam machen, dass hier *Themenbereiche* angesprochen werden, die eine besondere *Aufmerksamkeit* in der weiteren Bilanzierung der Lebenssituation der Klienten fordern. Insofern haben auch die Gefühlsempfindungen der Sozialarbeiter einen hohen Informationswert und verdienen Aufmerksamkeit und Beachtung – statt Zurückdrängen oder Ableugnen.[195]

Diese Position kann natürlich nicht darüber hinweg täuschen, dass im Zulassen und Beachten der eigenen Gefühle auch *Gefährdungen einer erstrebens-*

werten Objektivität enthalten sind. Selbstverständlich besteht die Gefahr, dass die durch Klienten ausgelösten Gefühle dazu führen, dass die eigenen Empfindungen auf die der Klienten projiziert werden, dass Identifikationsprozesse stattfinden, die die notwendige Distanz bedrohen, dass beide Seiten also durch das Nachgeben gegenüber den Gefühlsimpulsen daran gehindert werden, in die doch auch notwendige inhaltliche Arbeit einer Bestandsaufnahme einzusteigen oder in ihr fortzufahren. All das sind starke Gefährdungen des hier vorgestellten Auftrags von Erstgesprächen, und sie müssen ernst genommen werden.

Die Lösung kann nur nicht – das ist die hier vertretene Position – in einem Verleugnen oder Verdrängen der eigenen Gefühle gesucht werden, sondern sie liegt im *Erlernen anderer Pfade der Objektivierung*. Diese Formen lassen sich nicht ausschließlich durch kognitives Zur-Kenntnis-Nehmen lernen; praktische Trainingserfahrungen sind dafür erforderlich. Sie machen darauf aufmerksam, dass Ausbildung zu Sozialarbeitern nie nur kognitiv sein kann. Das Erlernen des Umgangs mit den eigenen Gefühlen ist das vielleicht heikelste und gefährdetste Teilstück der Fähigkeiten, die für eine qualitativ hochstehende Soziale Arbeit in Erstgesprächen erforderlich ist. Einige Anmerkungen über verschiedene Möglichkeiten, an diesen Fähigkeiten zu arbeiten, sollen diesen Gedankengang abschließen:

(1) *Selbsterfahrung*: Eine bewusste Kenntnis der eigenen Wertvorstellungen und typischen Gefühlsreaktionen in unterschiedlichsten Situationen vermag dazu beizutragen, den Wert eigener Gefühlssignale in Erstgesprächen besser einzuschätzen. Dadurch kann der Gefahr vorgebeugt werden, die eigenen Gefühle mit denen der Klienten zu verwechseln beziehungsweise sie auf den jeweils anderen zu projizieren. Insofern können Selbsterfahrungsmöglichkeiten als vorbeugende Maßnahmen zur Vermeidung von subjektiven Verzerrungen in der Wahrnehmung eigener und fremder Gefühle aufgefasst werden.

(2) *Spiegeln/zusammenfassen/rückmelden*: Die aus der Lehre von der Gesprächsführung bekannten Techniken des Spiegelns können in diesem Zusammenhang auch dazu verwandt werden, Korrekturmöglichkeiten für die eigene Wahrnehmung schon während des Gesprächs bereitzuhalten. Indem Sozialarbeiter auf der Grundlage auch der eigenen Gefühlsreaktionen versuchen, die Gefühle der Klienten zu verbalisieren, bieten sie den Klienten an, falsche Wahrnehmungen zurückzuweisen. In Beispiel 83 findet sich eine derartige Korrektur durch eine Klientin. Für das Spiegeln ist es von daher wichtig, sie so zu formulieren, dass Klienten die Interpretationen der

Sozialarbeiter nicht als Expertenmeinung schlucken, sondern sie als Einladung zur Überprüfung ihrer vorhergegangenen Äußerungen und gegebenenfalls zur Korrektur interpretieren.

Beispiel 92: (Der Kl berichtet, dass er sich als Schiedsrichter beim Volleyballspiel als Versager fühlt. Pause. SA denkt dabei sichtlich nach, rekapituliert im Inneren?)

SA: Also, was Sie jetzt gern wollen, ist ... möglichst schlagfertiger zu werden (Kl nickt zustimmend), ... auch ... mitreden zu können (Kl stimmt zu), ... von anderen mehr Anerkennung zu bekommen ... (Kl stimmt zu), ... und bei der Lehrstelle und vielleicht auch im Verein besser zurechtzukommen (Kl stimmt zu).

Pause

Kl: Ja, ich hab ja schon alles mögliche probiert.

SA: Was haben Sie denn schon probiert?

Kl: ... (Quelle: Gespräch 06)

Deutlich formuliert hier die Sozialarbeiterin die Eindrücke so, dass der Klient sich ermutigt fühlt, Stellung zu beziehen.

Die Gesprächsführungstechniken können als *Objektivierungsmöglichkeiten* schon *während der Erstgespräche* selbst aufgefasst werden. Die übrigen Objektivierungsperspektiven dagegen können überwiegend erst nach den Gesprächen, sozusagen im Nachhinein, angewandt werden.

(3) *Reflexion des Erstgesprächs bei der Nachbereitung*: In vielen Fällen schreiben Sozialarbeiter auf Grund ihrer Einbindung in bürokratische Organisationen nach den Erstgesprächen Aktennotizen oder Berichte (siehe Abschnitt 4.2.8.). Diese Verpflichtung zu schriftlicher Zusammenfassung bietet auch die Chance, aus größerer Distanz den Gesprächsverlauf Revue passieren zu lassen und auf mögliche falsche Einschätzungen der eigenen oder fremden Gefühle und anderer Äußerungen aufmerksam zu werden. Ähnliche Möglichkeiten bieten Teambesprechungen, Fallbesprechungen u.ä. Manchmal fällt erst im Nachhinein auf, dass Klienten an einer bestimmten Stelle des Gesprächs sehr emotional reagiert haben oder Sozialarbeiter einen starken Gefühlsimpuls verspürten, ohne in der akuten Situation selbst in der Lage gewesen zu sein, darauf angemessen zu reagieren. Im Nachhinein kann dies manchmal eher wahrgenommen und in die Zielsetzung für das häufig anstehende Folgegespräch aufgenommen werden.

(4) *Supervision/Erfahrungsaustausch*: Ähnlich wie bei Fallbesprechungen sind alle Möglichkeiten der Darstellung des eigenen Umgehens mit den Problemen von Klienten bestens geeignet, sich Muster der eigenen Wahrnehmungen und Reaktionen bewusster zu machen. Je mehr dies gelingt, desto informationsträchtiger können sich eigene Gefühlsreaktionen schon in der Erstgesprächssituation erweisen, desto geringer ist die Gefahr mangelnder Objektivität.

(5) *Gegenhypothesen bilden*: Zumindest nach Erstgesprächen, schwieriger wohl schon während des Gesprächsverlaufs, kann es fruchtbar sein, zu den empfundenen Eindrücken und den als wahrscheinlich erlebten Vermutungen systematisch Gegenhypothesen zu bilden.[196] Auch auf diese Weise kann Distanzierung zu den versteckten Annahmen und Gefühlen erreicht und Objektivierung gefördert werden.

Für die weiteren Überlegungen wird von der Annahme ausgegangen, dass entweder durch die Vorgabe erster Themenstellungen durch den Auftrag der Sozialarbeiter bei verordneten/angebotenen Gesprächen oder durch die vom Klienten vorgetragenen Probleme bei erbetenen Gesprächen erste Gesprächsinhalte als mögliche Kandidaten für eine intensivere Behandlung festgelegt werden können. Vom Klienten geäußerte Gefühle der Belastung sowie vom Sozialarbeiter empfundene Gefühlsreaktionen auf die Klientenäußerungen sollten bei der Wahl der Gesprächsthemen in erster Linie als Orientierungshilfe dienen. Daneben kann ein ausdrückliches gemeinsames Nachdenken über die Frage, welchen Problemen man sich zunächst zuwenden will, bei der Auswahl der Gesprächsthemen hilfreich sein. Diese Mischung aus vorrangiger Beachtung von Gefühlssignalen und ergänzenden kognitiven Überlegungen hinsichtlich der Themen und ihrer Behandlung sollte über das ganze Gespräch hinweg gelten. Im folgenden wird der Vorrang der Gefühlssignale nicht immer wieder betont, sondern überwiegend auf die kognitive Seite der weiteren Gesprächsgestaltung eingegangen. Dieser Gesichtspunkt der Priorität von Gefühlen darf aber zu keinem Zeitpunkt des Gesprächs aus den Augen geraten.

5.4 ERKUNDEN: ANTEIL NEHMENDE NEUGIER

Ist das Ausgangsproblem in dem oben beschriebenen Sinn identifiziert, muss es darum gehen, es so zugänglich zu machen, dass *die Sozialarbeiter eine nachvollziehbare Vorstellung der Problemsituation entwickeln* und die *Klienten selbst ihre Lage in einem umfassenden Überblick betrachten* können. Dabei muss der Schwerpunkt auf die subjektive Sichtweise und auf die Hilfeerwartungen der Klienten gelegt werden. Wie sie die Situation sehen, nicht unbedingt schon, wie sie tatsächlich ist, und welcher Leidensdruck mit dieser Situation verbunden ist, steht dabei im Mittelpunkt des Interesses. [197]

Im folgenden spreche ich von *Zustandsräumen*, die Gesprächsthemen von Klienten und Sozialarbeitern werden können.[198] Im Zentrum der ersten Gesprächsphase wird in aller Regel ein Zustandsraum stehen, den beide Gesprächspartner als besonders belastet identifiziert haben. Die im folgenden beschriebenen und belegten Wege und Schwierigkeiten der intensiven Beschreibung von Zustandsräumen gelten natürlich nicht nur für die Anfangsphase, sondern auch für die Erörterungen von Zustandsräumen, die im weiteren Verlauf der Erstgespräche als wichtig in die gemeinsamen Überlegungen einbezogen werden.

Häufig bedarf es nur eines interessierten Zuhörens ohne jegliche verbale Aufforderung zur näheren Schilderung, um Klienten dazu zu ermutigen, ihre Situation ausführlicher zu beschreiben:

Beispiel 93: (Der Kl hat Überlastungsprobleme in Familie, Freizeit und Beruf. Ohne dass die SA nachfragt, kommt der Kl von sich aus auf ein ihn besonders belastendes Problem zu sprechen, das er zum ersten Mal überhaupt ausspricht, wie er sagt. Der Kl erzählt, dass sein Urlaub erst zwei Monate zurückliegt, er aber schon nichts mehr von ihm merkt.)
SA: (hört interessiert zu, schweigt)
Kl: Ja, dann gibts so 'ne Sache, über die ich ... sehr schlecht ... reden kann. Hm. Ja, das läuft ungefähr seit ... Ja, seit wann läuft das? ... Ja, das hat sich vor dem Urlaub angebahnt, aber die richtige Entwicklung hat erst nach dem Urlaub begonnen ... Ja ... (druckst herum) ... Also ich hab' das so noch keinem erzählt, ne? Also irgendwie ... ich weiß auch nicht wie ... irgendwie hat da meine Kollegin und ich ..., wir haben uns also ineinander verliebt ... Und ... irgendwie erleb' ich bei ihr, was ich also früher bei meiner Frau erlebt hab'. Also ... diese Spannung ... also ... dieser erotische Reiz oder überhaupt die Spannung, so was zusammen zu machen, ... trotz aller Hektik: irgendwo schimmert es so durch. Ja. Und so kurz nach dem Urlaub haben wir dann irgendwann mal so das erste Mal miteinander geschlafen. Aber das ist unheimlich schwierig, weil ... sie ist verheiratet, ... ich bin verheiratet und ... also ich kann es meiner Frau nicht sagen. Ich weiß es gar nicht, wie ich damit umgehen ..., also kann ich mir gar nicht vorstellen. Und dann noch die Kinder, ne? Ja. Und das sieht bei uns dann so aus (es folgt eine längere Darstellung über die technischen Probleme der Liaison) (Quelle: Gespräch 23)

Manchmal reicht es aus, nachdem ein Zustandsraum als wichtig identifiziert wurde, ganz vorsichtig anzufragen, ob die Klienten über diesen Bereich mehr sagen wollen:

Beispiel 94:
SA: Haben Sie Lust, etwas über Ihre Ehe zu erzählen?
(Quelle: Gespräch 28)

Ist die Atmosphäre entspannt und sind beide Gesprächspartner einverständlich dabei, eine Bestandsaufnahme vorzunehmen, reicht häufig eine kurze Zusammenfassung, ein Spiegeln, das Äußern von Verständnis, um Klienten zu ermutigen, in ihrer Darstellung fortzufahren. Dabei muss nicht einmal eine zwischengeschaltete Faktenfrage störend sein:

Beispiel 95: Die SA fragt nach dem Beruf der Kl, weil ihr dies für das Verständnis wichtig zu sein scheint. Die Kl antwortet auf diese Frage. Danach schaut die SA die Kl nur freundlich an und wartet. Tatsächlich greift die Kl den durch die Faktenfrage unterbrochenen Faden wieder auf und fährt in der Schilderung fort. (Quelle: Gespräch 03)

Das geduldige freundliche Warten signalisiert den Klienten häufig ausreichend, dass man bereit ist, weiter zuzuhören:

Beispiel 96: Die Kl berichtet, dass weder Freunde noch Eltern für das in Frage kommen, was sie gern machen würde. Der SA wartet freundlich ab. Es entsteht eine längere Pause. Die Kl fährt daraufhin fort, über dieses Problem zu erzählen, spinnt von sich aus den Faden weiter, kommt dabei auf ganz neue Aspekte, die durch gezieltes Fragen wahrscheinlich gar nicht hätten zur Sprache kommen können. (Quelle: Gespräch 07)

Beispiel 97: (Die Kl wirft die Frage auf, wie sie ihren Mann zu Änderungen motivieren könne: Solle sie ihn denn immer so saufen lassen?)
SA: Ja, natürlich ist das ein Problem, sehe ich auch so.
(Pause von 10 Sekunden)
Kl: Ja ... ich meine, wenn ich ihn in so 'ne Gruppe kriegte, aber es müsste auch jemand sein, der mir dabei hilft. So alleine werde ich damit nicht fertig. Das hab' ich ja schon oft versucht. (Quelle: Gespräch 26)

Es ist schon darauf hingewiesen worden, dass, insbesondere bei erbetenen Gesprächen, zu Beginn häufig von den Klienten eine geballte und konzentrierte Zusammenfassung ihrer Situation vorgetragen wird, die die Sozialarbeiter in aller Regel überfordern müssen. Aus dieser komplexen Vorlage können dann immer zunächst nur einzelne Punkte aufgegriffen werden. Häufig gelingt es aber Sozialarbeitern, einen der früher genannten Punkte wieder aufzugreifen, nachdem anderes erschöpfend behandelt wurde:

Beispiel 98: (Die Kl befürchtet, auf dem Weg zur Alkoholikerin zu sein. Nach einer Gesprächsdauer von etwa 13 Minuten:)
SA: Was ich noch fragen wollte: Diese ... Du hast gesagt, so: wenn Du Probleme gehabt hast, so, dann hast Du immer Alkohol getrunken ...
(kleine Passage nicht verständlich)
was sind das denn für Probleme gewesen, so ..., die Du dann gehabt hast? (Quelle: Gespräch 07)

Ein Zustandsraum ist dann erschöpfend behandelt, wenn die Klienten von sich aus nichts mehr dazu beitragen und die Sozialarbeiter sich die Situation in diesem Bereich plastisch vorstellen können.
Die folgenden drei Beispiele illustrieren *Möglichkeiten, mangelndes Verständnis oder empfundene Widersprüche* zu verbalisieren und auf diese Weise den Klienten zu verdeutlichen, dass weiterer Bedarf an näheren Erläuterungen oder Beschreibungen besteht.[199]

Beispiel 99: (Der Kl erzählt, dass der Freund des gerade verstorbenen Vaters ihm genaue Anweisungen gegeben habe, was er erzählen soll und was nicht.)
SA: Das verstehe ich jetzt aber nicht. Was denn zum Beispiel? (Quelle: Gespräch 27)

Beispiel 100:
SA: Also, ich hatte am Anfang verstanden, dass es ... dass Sie ... dass Ihre Freundin das Kind gar nicht möchte ... unter keinen Umständen. So kam das bei mir jedenfalls an. Und jetzt sagen Sie, dass ... (unverständlich) ... dass es anscheinend nur daran liegt, ... dass sie halt Angst hat, dass Sie nicht bei ihr bleiben. (Quelle: Gespräch 11)

141

Beispiel 101: (Die Kl erzählt, dass sie einen Vorwand braucht, wenn sie plötzlich im Freundeskreis keinen Alkohol mehr trinken würde.)
SA: Ja, und wie stellst Du Dir das vor – weil Du sagtest, Du wolltest irgendwie auch einen neuen Anfang schaffen, so also weniger trinken –, wenn Du da jetzt hingehst oder gar nicht mehr trinkst oder hingehst und sagst, Du könntest da nicht? Da, dann ist das ja irgendwie ein Widerspruch.
Kl: Ja, ich möchte eigentlich nicht mehr alleine trinken ... (Quelle: Gespräch 07)

Aus dem Tonfall hört man in den beiden letzten Beispielen keinen Vorwurf, eher umgekehrt: die Sozialarbeiter verstehen jetzt nicht, wie die Klienten die letzten Äußerungen gemeint haben, möchten sie aber gern verstehen. Dadurch bekommen auch die Klienten die Chance, besser und genauer zu formulieren. Im Beispiel 101 arbeitet die Klientin durch diese Nachfrage sehr viel deutlicher heraus, was sie eigentlich will, nämlich: nicht mehr allein trinken. Denn in Gesellschaft kann sie sich eigentlich ganz gut kontrollieren, allerdings auch unter dem Druck des knappen Geldes (dies wird übrigens dann im Gespräch auch als nächstes vom Sozialarbeiter angesprochen).
In vielfältigster Weise gibt es in den Gesprächsaufzeichnungen Versuche, *Klienten* dazu *aufzufordern*, etwas *konkreter, plastischer, weniger allgemein* zu formulieren. Die Notwendigkeit zu diesen Bitten mag damit zusammenhängen, dass Klienten häufig ihre Situation zunächst sehr global und allgemein darstellen, weil sie sich nur unzureichend in die Position eines Fremden hineinversetzen, der ihre Lebenslage gar nicht kennt. Es ist deshalb häufig notwendig, den Klienten diese Ausgangslage zu erläutern und sie zu motivieren, durch genauere Schilderung dazu beizutragen, dass ihre Situation besser vorstellbar wird.

Beispiel 102:
SA: Mich würde noch so ... mal ... interessieren, wie so überhaupt das Leben ..., das Zusammenleben mit dem Vater aussieht, ... wie der ganze Haushalt geführt wird, wenn Sie zwei das machen ... wie das so abläuft. (Kl versteht nicht richtig) ...

Überhaupt so der tägliche Ablauf ... wie das überhaupt so abläuft: Wer ist für das Putzen der Wohnung zuständig? Wie machen Sie das Kochen? Das ist ja doch sehr schwierig: Sie in der Schule ... (erläutert, dass er vorher angenommen habe, dass die ganze Familie da ist, dann weiter:) Das würde mich schon mal ... interessieren, wie das so im einzelnen so abläuft bei Ihnen zu Hause. (Quelle: Gespräch 01)

Noch besser wäre es gewesen, wenn der Sozialarbeiter noch ein wenig mehr vermittelt hätte, warum er das gern wissen möchte. Das gleich gilt für das folgende Beispiel.

Beispiel 103: (Der Kl hat Eheprobleme.)
SA: Vielleicht ... Eheprobleme, naja. Da gibt es viele Arten von Problemen, vielleicht können Sie die etwas näher beschreiben. (Quelle: Gespräch 12)

Die folgenden Beispiele illustrieren andere Möglichkeiten, zunächst allgemein vorgetragene Schilderungen konkretisieren zu lassen.

Beispiel 104: (Der Kl hat Schwierigkeiten, wenn er in Kneipen geht.)
SA: So, wenn Sie jetzt direkt neben den Leuten sitzen oder stehen oder ... ?
Kl: Ja ...
SA: Was, was passiert dann? Sie kommen jetzt in so 'ne Kneipe rein. Und was passiert dann? Können Sie mir das mal erzählen?
Kl: Also, im ersten Moment eigentlich ... (und der Klient fängt an zu beschreiben) (Quelle: Gespräch 25)

Beispiel 105: (Der Kl sagt, sein Vater nutzt sein Geld, um ihn als Sohn in die von ihm gewünschte Richtung zu manipulieren.)
SA: „Vielleicht erzählen Sie 'mal ..., so, wie das so abläuft, wenn Sie zum Beispiel Ihren Vater fragen, mal um Geld oder ... fragen, so überhaupt, wenn über Geld geredet wird." (Quelle: Gespräch 01)

Beispiel 106:
SA: Können Sie da irgendwie 'mal so ..., konkrete Situationen ... erzählen ... vielleicht wie Sie die letzte Situation ..., wo Sie sich geärgert haben oder wo Sie das Gefühl hatten, jetzt haben Sie versagt oder jetzt hätten Sie gern schlagfertig sein wollen. (Quelle: Gespräch 06)

Manchmal bitten die Sozialarbeiter ihre Klienten, ihnen einen Tagesablauf zu beschreiben:

Beispiel 107:
SA: Wie sieht so 'n Tagesablauf bei Ihnen aus? So 'n typischer Tages-
verlauf, also ... ?
Kl: Ja, ich steh' morgens auf ... (Quelle: Gespräch 15)

Beispiel 108: (Die Kl beklagt, ihr Ehemann habe nicht mehr wie früher
ein liebesvolles Verhältnis zu den Kindern, sondern gehe zunehmend
aggressiv mit ihnen um.)
SA: Ja, ich mein', was macht er so den ganzen Tag, wenn er nicht arbeitet?
Kl: Ja, er liest Zeitung ... (Quelle: Gespräch 26)

Die angeführten Beispiele liefern Illustrationen für Versuche von Sozialarbeitern, die Klienten dazu zu bewegen, bestimmte Lebensbereiche oder Zustandsräume so darzustellen, dass sie nachvollziehbar werden. Die Formulierungen sind nicht immer glücklich, stellen aber doch überwiegend er-
folgreiche Versuche dieser Art dar. Wünschenswert ist, die Bitten um
konkretere Beschreibungen den Klienten verständlicher zu machen. Dafür
kann es zum Beispiel hilfreich sein, dem Klienten die ihm nicht immer of-
fensichtliche Grundstruktur des Gesprächs zu verdeutlichen, die darin besteht, dass etwas ihm Vertrautes einem Fremden verständlich gemacht werden muss, dass also vieles, was er als bekannt unterstellt, für einen Außen-
stehenden ausführlicher in Worte gefasst werden muss.[200]
In den zuletzt genannten Beispielen, besonders deutlich am Beispiel 106,
ist ein Beschreibungsproblem erkennbar, das durch entsprechende Zusatz-
fragen entschärft werden kann. Immer dann, wenn Klienten bestimmte Ein-
zelsituationen beschreiben, wie beispielsweise ein „letztes Mal" (an dem
etwas bestimmtes passiert ist), kann es sein, dass gerade diese ausgewählte
Situation eben nicht typisch ist für das, was geklärt werden soll.[201] In diesen
Fällen empfiehlt es sich, zusätzlich der Frage nachzugehen, inwieweit die
ausführlicher erörterte Einzelsituation typisch für das in Rede stehende All-
gemeinproblem ist.
Wie schwierig es ist, sich mit der Sichtweise einer anderen Person zu einem
bestimmten Zustandsraum vertraut zu machen, belegen die kaum über-
schaubaren Beispiele für Fragen, die es den Klienten eher schwer machen,
angemessen zu antworten. Nicht in der Absicht besserwisserischer Kritik,
sondern zur Illustration *tief sitzender Gesprächsführungsgewohnheiten*, die

überwiegend *aus dem Privatleben in den beruflichen Alltag hinüber strahlen*, seien die folgenden Beispiele angeführt und jeweils kurz kommentiert. Ein immer wiederkehrendes Muster stellt die Formulierung allgemeiner Fragen dar, die für sich genommen häufig völlig ausreichen würden, um dem Klienten ein bestimmtes Informationsinteresse zu signalisieren. Sie haben darüber hinaus den Vorteil, die Klienten weitgehend zunächst selbst entscheiden zu lassen, auf welcher Ebene und mit welchen Details sie darauf eingehen wollen. Dadurch würden sie die Möglichkeit erhalten, ihre Sichtweise relativ unbehindert durch die Wahrnehmungsgewohnheiten der Sozialarbeiter zur Sprache zu bringen. Da nach der Formulierung derartiger Fragen von den Klienten häufig nicht unmittelbar geantwortet wird – vermutlich, weil sie die Frage wirken lassen und für ihre Reaktion etwas Zeit benötigen –, fühlen sich viele Sozialarbeiter offenbar *unter Druck gesetzt, die allgemeine Frage durch Konkretisierungen zu ergänzen und damit leider einzuengen.*

Beispiel 109:
SA: Und was machen Sie jetzt in der Zeit, solange, bis Sie einen Therapieplatz haben?
(Diese Frage wäre ausreichend gewesen. Stattdessen wird nachgeschoben:)
SA: Sind Sie dann die ganze Zeit zu Hause, oder möchten Sie vielleicht auch mal .., wenn's Ihnen schlecht geht, ... wieder hierher kommen, vielleicht auch nur, um zu sprechen, um ...
Kl: Ja, also mit dem Weggehen ist das ja so 'ne Sache ... (Quelle: Gespräch 30)

Beispiel 110: (Die Kl berichtet von ihrem Alkoholproblem.)
SA: Wie ist es denn überhaupt bei Euch so, mit Deinen Eltern .., so, mit den Trinkgewohnheiten ... meine ich jetzt? Trinken die auch häufiger, oder sind die so irgendwie mehr gegen Alkohol eingestellt oder selten?
Kl: Nee, gegen Alkohol eigentlich überhaupt nicht. Also mein Vater trinkt sehr viel ... (Quelle: Gespräch 07)

Beispiel 111:
SA: Welchen Kontakt hat der Junge denn zu Ihnen? Oder wie gibt er sich da? Zieht sich diese Verhaltensauffälligkeit so durch alle Beziehungen, oder ist er auch kontaktfähig zu Ihnen? (Quelle: Gespräch 04)

Das Muster ist jeweils deutlich erkennbar: statt bei einer geeigneten allgemeinen Frage aufzuhören, werden Fragen ergänzt, die häufig mit „ja" oder

„nein" beantwortet werden können, die auf jeden Fall aber bestimmte Richtungen vorgeben, in die der Klient Antworten suchen soll. Noch extremer wird es dann, wenn die einleitenden Allgemeinfragen ganz fehlen und nur punktuelle oder Alternativfragen, jedenfalls Fragen mit einengendem Antworthorizont, den Klienten vorgelegt werden:

> *Beispiel 112*: (Lehrerin sucht bei einer Beratungsstelle nach Möglichkeiten, einem kontaktgestörten Kind zu helfen.)
> SA: „Wie ist das denn so mit Ihren relativ geringen Möglichkeiten einzugreifen? Belastet Sie das?" (Quelle: Gespräch 04)

Besser wäre beispielsweise: „Sie haben gesagt, dass Sie relativ geringe Möglichkeiten sehen einzugreifen. Wie gehen Sie denn damit um?"

> *Beispiel 113*:
> SA: Meinen Sie, dass das jetzt nur kurzfristig ist, dieses Gefühl? Oder meinen Sie schon, dass das länger dauern könnte, diese Überlastung?
> Kl: Jetzt? So in Zukunft oder jetzt ... ?
> SA: Hm.
> Kl: Ja, ... ich seh ... ja, ich glaub' schon. Ja, ich seh' im Moment wirklich kein Land. ... (Quelle: Gespräch 23)
> (Alternative könnte beispielsweise sein: „Wie wird es Ihrer Meinung nach mit der Überlastung weitergehen?")
>
> *Beispiel 114*: (Die Kl erzählt, dass ihr Ehemann Schwierigkeiten hat, wenn sie abends allein weggeht.)
> SA: Weil er zu Hause saß ... oder weil er den Eindruck hatte: Dir geht es gut, und er ist benachteiligt und er hat nicht so viel ... ja, letztlich Vergnügen? (Quelle: Gespräch 09)
>
> (Alternative z.B.: Welche Probleme hat er denn Ihrer Meinung nach, wenn Sie abends weggehen?
>
> *Beispiel 115*: (Die Kl berichtet von ihrem bedenklichen Akoholkonsum, der Entwicklung dahin und was sie dagegen tun will.)
> SA: Und ... willst Du jetzt nur deshalb damit aufhören, weil Du irgendwie Schwierigkeiten hast mit Deinen Eltern und den Freunden, oder ... hast Du irgendwie auch für Dich das Gefühl, dass sich das irgendwie, ... dass das nicht mehr gut für Dich ist so, ... weiter so Alkohol zu trinken? (Quelle: Gespräch 07)

Schwierig ist es auch für Klienten, wenn ihnen gleichzeitig zwei Fragen gestellt werden, wie dies schon in einigen der letzten Beispiele nachweisbar ist. Eine typische Reaktion ist dann häufig, dass nur der letzte Teil beantwortet wird:

Beispiel 116:
SA: Sie wohnen also noch zu Hause bei Ihren Eltern und geh'n noch zur Schule, ... mit 21 Jahren noch zur Schule? Wie kommt das .., oder in welche Schule gehen Sie? (Quelle: Gespräch 01)

Die Antwort des Klienten im weiteren Gespräch bezieht sich dann ausschließlich auf die letzte Frage und auf den Vorwurf des Schulbesuchs im fortgeschrittenen Alter. Der Klient geht auf das Gymnasium. Wie es sich dann erst später und eher zufällig herausstellt, hat er später mit der Schule angefangen, weil er erst mit 16 Jahren nach Deutschland gekommen ist und eine Klasse wiederholt hat. In diesem Beispiel geht der Sozialarbeiter davon aus, dass der junge Mann bei seinen Eltern wohnt. Erst später erkennt er, dass der Klient allein mit seinem Vater lebt, während Mutter und Geschwister in der ausländischen Heimat weilen. Genau diese Hintergründe sind aber für die Einschätzung des Kernproblems von zentraler Bedeutung. Erst sehr spät wird dieser Fehler zufällig erkannt! Deutlich ist dieser Lapsus aus der als Unterstellung formulierten Frage: „Sie wohnen also noch zu Hause bei Ihren Eltern ...?" entstanden. Denkbare Alternative könnte vielleicht sein: „Es wäre für mich hilfreich zu wissen, wie Ihre jetzige Situation zu Hause aussieht. Können Sie mal versuchen, mir davon ein Bild zu machen?" Damit hätte der Klient zunächst selbst Schwerpunkte setzen können. Erst wenn dann manches unverständlich bleibt, kann der Sozialarbeiter gezielt nachfragen.
Darstellungen von Zustandsräumen können auch durch so bekannte Fehler wie *Suggestivfragen* verzerrt werden:

Beispiel 117:
SA: ... Ja, wenn Sie nicht mehr in der Lage sind, sich selbst Essen zu kochen ... wie ist es damit, das machen Sie doch noch, oder? (Quelle: Gespräch 17)

Als wenig förderlich für die Gesprächsziele müssen auch solche Fragen eingeschätzt werden, die einem „Was-wäre-wenn"-Gedanken folgen:

Beispiel 118: (Die Kl ist unfreiwillig wegen angeblicher Probleme mit Alkohol bei der SA der Betriebsfürsorge.)

SA: Haben Sie Kinder, Frau (Name)? (SA schreibt eifrig mit.)

Kl: Nein, leider nicht.

SA: Hm.

Kl: Sonst würde ich wahrscheinlich auch nicht hier arbeiten.

SA: Würden Sie dann bei ihren Kindern bleiben, oder warum?

Kl: Ja, glaub ich schon.

SA: Hm. Auch wenn Ihr Mann weg ist?

Kl: Das versteh ich jetzt nicht, die Frage.

SA: Sie sagten vorhin, dass Ihr Mann vor 'm dreiviertel Jahr ausgezogen ist.

Kl: Ja.

SA: Und wenn Sie jetzt zwei Kinder hätten und dabei zu Hause bleiben würden, hätten Sie sicher auch finanzielle Probleme.

Kl: Ich hab' aber jetzt gar keine Kinder, und ich weiß auch nicht, wenn wir Kinder gehabt hätten, ob wir dann nicht zusammenleben würden .., dann wär' jetzt ja wahrscheinlich alles ganz anders verlaufen. Und auch wenn wir uns getrennt hätten, natürlich wäre ich dann wahrscheinlich ... hätte ich meinen alten erlernten Beruf wieder aufgenommen. Ich meine ... halbtags hätt' ich ja ohnehin in der Firma weiterarbeiten können ... (spinnt den Faden weiter, was gewesen wäre). (Quelle: Gespräch 08)

Die Schlussfolgerungen aus den verschiedenen Illustrationen zielen in folgende Richtung. Wenn Zustandsräume als wichtig identifiziert worden sind, muss es darauf ankommen, dem Klienten die Wichtigkeit zu vermitteln, die interessierenden Bereiche so ausführlich und detailliert darzustellen, dass seine Sichtweisen für den Sozialarbeiter nachvollziehbar wird. Sozialarbeiter sollten so wenig wie möglich ihre eigenen Wahrnehmungsraster den Klienten aufdrängen. Das hat zur Konsequenz, dass die von den Sozialarbeitern ausgehenden Anregungen besonders zu Beginn möglichst offen gehalten werden sollten. Konkretisierende Fragen bis hin zu Alternativfragen oder punktuellen Informationsfragen sollten allenfalls als Ergänzung und zur Präzisierung unklar gebliebener Punkte formuliert werden. Neben der eher technischen Seite der Formulierung von Beschreibungsbitten, Anregungen oder Fragen ist noch ein anderes Problem zu beleuchten, das sich unmittelbar auf die Art der Erörterung von Zustandsräumen und ihren Zusammenhängen auswirkt; darauf soll im folgenden Abschnitt näher eingegangen werden.

5.5 VERMUTEN: PRÜFEN STATT UNTERSTELLEN

Der größte Gegner für eine akzeptierende Neugier auf die Lebensumstände, in denen Klienten leben, und auf die Hintergründe, die zur Entstehung der anstehenden Probleme beigetragen haben könnten, scheint das Gefühl zu sein, man wüsste schon, wie es bei den Klienten aussieht, wie die Probleme entstanden sind und was deshalb zu tun ist. Das gleiche gilt übrigens auch für die Klienten selbst: auch bei ihnen wird häufig erkennbar, dass sie über ihre Probleme „Bescheid" wissen. Das Gefühl, schon Bescheid zu wissen, schlägt sich in den verschiedensten Formen im Gespräch nieder. Je mehr Sozialarbeiter ihre Aufgabe in den Erstgesprächen darin sehen, *als Experten aufzutreten* und den *Klienten ihre Sichtweise nahezubringen, desto weniger können sie Neugier entwickeln* und der hier propagierten eigentlichen Aufgabe der Anfangsphase sozialer Einzelhilfe gerecht werden. Anzustreben ist stattdessen eine Orientierung an einer grundsätzlich möglichen Eigenkontrolle und Eigenverantwortlichkeit des Klienten und seinen grundsätzlichen Wachstumsmöglichkeiten.[202] Das setzt eine Wertschätzung für das Anderssein des Klienten voraus und unterstellt grundsätzlich Möglichkeiten der Bearbeitung des Problems statt Hilflosigkeit.

Dass Sozialarbeiter sehr schnell anfangen, über die vorhandenen Probleme und ihre Begleiterscheinungen und Hintergründe Vermutungen anzustellen, hängt bestimmt auch damit zusammen, dass über Studium und Praxiserfahrungen viele Interpretationsmöglichkeiten nahe gelegt werden. Erinnert sei auch daran, dass bereits auf die Wichtigkeit der Kenntnis sozialstruktureller Determinanten sozialer Probleme aufmerksam gemacht wurde: Sozialarbeiter müssen über ein breites Wissen sozialpolitischer und anderer Rahmenbedingungen verfügen, um die von Klienten eingebrachten Probleme nicht ausschließlich oder überwiegend auf eine individuelle Ebene reduzieren zu müssen. Stattdessen sollten sie in der Lage sein, die über die beteiligten Individuen hinausgehenden Einflussgrößen in die Überlegungen einzubeziehen (siehe Abschnitt 2.2). Entscheidend ist aber immer die *Art des Umgangs mit diesem Wissen.*

Immer dann, wenn vorhandenes *Expertenwissen* oder darauf gegründete *Vermutungen, Theoriekenntnisse oder eigene Erfahrungen die erforderli-*

149

che Haltung einer offenhaltenden Neugier behindern, liegt deutlich eine Gefährdung der Ziele der Erstgespräche vor. Angesichts der Brisanz dieses Problems sollen entsprechende Beispiele relativ ausführlich dokumentiert werden. Die Beispiele werden in einigen Fällen ergänzt durch Vorschläge, wie stattdessen mit den vorhandenen Wissensbeständen und Vermutungen umgegangen werden könnte. Ähnlich wie bei der Diskussion über den Umgang mit den eigenen Gefühlen kann es nämlich nicht darum gehen, die in den Kopf kommenden Interpretationen und Vermutungen einfach zu unterdrücken. Vielmehr muss es darauf ankommen, zunächst die in den Sinn kommenden Vermutungen als solche zu erkennen, sie bewusst zu machen und mit ihnen angemessen umzugehen. Auf dieser Grundlage kann dann die Stichhaltigkeit dieser Hypothesen durch nachgehendes Fragen und Zuhören überprüft werden, statt sie den Klienten als richtig unterstellte Einschätzungen zu unterstellen.

Beispiel 119: (Die Kl sagt, dass sie und ihr Mann sich nicht erzählen, was der jeweils andere jeweils erlebt. Der SA äußert daraufhin die Vermutung, dass dies zur Entfremdung beigetragen hat.)
SA: Und das hat Ihnen gereicht, so einfach mit ihm zusammen zu sein, dass die ganze Familie zusammensitzt?
Kl: Ja. Ach, 't gibt doch nichts schöneres, als wenn die Familie zusammen ist, und es gibt keinen Streit.
SA: Hm. Das versteh' ich schon. Aber trotzdem so ... die Zeit, die sie nicht zusammen verbracht haben, die ist ja auch wichtig, die .., da merken Sie ja auch was .., da fühlen Sie ja auch irgendwas ... und wenn Sie Ihrem Mann da nicht erzählt haben, wie es Ihnen mit den Kindern ging, und er von Ihnen gar kein Interesse bekommen hat, was er auf der Arbeit erlebt hat, also ...
Kl: Ja, aber was soll 't ich ihm denn ..., wenn er nach neun Stunden von der Arbeit kommt, ... noch mit meinen ganzen Sorgen belästigen? Nee! Da hab' ich geguckt, dat der sich dat abends gemütlich machen konnte und dat der noch seine Zeit hatte, um mit den Kindern zu spielen, denn brauchte ich dem doch nicht noch meine Probleme zu erzählen.
SA: Hm. Vielleicht hätt' er sich ja auch dafür interessiert?
Kl: Ach ja, vielleicht, vielleicht.
SA: Hat er nicht mal nachgefragt, so: Wie war 's heute bei Dir?
Kl: Ach ja, sicher, dann hab' ich ja auch gesagt: Ja, aber ...
SA: Hm.
Kl: Nee.

SA: Vielleicht hätte ihm das ganz schön geholfen, so seine Probleme, so ... besser zu verarbeiten, die er so auf der Arbeit so erlebt, wenn ihn der Meister angeschnauzt hat, wenn Sie dabei mal 'n bisschen mehr Interesse gezeigt hätten. Aber das lässt sich jetzt auch nicht rückgängig machen.

Kl: Ach, da hatten wir ja auch gar keine Zeit für.

SA: Ja. Warum nicht?

Kl: Ja, ich hatte den ganzen Tag zu tun und, ... wenn er dann abends nach Hause kam, der wollte halt auch seine Zeit haben, um den Abend mit den Kindern zu verbringen. Und wenn er dann morgens um fünf Uhr aufstehen musste, dann konnten wir ja auch nicht mehr abends wer weiß wie lange zusammensitzen, um über unsere Probleme zu reden.

SA: Hm. ... (lange Pause) ... Ja. Aber vielleicht war das aber doch ein ... Punkt, der ihm sehr gefehlt hat. Denn auch wenn das so oberflächlich alles ganz schön aussah, kann's doch tiefere Gründe dafür geben, die ihn dazu gebracht haben, ne? Dass er so gegenüber der Familie ist. Und vielleicht war das 'n Problem: Dass da nicht genug Verständigung war ... oder genug Verständnis.

Kl (heftig aufbegehrend): Ach ja, aber ich hab' doch jetzt auch nicht zur Flasche gegriffen so wie er!

SA: Hm. Ja. Es ist wahrscheinlich seine Lösung, ne? Da sieht er gar keinen anderen Ausweg.

Kl: Ja, aber er kann doch nicht das kaputtmachen, wo wir so lange für gearbeitet haben.

SA: Ja, aber er hat diese Entscheidung getroffen, mehr oder weniger unterbewusst oder unbewusst.

Kl: Ja, aber das ist doch nicht richtig.

SA: Ja, das seh' ich auch so. Aber ob er das so sieht, ist die Frage, ne? (Quelle: Gespräch 15)

Was der Sozialarbeiter vermutet, mag durchaus richtig sein. Nur: die Bearbeitung des Problems gehört nicht in diese Phase der Zusammenarbeit, allenfalls die weitere Prüfung, ob diese Erklärungsmöglichkeit eine Rolle spielen könnte. Denn zur Bearbeitung gehört mehr, nämlich eine Entscheidung über den Weg und ein reflektiertes methodisches Vorgehen. Anderenfalls kann nur mit abwehrenden Reaktionen wie hier gerechnet werden. Stattdessen sollte eine Bündnisabsprache ins Auge gefasst werden, gemeinsam herauszufinden, wie die Probleme sich entwickelt haben, wie sie entstanden sein könnten und was zu tun ist. Dabei könnte dann als ein Ziel unter anderen auftauchen, dass über die Kommunikationsstruktur zwischen den Eheleuten nachgedacht werden soll, damit den Beteiligten bewusster wird, wie sie miteinander umgehen.

Im Beispiel 119 ist auch schon deutlich zu erkennen, wie die Klientin sich gegen eine Interpretation zur Wehr setzt, die sie in ihrer jetzigen Situation – wenn sie denn überhaupt zutrifft – nicht erkennen kann. Symptomatisch dafür ist das häufige Auftauchen von adversativen Konjunktionen (beispielsweise „aber"). Der Sozialarbeiter sieht in einem mangelnden Interesse der Ehefrau am Leben des nicht anwesenden Ehemannes eine mögliche Ursache für dessen Abgleiten in Alkoholkonsum und Abkehr von der Familie. Viele Punkte der Darstellung sprechen auch dafür. Wie aber soll die in der Vermutung des Sozialarbeiters zum Ausdruck kommende Problematik Gegenstand eines zukünftigen Arbeitsbündnisses werden, wenn die Klientin den Punkt nicht als Problem erkennen kann?[203] Wichtig wäre es deshalb, gemeinsam mit der anwesenden Ehefrau deren Sichtweise kennenzulernen, ohne diese Vermutung, die ja auch einen Vorwurf an sie enthält, zu unterstellen. Der Ehefrau diese Vermutung mitzuteilen und ihre Meinung dazu einzuholen, das würde zudem eine massive Überforderung der Klientin darstellen.[204] Eher könnte man versuchen, der Klientin zu vermitteln, dass man gern mehr über die Art des ehelichen Zusammenlebens erfahren würde, verbunden mit der Bitte, sie möge den Versuch unternehmen, möglichst plastisch zu beschreiben, wie die Eheleute miteinander umgegangen sind, „als noch alles gut" war, jedenfalls aus der Sicht der Ehefrau. Auf diesem Weg kann der Sozialarbeiter besser entscheiden, ob an seiner Vermutung etwas dran ist und es sich lohnt, diese Vermutung weiterzuverfolgen. Und nur auf diesem Weg kann die Klientin anfangen herauszufinden, ob das, was sie in rosigem Licht sieht, nicht vielleicht doch auch Schattenseiten aufweist und den Ursprung für die jetzigen Probleme enthält.

Auch aus einem anderen Gespräch lassen sich Belege für einen problematischen Umgang mit eigenen Hypothesen anführen. Die Sozialarbeiterin hat hier die Vermutung, dass die Spannungen zwischen dem Klienten (Ehemann) und seiner Frau darauf zurückzuführen sei, dass sie ihre Konflikte nicht offen austragen. Im ersten Auszug aus diesem Gespräch beruft sie sich dabei ausdrücklich auf eine Theorie:

Beispiel 120: (Die SA trägt ihre Ansicht vor, dass der Kl jetzt, wo es ihm mit seiner Ehefrau wieder ganz gut gehe, mit ihr reden soll.)

SA: Ja, ich greif' mal jetzt auf so 'ne Theorie soziologischer Art zurück, dass Konflikte eigentlich nicht unbedingt 'ne Beziehung kaputt machen – also Konflikte, wenn sie nicht verarbeitet werden, schon –. Aber wenn man über Konflikte spricht, und sie zusammen löst, dass das eher zu einer Stabilisierung der Beziehung führen kann, weil, dann kann Ihre Frau sich auch darstellen, ihre Gefühle äußern und ihre Standpunkte, wie sie Ihre Situation, die Studiensituation sieht, und auch mal an Ihnen Kritik äußern. Und Sie können auch sagen, was so bei Ihnen gefühlsmäßig passiert, wenn Sie sich so eingeengt fühlen, also ich kann mir das gut vorstellen, ja, dass man dann vollkommen demotiviert ist, ne? Andererseits sehe ich die Situation Ihrer Frau auch aus einer bestimmten Problemsituation heraus, ja? Sie ist nunmal diejenige, die wahrscheinlich da zusehen möchte, dass das Studium schnellstens beendet wird, ne?

Kl: Hm.

SA: Und wenn da eine Prüfung nicht bestanden wird, dann sieht sie wieder: Naja, das muss noch weiter ...

Kl: Es kommt ja auch noch hinzu ... (Neues Thema: Kinderwunsch der Frau spielt auch eine Rolle.) (Etwas später heißt es in einer anderen Passage:)

SA: Ja, was mir sonst so einfällt, ... dass es .., es könnte sein, dass Ihre Frau auch Angst hat, wenn Sie jetzt mit dem Studium fertig sind, ja? Dass dann vielleicht ... – das hört man ja auch so – ... ja, dass Sie dann praktisch sagen ... ja: Jetzt hab' ich mein Studium ...

Kl: ... dass ich sie sitzenlassen.

SA: Ja. (Quelle: Gespräch 12)

Deutlich wird einmal eine Theorie ins Feld geführt, das andere Mal etwas, „was mir sonst so einfällt". Es ist so, als böte die Sozialarbeiterin dem Klienten eins ums andere Mal Deutungsmuster an. Dass ihr derartige Interpretationsmöglichkeiten schon während des Gesprächs einfallen, bietet eine großartige Chance, wenn sie als Perspektiven für ein besonders aufmerksames Wahrnehmen und gezieltes Überprüfen genutzt werden. Die Doppelgesichtigkeit von Interpretationsrastern lässt aber immer auch eine negative Umgangsform zu: immer dann, wenn Interpretationsraster unterstellt, dem Klienten offen benannt oder ihm gar als zutreffend aufgezwungen werden, die tatsächlich einer gemeinsamen Überprüfung bedürfen, wird aus dem

Kapital umfangreicher (Theorie-)Kenntnisse und Erfahrungen der Sozialarbeiter eine belastende Hypothek für die Zusammenarbeit:[205]

Beispiel 121:
Kl (Vater): Er (Sohn) hat eigentlich das, was er braucht.
SA: Hat er das? Was hat er denn, Ihrer Meinung nach?
Kl: (zählt auf: Zimmer, andere Konsumgüter)
SA: Reicht das?
Kl: Anderen Kindern reicht das doch auch. Hat seine Freunde, seine
Freiheiten soweit ... Trotzdem macht der so Sachen. Und ich weiß halt
nicht mehr, wie ich drauf reagieren soll.
SA: Ja, ich denke, dass man ... dass man auch nicht an ihn herankommt,
weil man auch nicht zu den gegebenen Zeiten da ist.
Kl: Wie meinen Sie das?
SA: Ich denke, dass ... er damit Zeichen setzen will, und zwar sehr deut-
lich, dass sich um ihn gekümmert wird, ne?
Kl: Es wird sich doch aber um ihn gekümmert.
SA: Ich denke, sehr viel Zeit bleibt doch da nicht, ich denke, Ihre Frau
wird nach Haus kommen und erst mal was im Haushalt tun. Wie läuft
das so ab, wenn sie um fünf Uhr kommt? (davon war bisher überhaupt
nicht die Rede!)
Kl: (beschreibt, wie es so zugeht.)
SA: Setzen Sie sich mit den Kindern auseinander, was am Tage so ab-
gelaufen ist. Trinken Sie zum Beispiel schon mal zusammen Tee?
Kl: Nein
SA: Nie?
Kl: Ja, zum Frühstück.
SA: Nein, ich meine außerhalb der Essenszeiten. Einfach, dass (sich)
zusammengesetzt wird, einfach dass mal übern Tag gesprochen wird ...
SA: Nein, ich komme nach Hause von der Arbeit ... (erzählt, was er
macht, SA unterbricht:)
SA: Halten Sie es nicht für erforderlich? (Quelle: Gespräch 10)

Offensichtlich sieht die Sozialarbeiterin im abwesenden Sohn eher ein Opfer mangelnder Erziehungsfertigkeiten der Eltern, insbesondere des anwesenden Primärklienten: des Vaters. Durch entsprechende Fragen, deren
Tonfall hier nicht wiederzugeben ist, wird dem Vater indirekt die Schuld
zugewiesen, wogegen der sich gereizt zur Wehr setzt. Auch hier stellt sich
die Frage, wie es auf diesem Weg möglich sein soll, den Vater als Partner

für ein Arbeitsbündnis zu gewinnen, zumal er sich in diesem Gespräch nicht nur als nicht akzeptiert, sondern eher als Angeklagter fühlen muss. Das geht an einigen Stellen so weit, dass die Sozialarbeiterin offenbar eine Hypothese im Kopf hat, nach der Meinung des Klienten fragt, mit dessen Antwort nicht zufrieden ist, weil sie nicht mit ihrer Sichtweise übereinstimmt, und dann ihre eigene Vermutung offenbart:

> *Beispiel 122:*
> SA: Versuchen Sie auch, ihn (den Sohn) zu verstehen?
> Kl (Vater): Nee, tut mir leid. Was soll ich denn da verstehen, wenn er hingeht und seine Lehrerin schlägt? Oder wenn er hingeht und jemanden beklaut? Was völlig offensichtlich ist auch noch. (sic)
> SA: Meinen Sie nicht, dass er Gründe hat?
> Kl: Ja klar, vor den anderen imponieren ...: „Seht her ...“
> SA: Sind Sie sicher, dass er das deswegen macht?
> Kl: Weswegen denn sonst?
> SA: Um auf sich aufmerksam zu machen ... (Quelle: Gespräch 10)

Dass der Klient bei dieser Art des Umgangs mit ihm irgendwann die Geduld verliert, ist nicht weiter verwunderlich:

> *Beispiel 123:* (Die SA versucht über weite Strecken, dem Vater klarzumachen, dass letztlich er und seine Frau die Schuld am Verhalten des Sohnes haben. Als eine Dimension der Begründung führt sie an: die Eltern haben zu wenig Zeit.)
> SA: Aber wenn Sie sagen: „Er könnte um Hilfe bitten“, welche Hilfe meinen Sie da? Wofür?
> Kl: Ja, für alles. Könnte mich ja zum Beispiel fragen, wenn er Schwierigkeiten in der Schule hat, ob ich nicht für ihn was tun kann.
> SA: Hätten Sie denn die Zeit dazu? (Die SA meint unterschwellig schon die ganze Zeit: nein.)
> Kl: Ja, wenn nicht ich, dann meine Frau.
> SA: Hat sie die Zeit dazu oder das nötige Wissen dafür?
> (Pause)
> Kl: Sagen Sie mal: Wollen sie damit sagen, dass wir zu doof sind, um meinen Jungen zu erziehen?
> SA: Nein. Ich denke, dass einfach ...

> Kl: Also in der Schule können wir ihm schon helfen. Rechnen kann ich
> noch. (Quelle: Gespräch 10)

Auch im folgenden Beispiel ist hinter den Fragen der Sozialarbeiterin deutlich eine Hypothese herauszulesen, die aber nicht als Leitlinie für intensives Wahrnehmen und Zuhören genutzt wird; vielmehr wird sie so deutlich angesprochen, dass die Klientin nichts damit anfangen kann.

> *Beispiel 124*: (Die Kl hält die Aufklärung des Kindes über seine Adoption für zu früh, weil es mit zwölf Jahren noch zu verspielt ist. Die Sozialarbeiterin fragt skeptisch, woran die Mutter dies festmacht. Dann:)
> SA: Also ganz abgesehen davon. Ich hab' jetzt so das Gefühl, Sie haben Angst, dass er sich ablöst von Ihnen, wenn er das erfährt, dass er adoptiert ist.
> Kl: Wie, ablösen?
> SA: Dass er sagt: „Das sind nicht meine richtigen Eltern." Und da ist jetzt ' ne Blockade. Dass Sie den verspielten kleinen Jungen gerne haben möchten.
> Kl: Hm. Das ... glaub' ich eigentlich weniger. Ich hab' nur wirklich den Eindruck, der ist noch zu jung, ... das wäre zu viel für den auch.
> SA: Für ihn. Aber für Sie? Was ist bei Ihnen?
> Kl: Ja, also ich mein', ich weiß, dass er adoptiert ist.
> SA: Nein darum nicht. Ich meine, weil Sie sich so dagegen wehren, es ihm beizubringen. Man kann es auch einem verspielten kleinen Jungen beibringen, dass Sie Angst haben, dass da die Beziehung zwischen Ihnen und Ihrem Adoptivsohn zerstört wird.
> Kl: Ja, ich mein' aber auf der anderen Seite, er löst sich sowieso ab, eigentlich jetzt, das ist ja auch das Alter so'n bisschen. Er hat ja auch so seinen eigenen Kreis, in dem er sich bewegt, an Schulkameraden, an Freunden und ... Nur was mir halt Sorgen bereitet, das ist, dass ... wir können einfach nicht mehr mit ihm umgehen.
> SA: Inwiefern nicht, wie sieht das aus? (Quelle: Gespräch 22)

Wieder geht es gar nicht darum, ob die Vermutung der Sozialarbeiterin gescheit ist oder nicht, sondern um den Umgang mit einer möglicherweise zutreffenden Vermutung. Es muss darum gehen, durch interessierendes Fragen und Zuhören weiter Anhaltspunkte zu bekommen, ob diese Vermutung lohnt, weiter verfolgt zu werden. Zugleich muss es darauf ankommen, der Klientin zu helfen, die dafür notwendigen Schilderungen so vorzunehmen, dass sie selbst eine Chance bekommt herauszufinden, wie sich die Sache verhält.

In diesem Fall hätte die Hypothese der Trennungsangst genutzt werden können, um zum Beispiel das Gespräch in die folgende Richtung zu bringen: „Sie haben davon gesprochen, dass Ihr Sohn Ihnen noch zu verspielt vorkommt. Mich würde interessieren, wann Sie damit rechnen, dass er für ein Gespräch über die Adoption weit genug ist. Wie muss er Ihrer Meinung nach sein?" Und bezogen auf die Klientin selbst ließe sich dann vielleicht mit einigen, nicht direkt hintereinander in einem Zug zu stellenden Fragen fortfahren, beispielsweise: „Wie sehen Sie denn Ihr weiteres Leben in der Zukunft, wenn Ihr Sohn erfährt, dass er adoptiert ist?" „Wie stellen Sie sich die Auswirkungen auf Ihr Leben vor?" „Welche Gefühle verbinden Sie damit?" Durch diese Vorgehensweise kann die Klientin ihre möglicherweise vorhandenen Ängste artikulieren und anfangen, einen Zusammenhang zur Meidung der Adoptionsproblematik herzustellen, wenn es ihn denn gibt.

Dass sich Hypothesen in Form von Vorschlägen niederschlagen können, ist bereits oben im Zusammenhang mit Vorschlagsfragen diskutiert worden (vgl. 5.1). Jemandem etwas vorzuschlagen, und sei es auch in der versteckten Form einer Frage, setzt voraus, dass man meint, man wüsste oder vermute, was beim anderen los sei. Im folgenden Beispiel ist dies gut ablesbar:

Beispiel 125: (Der Kl berichtet von einer Episode aus seiner Kindheit, in der ihn ein Freund zutiefst enttäuscht hat.)

SA: Haben Sie denn mit Ihrem Freund darüber geredet?

Kl: Mit dem dann nicht mehr, mit dem war ich fertig.

SA: Vielleicht hätte das ja ein klärendes Gespräch einfach nur sein können. Also ich denk' mir ...

Kl: Ich weiß nicht. Also, ich hab' mich also unheimlich zornig gefühlt in dem Moment, aber ich konnt' ihm das auch irgendwie nicht sagen, weil ich bin ja verarscht worden von ihm, ne? Der hat mich ja regelrecht lächerlich gemacht, ne? Weil ich bin ja rum gegangen zu anderen Leuten und hab' ... also jedem das erzählt praktisch, ne? Und alle haben über mich gelacht, ne?

SA: Hm. Ich mein', ich weiß es nicht ...

Kl: ... Ich hab' mich so geschämt hinterher ... Ich war also fertig mit dem, wie gesagt, ne? Der war für mich gestorben, ne? So in der Richtung.

SA: Ich mein', ich weiß das nicht, warum Ihr Freund das gemacht hat, ne? Aber ich denke, man hätte ihm vielleicht noch die Chance geben sollen, einfach noch mal darüber zu reden und noch mal nachfragen zu können, warum er das jetzt gemacht hat, ne?, was dahinter gesteckt hat, ob das für ihn nicht auch bloß so'n bisschen so Aufschneiderei war. Ich denk' mir ...

Kl: ... ich weiß nicht. Ich könnte das, glaube ich, nicht. Also ich war mit dem fertig, ne? Regelrecht. Also ich hätte ihn vielleicht verprügeln können. Aber wie gesagt: Naja, der Gedanke war jedenfalls da, aber ich schlag' mich nicht, das ist ... grundsätzlich nicht.

SA: Und statt jetzt irgendwie zu prügeln, haben Sie das jetzt erst 'mal alles in sich hineingefressen, so; dem nichts gesagt, und dann einfach so ...

Kl: Ja ...

SA: ... jetzt geh' ich. (Quelle: Gespräch 25)

Es handelt sich hier zwar um eine zeitlich zurückliegende Episode, so dass die Vorschläge sehr abstrakt bleiben. Dennoch meint die Sozialarbeiterin deutlich, dass das Verhalten des Klienten falsch war: er hätte reden oder vielleicht sogar eher kämpfen müssen, aber nicht den Ärger in sich reinfressen dürfen. Auch hier gilt wieder: die Ansicht könnte durchaus richtig sein. Nur: stimmt sie? Und noch wichtiger: bekommt der Klient eine Chance, in seinem Verhaltensmuster ein Problem zu sehen, an dem zu arbeiten sich lohnt und das deshalb Gegenstand von Überlegungen im Arbeitsbündnis sein sollte? Das aber muss im Erstgespräch geschehen.

Eine andere Quelle von Vorwissen kann aus vorliegenden Akten oder Berichten kommen. Vorhandenes Wissen sollte nicht nochmals abgefragt werden, zumal dann, wenn der Klient weiß, dass derartige Informationen über ihn bereits vorliegen. Entschließt sich der Sozialarbeiter bewusst, derartige Vorkenntnisse nicht zu nutzen, sollte er dies dem Klienten als begründete Entscheidung vermitteln.[206]

Je mehr private und berufliche Erfahrungen, je mehr Kenntnisse und Theorien Sozialarbeiter in Erstgespräche bringen, desto vielfältiger bieten sich Wahrnehmungsmöglichkeiten und Interpretationsvorschläge an. Ihre Fruchtbarkeit steht und fällt mit der *Art des Umgangs mit diesem Wissens- und Erfahrungsschatz*: Wird er als zutreffend unterstellt, dem Klienten als Expertenmeinung vorgelegt oder als Basis für Vorschläge herangezogen, dann kann sich keine Neugier auf die tatsächliche Lebenssituation der Klienten einstellen. Werden die Kenntnisse und Wissensbestände dagegen als Perspektiven für besonders aufmerksames Fragen und Wahrnehmen angesehen, können sie ein hohes Potential an Erkenntnissen für die Sozialarbeiter und an Einsichten für die Klienten entfalten. Als Anlass zum neugierigen Fragen sind Kenntnisse und Hypothesen von großem Gewinn; als vermeintlich bereits gegebene Antworten auf nicht gestellte Fragen eine Katastrophe für den Verlauf und die Ergebnisse von Erstgesprächen.

Die bisherigen Überlegungen bezogen sich auf Anstrengungen, Zustandsräume der Klienten, die durch Gefühlssignale und/oder durch gemeinsame Überlegungen als wichtig identifiziert worden sind, so ausführlich und differenziert zur Sprache zu bringen, dass die Sozialarbeiter eine plastische Vorstellung der Lebenssituation ihrer Klienten entwickeln können und die Klienten vermehrt Chancen erhalten, das ihnen Bekannte vollständiger und differenzierter als bisher zu betrachten. Diesen Zielen dienen auch die folgenden Überlegungen, die nahelegen sollen, alle erkennbaren Vergleichsmöglichkeiten zu nutzen, um die bestehende Situation der Klienten im Hinblick auf ein Arbeitsbündnis transparenter zu machen.

5.6 VERGLEICHEN: ZEIT- UND BELASTUNGSDIMENSIONEN

Um die Argumentation zu erleichtern, orientiere ich die Darstellung im folgenden an einem Übersichtsschema (siehe Schema 1), in dem die jeweils behandelten Vergleichsmöglichkeiten besonders kenntlich gemacht sind.

Die beiden Dimensionen dieser Übersicht sind zum einen die Zeitperspektive (jetziger Zustand, Schwankungen im jetzigen Zustand, frühere Zustände und bisherige Entwicklung, Zukunftsvorstellungen), zum anderen Zustandsräume mit und ohne Belastungen, die von den Gesprächspartnern als wichtig erkannt worden sind. Über die Identifikation wichtiger Zustandsräume ist oben ausführlich berichtet worden, ebenfalls über die Beschreibung einzelner Zustandsräume.

Schema 1:   Ein zentraler belasteter Zustandsraum mit
Vergleichsmöglichkeiten

Identifikation wichtiger Zustandsräume durch Gefühlssignale und Vereinbarungen	jetziger Zustand	zeitliche Schwankungen im jetzigen Zustand	Zustand vorher und zeitliche Entwicklung	Vorstellungen über die Zukunft
belasteter Zustandsraum A				
belasteter Zustandsraum B				
belasteter Zustandsraum C, D, ...				
Zustandsraum ohne Belastung A				
Zustandsraum ohne Belastung B				
Zustandsraum ohne Belastung C, D, ...				

Im Weiteren soll jetzt auf verschiedene darüber hinausgehende Felder gemeinsamer Aufmerksamkeit eingegangen werden, die Aussicht bieten, die Lebenslage der Klienten wesentlich zu erhellen. Die dabei zu Grunde gelegte Reihenfolge der Darstellung soll keinerlei Vorschrift für die zeitliche Reihenfolge der Behandlung in den Erstgesprächen nahelegen. Vielmehr sollten Sozialarbeiter sich völlig frei fühlen, welche der folgenden Anregungen sie aufgreifen und an welcher Stelle sie ein Eingehen auf sie für ratsam halten. Zweck der Überlegungen kann deshalb nur sein, *auf einige prinzipielle Möglichkeiten erhellender Vergleiche systematisch einzugehen und diese Möglichkeiten bewusster zu machen.* Die Übersichten dürfen daher nicht als Versuch zur Standardisierung des nicht Standardisierbaren missverstanden werden. Sie dienen lediglich der Veranschaulichung von Vergleichsdimensionen, die sich von Fall zu Fall als fruchtbar erweisen und prinzipiell in die Überlegungen einbezogen werden können.

(1) *Zentraler belasteter Zustandsraum.* Der fett gerahmte Teil von Schema 1 symbolisiert die bisher behandelte Thematik: der jetzige Zustand eines belasteten Zustandsraums, der für's Erste im Vordergrund eines Gesprächs steht. Die typische Anfangsphase von Erstgesprächen ist häufig dadurch

gekennzeichnet, dass zunächst ein derartiger zentraler belasteter Zustandsraum im Vordergrund steht.

(2) Ist dieser im gemeinsamen Gespräch für die ersten Zwecke einer Orientierung erschöpfend beleuchtet worden, kann es beispielsweise sinnvoll
sein, nach *anderen belasteten Zustandsräumen* Ausschau zu halten. Insbesondere dann, wenn Klienten eine Kompaktdarstellung ihrer Lebenssituation zu Beginn eines Gesprächs vortragen, kann es ratsam sein, zunächst einen besonders belastenden Bereich auszuwählen, um dann, zu einem späteren Zeitpunkt, weitere belastete Zustandsräume aufzugreifen. Über
Möglichkeiten der Prioritätenfindung ist schon an anderer Stelle berichtet
worden (5.3) An Hand von Schema 2 soll es im folgenden um solche anderen Zustandsräume gehen (siehe den fett gekennzeichneten Bereich).

Schema 2:   Andere belastete Zustandsräume

Identifikation wichtiger Zustandsräume durch Gefühlssignale und Verein- barungen	jetziger Zustand	zeitliche Schwan- kungen im jetzigen Zustand	Zustand vorher und zeitliche Ent- wicklung	Vor- stellungen über die Zukunft
belasteter Zustandsraum A				
belasteter Zustandsraum B				
belasteter Zustandsraum C, D, ...				
Zustandsraum ohne Belastung A				
Zustandsraum ohne Belastung B				
Zustandsraum ohne Belastung C, D, ...				

Beispiele für das Erkunden anderer möglicher Zustandsräume mit Belastungen sind im Material der Gesprächsverläufe verschiedentlich nachweisbar.

161

Beispiel 126: (Der Kl beschreibt, wie ihm alles schief geht, alle über ihn herziehen.)
SA: Ich glaub, dass Sie im Moment so allgemein das Gefühl haben, dass ... also ... dass mit Ihnen nichts los ist.
Kl: Ja, ja.
SA: Ist das nur so in der Lehrstelle oder ...
Kl: Nein, auch im Verein so. Ich spiele Volleyball ... (es folgen Beispiele) (Quelle: Gespräch 06)

Beispiel 127: (Ausgangspunkt sind Probleme am Arbeitsplatz.)
SA: Dann kennen Sie das Verhalten von sich auch in anderer Umgebung? Das ist jetzt also nicht typisch nur für den Arbeitsplatz .., für den Arbeitsbereich, sondern auch in Ihrem privaten Umgang? Haben Sie private Kontakte, Freunde, Bekannte? (Quelle: Gespräch 19)

Beispiel 128: (Es geht um die Erörterung von Problemen, die durch den Auswanderungswunsch des Ehemanns der Kl ausgelöst sind.)
SA: Heißt das, dass sich die ganze Problematik Eurer Beziehung im Moment am beruflichen Fortkommen festmacht? Oder gibt es da weitere Bereiche?
(Die Antworten geben Hinweise auf andere (Folge-)Schwierigkeiten, beispielsweise Kinderwunsch.) (Quelle: Gespräch 03)

Die Beispiele sind nicht immer besonders glücklich formuliert, deuten aber prinzipiell die Möglichkeit an, im Anschluss an einen bestimmten problemdominierenden Themenkomplex der Frage nachzugehen, wie es mit benachbarten oder ganz anderen Zustandsräumen aussieht. Für eine grundlegende Bestandsaufnahme ist es wichtig, einen *Überblick über die wichtigsten belasteten Zustandsräume* zu bekommen und dabei nichts Wesentliches zu übersehen. Dies gilt auch dann, wenn es sich um Dienststellen mit begrenztem Arbeitsauftrag handelt: hier muss sichergestellt werden, dass die eigenen zu planenden Beiträge in andere, eventuell schon bestehende Hilfeangebote eingepasst und gegebenenfalls koordiniert werden. An anderer Stelle (vgl. 7.1) ist noch auf die Frage der geeigneten Zuständigkeit für diese Koordinierungsfunktion im Sinne des Case Managements einzugehen.

(3) Eine besonders wichtige Perspektive für die Bestandsaufnahme ist die Beschäftigung mit *Zustandsräumen ohne Belastung* oder, in anderen Worten, die Identifikation und Vergegenwärtigung von Lebensbereichen der Klienten, die (relativ) problemfrei verlaufen, in denen sich auch Stärken der

Klienten und ihrer Lebensweise und Ressourcen bemerkbar machen. Im Schema 3 sind diese Zustandsräume ohne Belastungen durch fette Umrandung gekennzeichnet und entsprechend von den belasteten Zustandsräumen abgehoben.

Schema 3:   Zustandsräume ohne Belastung

Identifikation wichtiger Zustandsräume durch Gefühlssignale und Vereinbarungen	jetziger Zustand	zeitliche Schwankungen im jetzigen Zustand	Zustand vorher und zeitliche Entwicklung	Vorstellungen über die Zukunft
belasteter Zustandsraum A				
belasteter Zustandsraum B				
belasteter Zustandsraum C, D, ...				
Zustandsraum ohne Belastung A				
Zustandsraum ohne Belastung B				
Zustandsraum ohne Belastung C, D, ...				

Die Beschäftigung mit Zustandsräumen, die (relativ) unproblematisch sind, scheint zunächst dem gesunden Menschenverstand zuwiderzulaufen. Schließlich kommen Sozialarbeiter und Klienten zusammen, um für vorhandene Probleme Verbesserungen zu finden. Es dürfte kein Zufall sein, dass im Material der 32 Gesprächsaufzeichnungen nicht ein einziges Beispiel für das Bemühen um diese funktionierenden Zustandsräume nachzuweisen ist, obwohl in den Äußerungen der Klienten häufig Hinweise auf vorhandene Stärken aufblitzen. Sollten Sozialarbeiter einen derartigen Versuch unternehmen, müssen sie auch damit rechnen, dass Klienten nicht unmittelbar einsehen können, welchen Sinn es machen könnte, über weniger problembeladene Lebensbereiche zu sprechen. Dennoch gibt es gute Gründe, die gemeinsame Aufmerksamkeit auf diese nur scheinbar nicht zum Geschäft gehörenden Bereiche zu lenken.

Die wichtigsten Argumente stammen aus der Methodenlehre der Sozialen Arbeit in den unterschiedlichsten Gewändern. Sich um die Stärken der Kli-

163

enten zu kümmern ist ein alter Leitsatz in der Sozialen Arbeit. In der neueren Diskussion um die Funktion von Sozialarbeitern als Case Manager wird wiederholt auf die Notwendigkeit verwiesen, die Ressourcen der Klienten zu berücksichtigen.[207] Die Berücksichtigung dieser Vergleichsperspektiven entspricht auch weitgehend den Vorstellungen, wie sie im Konzept des Empowerment etwa mit dem Begriff des Kompetenzdialogs vertreten wird.[208] Es muss in den Erstgesprächen auch darum gehen, Anknüpfungsmöglichkeiten für Unterstützungen aus der Umgebung der Klienten zu identifizieren und die eigenen Kompetenzen sichtbar werden zu lassen.

Neben diesen praktischen Gesichtspunkten im Hinblick auf die Einschätzung des vorhandenen und noch zu schaffenden Hilfepotentials hilft die Beschäftigung mit den weniger problembehafteten oder sogar reibungslos laufenden Zustandsräumen (sowohl Sozialarbeitern als auch Klienten), das Ausmaß der vorhandenen Probleme realistisch einzuschätzen: Die Betrachtung der Stärken liefert eine Art Kontrastmittel, vor dessen Hintergrund die Zustandsräume mit Belastungen sehr viel trennschärfer wahrgenommen werden können. Ein und dasselbe Problem bei zwei verschiedenen Klienten wird zu sehr unterschiedlichen Interpretationen Anlass geben, je nachdem, ob es eingebettet ist in Zustandsräume ohne oder mit Belastungen. Hinzu kommt, dass den Klienten angesichts der Verstrickung in Probleme häufig aus dem Blick gerät, dass sie vieles bewältigen und insofern nicht nur auf das Problem reduziert sind, obwohl sie sich im Moment vielleicht so fühlen.

> *Beispiel 129*: In einem Erstgespräch stehen die gravierenden Kontaktprobleme eines Kl im Vordergrund des Gesprächs. Alkoholkonsum und eine zunehmende Einsamkeit verschärfen das Ausgangsproblem. Versteckt erkennbar sind aber auch Stärken des Kl, die im Hinblick auf die weiteren Überlegungen wichtig sein könnten und auf die deshalb systematischer und umfassender eingegangen werden müsste, auch um dem Kl Gelegenheit zu geben, sich nicht ausschließlich über seine Kontaktprobleme zu definieren. Erkennbar ist beispielsweise, dass der Kl offensichtlich in der Lage ist, seinen Haushalt allein zu führen, dass er einen Beruf erlernt hat und in diesem Beruf bisher gut gearbeitet hat. Der Chef würde ihn nur ungern ziehen lassen (Bündnispartner für die weitere Arbeit!). Möglicherweise gibt es andere Bereiche, die ebenfalls auf Stärken des Kl hinweisen. (Quelle: Gespräch 25)

Die bisherigen Überlegungen in diesem Abschnitt stellen ergänzende Möglichkeiten dar, wichtige (belastete und unbelastete) Zustandsräume zu identifizieren, über die eine gemeinsame Klärung herbeizuführen sich lohnt.

(4) Für alle derart als wichtig bestimmten Zustandsräume gibt es nun gute Möglichkeiten, plastischer vor Augen zu führen, wie es um sie jeweils bestellt ist. Eine erste derartige Möglichkeit besteht darin, gemeinsam zu prüfen, inwieweit in der gegenwärtigen Ausformung *zeitliche Schwankungen oder Intensitätsschwankungen* vorkommen (siehe Schema 4, fettumrandeter Bereich).

Schema 4:   Zeitliche Schwankungen

Identifikation wichtiger Zustandsräume durch Gefühlssignale und Vereinbarungen	jetziger Zustand	zeitliche Schwankungen im jetzigen Zustand	Zustand vorher und zeitliche Entwicklung	Vorstellungen über die Zukunft
belasteter Zustandsraum A				
belasteter Zustandsraum B				
belasteter Zustandsraum C, D, ...				
Zustandsraum ohne Belastung A				
Zustandsraum ohne Belastung B				
Zustandsraum ohne Belastung C, D, ...				

Es macht offensichtlich Unterschiede, ob Probleme, die Eltern mit ihrem Kind erleben, täglich gleichbleibend oder nur zu bestimmten (welchen?) Tagen auftauchen. Intensitätsunterschiede zu erkennen, bietet häufig Möglichkeiten, die Umstände zu erkunden, die mit derartigen Schwankungen in Zusammenhang stehen könnten. Dabei ist zunächst ausschließlich die Sichtweise der Klienten wichtig. In den ausgewerteten Gesprächsaufzeichnungen finden sich zu dieser Möglichkeit intensiverer Beleuchtung von wichtigen Zustandsräumen zwar keine Beispiele, ihre verstärkte Beachtung in Erstgesprächen erscheint aber dennoch erfolgversprechend.

(5) Zahlreiche Beispiele dagegen lassen sich für Versuche nachweisen, die Entstehung und Vorgeschichte von problembelasteten oder problemfreien Zustandsräumen in das Erstgespräch einzubeziehen[209] (siehe Schema 5, fettumrandeter Bereich).

Schema 5:   Entstehung und Vorgeschichte von problembelasteten und
              problemfreien Zustandsräumen

Identifikation wichtiger Zustandsräume durch Gefühlssignale und Vereinbarungen	jetziger Zustand	zeitliche Schwankungen im jetzigen Zustand	Zustand vorher und zeitliche Entwicklung	Vorstellungen über die Zukunft
belasteter Zustandsraum A				
belasteter Zustandsraum B				
belasteter Zustandsraum C, D, ...				
Zustandsraum ohne Belastung A				
Zustandsraum ohne Belastung B				
Zustandsraum ohne Belastung C, D, ...				

Beispiel 130: (Eine Kl mit Alkoholproblemen erzählt, was sie jetzt im Durchschnitt trinkt.)
SA: Und seit wann geht das jetzt so, dass Du ... übermäßig – wie Du meinst – Alkohol trinkst?
(Kl antwortet: seit etwa einem halben Jahr; etwas später:)
SA: Und früher, also jetzt vorm halbn Jahr oder so, hattest Du da nie so schwerwiegende Probleme ..., oder wie hast Du die da gelöst? (Quelle: Gespräch 07)

Beispiel 131: (Die jetzige Situation des ausländischen Kl nach Überwechseln von seiner Heimat nach Deutschland wird erörtert, auch seine jetzige Beziehung zum Vater. Nach einem Einschnitt:)
SA: Wie war das denn so am Anfang Ihrer Zeit, als Sie hier in Deutschland waren?
(Die Antwort des Kl belegt, dass er zunächst im Sinne des Vaters „funktioniert" hat, dann über das Erlernen der deutschen Sprache und das Entstehen von Freundschaften mit Gleichaltrigen allmählich andere Orientierungen entwickelte, die zu Spannungen mit dem Vater führten.)
(Quelle: Gespräch 01)

Beispiel 132: (Die Kl bringt vor, dass sie früher Magersucht hatte.)
SA: Mir wär' es ganz lieb, wenn Sie von Anfang an ... so erzählen würden, über ... den Ursprung so ... auch Ihrer Magersucht, oder wie das damals war, und dann ... so in die heutige Zeit ... (unverständlich) ...
Kl: Ja, das fing so an: Da war ich vielleicht ja so 13 Jahre ... (Quelle: Gespräch 16)

Beispiel 133: (Vorausgegangen ist ein Eingehen auf den jetzigen Zustand.)
SA: Das ist so die momentane Situation für Euch. Und wie sah es früher aus? (Quelle: Gespräch 03)

Auch hier lässt sich zu den Formulierungen als solchen Kritisches anmerken. Entscheidend ist aber, dass es offensichtlich häufig möglich erscheint, die Orientierung auf einen Rückblick zu lenken, um auf diese Weise zeitliche Vergleichsmöglichkeiten zu erhalten. Wichtig ist nun allerdings, dass derartige Ausflüge in die Vergangenheit nicht beliebig für alle in Frage kommenden Zustandsräume schematisch gemacht werden (wenn dies auch die hier zu Darstellungszwecken herangezogenen Schemata vielleicht nahelegen könnten). Vielmehr muss von Fall zu Fall geprüft werden, ob ein Kontrast des jetzigen Zustands mit einem früheren Zustand und die dazwischen liegende Entwicklung Wichtiges zur Aufklärung beitragen können. Im folgenden Beispiel 134 kann man eher den Eindruck gewinnen, dass die von der Sozialarbeiterin eingeführte Perspektive des Vergleichs mit früheren Zeitpunkten von zentraleren Fragen ablenkt, was die Reaktion der Klientin dann auch offenbart:

Beispiel 134: (Die Kl kommt wegen der unbefriedigenden und belastenden Besuchsregelung, auch auf Drängen des Kinderarztes. Sinnvoll sind hier genaue Beschreibungen der Besuchsauswirkungen im Vergleich mit Zeiten vorher – dazwischen – danach, um die Auswirkungen kontrastieren zu können: Wenn die Tochter zum Beispiel häufig aggressiv ist, ist die Mitteilung, dass sie nach einem Besuch beim Vater aggressiv sei, nicht besonders aussagekräftig für die Auswirkungen dieses Besuchs. Stattdessen konzentriert sich die SA hier auf die vor 1 1/2 Jahren geschiedene Ehe. Sie fragt, wie sie zu Beginn war, wie zum Schluss. Dies macht hier wenig Sinn. Über weite Strecken läuft das Gespräch „am Thema vorbei". Irgendwann reagiert auch die Kl und sagt:)

Kl: Für mich ist das eigentlich zu Ende, ne? Für mich ist eigentlich jetzt wichtig, was mit meiner Tochter ist, ne?... Nicht, was mit meinem Mann ist oder so. Ich meine, da hab' ich schon einen Schluss-Strich drunter gezogen, ja. Ich leb' ja jetzt auch mit jemand anderem zusammen, ne?
SA: Hm. Das ist für Sie ... ?
Kl: ... (unverständlich) Kontakte, das ist ... das ist für mich jetzt auch wichtig ... wichtiger als jetzt das Auskommen meines Mannes, ne? (Quelle: Gespräch 31)

(6) Sind die verschiedenen wichtigen Zustandsräume gemeinsam erkundet, kann es im Hinblick auf die zu entwickelnden Abmachungen im Arbeitsbündnis wichtig sein, explizit den *Vorstellungen* der Klienten *über die Zukunft* nachzugehen, sofern diese nicht ohnehin schon deutlich geworden sind (siehe Schema 6, fettumrandeter Bereich).

Beispiel 135:
SA: Wenn Du Dir jetzt vorstellst, wie es jetzt weitergehen könnte, was möchtest Du da? Wie sieht es da aus? (Quelle: Gespräch 03)

Die Beschäftigung mit den Zukunftsvorstellungen eignet sich als besonders guter Übergang zu der Vorbereitung von Bündnisabsprachen, auf die im nächsten Abschnitt weiter eingegangen wird. Vorher soll hier auf die Frage nach den *Zusammenhängen zwischen* den in Erstgesprächen *als wichtig erkannten Zustandsräumen* eingegangen werden.[210]
Sowohl auf Seiten der Klienten als auch auf Seiten der Sozialarbeiter scheint eine starke Neigung zu bestehen, zwischen als wichtig eingeschätzten Zustandsräumen Zusammenhänge zu unterstellen. Dabei spielen insbesondere kausale Verknüpfungen eine vorrangige Rolle. Die Tendenz, Probleme sehr schnell oder gar von vornherein auf bestimmte Ursachen zurückzuführen, ist allem Anschein nach so verbreitet, dass sie – um gleich selbst einen weiteren Beleg zu liefern – als Ergebnis einer allgemeinen sozialpsychologisch erklärbaren Neigung zu kausalen Interpretationen angesehen werden kann.[211]

Schema 6: Vorstellungen über die Zukunft

Identifikation wichtiger Zustandsräume durch Gefühlssignale und Vereinbarungen	jetziger Zustand	zeitliche Schwankungen im jetzigen Zustand	Zustand vorher und zeitliche Entwicklung	Vorstellungen über die Zukunft
belasteter Zustandsraum A				
belasteter Zustandsraum B				
belasteter Zustandsraum C, D, ...				
Zustandsraum ohne Belastung A				
Zustandsraum ohne Belastung B				
Zustandsraum ohne Belastung C, D, ...				

Sowohl unter dem Gesichtspunkt eines Erkenntnisgewinns für die Sozialarbeiter als auch in der Perspektive eines Behandlungseffekts für die Klienten ist es nun wichtig, derartige spontan vorgenommene Verknüpfungen bewusst zu machen und mögliche Alternativen gemeinsam zu untersuchen. Auf diese Weise können Annahmen, die unbewusst aus (Alltags-)Theorien abgeleitet und handlungswirksam sind, in ausdrückliche Vermutungen oder Hypothesen übersetzt und daraufhin überprüft werden. Ein (fiktives) Beispiel soll dies illustrieren:

Beispiel 136: In einem freiwillig zustande gekommenen Erstgespräch geht es um das problematische Trinkverhalten einer Schülerin. Neben dem starken Alkoholkonsum erwähnt die Kl, dass ihre Eltern sehr streng mit ihr umgehen. Es ist nun vorstellbar, von einer kausalen Verknüpfung zwischen dem Alkoholkonsum der Kl und der Strenge der elterlichen Erziehung auszugehen. Auch die Kl selbst könnte ihre Probleme von vornherein so darstellen, dass der Alkoholkonsum als Folge der strengen Erziehung der Eltern erscheint.

Gerade bei erbetenen Gesprächen kommen viele Klienten mit fertigen Erklärungsmustern für ihre Probleme zu den Gesprächen. Wichtig ist nun, eine derartige Verknüpfung als eine unter mehreren möglichen zu erkennen und im Gespräch bewusst zu machen. Die spontan eingebrachte kausale Verknüpfung kann sich selbstverständlich auch bei näherem Hinsehen als wahrscheinlich zutreffend herausstellen. Denkbar ist aber auch, dass die Kausalitätsrichtung in Beispiel 136 genau umgekehrt verläuft: möglicherweise waren die Eltern früher eher liberal in ihrem Erziehungsverhalten und sind erst durch einen wie immer entstandenen Alkoholkonsum der Tochter zu einer strengeren Erziehung übergegangen. Nicht auszuschließen ist, dass beide Zustandsräume durch andere Umstände beeinflusst worden sind, zwischen ihnen also gar kein direkter Zusammenhang besteht. So könnte man konstruieren, dass die Eltern nach einem Unfall einer älteren Tochter ihr Erziehungsverhalten änderten und die jüngere Tochter aus gleicher Ursache anfing, Alkohol zu trinken.

Besonders wichtig erscheint die Berücksichtigung der Möglichkeit, dass die Entstehung der Probleme als Wechselwirkung zu interpretieren ist, und zwar durch die je unterschiedliche Kausalzuschreibung der Hauptakteure. Aus der Kommunikationstheorie ist bekannt, dass Interaktionspartner vor der Notwendigkeit stehen, Ereignisfolgen zu interpunktieren, das heißt in verständliche Teilabschnitte einzuteilen.[212] Aus dieser Sicht wäre dann die Ursachenrichtung als solche weniger wichtig als vielmehr die Tatsache, dass aufeinander bezogene Interaktionspartner gleiche Ereignisse unterschiedlich interpretieren. Statt von vornherein die elterliche Strenge als Ursache für den Alkoholkonsum zu unterstellen, würden in diesem Fall Sozialarbeiter und Klientin auf die Tatsache unterschiedlicher Kausalinterpretationen stoßen und diese unterschiedliche Sichtweise ins Zentrum ihrer Aufmerksamkeit stellen können.

Verknüpfungen zwischen Zustandsräumen sind besonders in den frühen Stadien der Zusammenarbeit zwischen Sozialarbeitern und Klienten mit Vorsicht zu betrachten. Naheliegende und nahegelegte oder gar ausdrücklich angebotene Zuordnungen von Zusammenhängen sind zwar zunächst zuzulassen, da sie dazu beitragen können, die Sichtweise des Klienten kennenzulernen beziehungsweise, wenn derartige Zusammenhänge vom Sozialarbeiter spontan als plausibel vermutet werden, die eigene Betrachtungsweise des Sozialarbeiters zu erhellen. Danach sollte dann aber gründlich abgeklärt werden, ob überhaupt ein Zusammenhang sicher angenommen werden kann, und wenn, mit welcher Kausalitätsrichtung. Dies kann in vielen Fällen dazu beitragen, ein zutreffenderes Bild über die Situation der Klienten zu erhalten (Erkenntnisfunktion) oder den Klienten zu einer neuen Sichtweise seiner Situation zu verhelfen (Behandlungsfunktion).

5.7 BEENDEN DES GESPRÄCHS: BÜNDELN DES BISHERIGEN UND AUSBLICK

Über das Beenden von Erstgesprächen und Gesprächen in der sozialen Einzelhilfe gibt es relativ wenig Kenntnisse. Einige Autoren vermuten in diesem Sachverhalt den Ausdruck einer systematischen Aversion.[213] Stattdessen müsse das „Schlussmachen-Können als professionelle Kompetenz" angesehen werden. Einige Hinweise auf eine angemessene Gestaltung lassen sich aber aus vorhandenen einzelnen Veröffentlichungen zusammenstellen. So gibt es den Vorschlag, eine Uhr aufzustellen, die für beide Gesprächspartner gut erkennbar ist. Einige Zeit vor dem angestrebten Ende des Gesprächs sollte der Sozialarbeiter auf die zu Ende gehende Zeitspanne aufmerksam machen („Unsere Zeit ist fast vorbei."). In einer Zusammenfassung könnten dann die Punkte benannt werden, in denen eine erste übereinstimmende Klärung erreicht werden konnte. Themen, die bei einem weiteren Treffen behandelt werden sollen, um den Klärungsprozess voranzutreiben und ein Arbeitsbündnis zu vereinbaren, sollten ebenfalls (vorläufig) bestimmt werden. Schließlich ist ein neuer Termin festzulegen.[214]

Klienten, die bei dieser Gelegenheit ankündigen, nicht wiederzukommen, stellen für Sozialarbeiter eine besondere Herausforderung dar. Wichtig ist, keine Versuche zu unternehmen, die Entscheidung rückgängig zu machen oder sonst offensiv zu reagieren. Stattdessen sollte die Entscheidung schlicht hingenommen und dem Klienten versichert werden, zur Verfügung zu stehen, wenn es doch zu einer weiteren Begegnung zu einem späteren Zeitpunkt kommen sollte. Allenfalls Hinweise auf andere Angebote können in Erwägung gezogen werden.[215]

6. Ergebnisbezogene Aspekte von Erstgesprächen

Die im vorigen Kapitel nahegelegten Orientierungshilfen zur Gestaltung der Erstgespräche kennzeichnen die *Prozesse*, die zugleich die angestrebten Ergebnisse dieser Gespräche fördern. Neben der Vertrauensbildung geht es um das Anbahnen von Vereinbarungen oder eines Arbeitsbündnisses (6.1) und um den Niederschlag des Gesprächs in Dokumentationen unterschiedlicher Art (6.2). Darauf soll jetzt eingegangen werden. Es handelt sich somit um die *ergebnisbezogenen Qualitätskriterien* von Erstgesprächen.

6.1 VEREINBAREN: ARBEITSBÜNDNISSE EINGEHEN

Wie lange Bestandsaufnahmen dauern, wie viele Verabredungen im Rahmen der Erstgespräche notwendig sind, bis es möglich ist zu entscheiden, ob und wie Arbeitsbündnisse formuliert werden sollten, ist von Fall zu Fall zu entscheiden. Inhaltliche Voraussctzungen sind in jedem Fall, dass die wichtigsten Zustandsräume aufbereitet, Vergleichschancen zur Erhöhung der Transparenz genutzt und Zusammenhänge zwischen Zustandsräumen geklärt sind. Ist dieses Stadium in Erstgesprächen erreicht, kann vermehrt die Perspektive auf die Frage gelenkt werden, welche *Vorstellungen von Hilfestellung die Klienten* haben; und welche Möglichkeiten der Realisierung die Sozialarbeiter unter Wahrung berechtigter Eigeninteressen und Grenzziehungen sehen. In den Aufzeichnungen von Erstgesprächen finden sich viele Beispiele für Versuche von Sozialarbeitern, die diesbezüglichen Erwartungen von Klienten abzuklären.

> *Beispiel 13*7: (Der Kl schildert sein Dilemma der vielfältigen und zu vielen Anforderungen.)
> SA: Was möchten Sie denn?
> Kl: Bitte?
> SA: Was möchten Sie denn?
> Kl: Hm, das ist schwer zu sagen. Geht gar nicht, (unverständlich) ... weil da sind die Kinder, da ist meine Frau, da ist der Job, da ist die Kollegin. Was ich möchte? Doppelt so viel Zeit haben wie jetzt. Aber das geht nicht, ne?

SA (schweigt)

Kl: Mehr Ruhe?

SA (schweigt)

Kl: Vier Wochen Urlaub, mal ganz allein. Möglichst ab morgen. Das wär' es.

SA: Und wie sieht es nach dem Urlaub aus?

Kl: (seufzt) Weiß ich nicht. Also ich denk mir: Wenn ich erst mal Zeit für mich hab', dann krieg' ich das auch irgendwie auf die Reihe. Also ... manchmal denk' ich: Das ist nur 'ne Organisationsfrage.

SA (schweigt, dann): Aber nach dem Urlaub ist Ihre Frau noch da, Ihr Job ist noch da und Ihre Freundin oder Ihre Kollegin ist auch noch da.

Kl: Ja, ja, das stimmt. Klar. Ja, ja, vielleicht gibt es ja noch einen Weg, den ich bisher so aus ... Betriebsblindheit ... – weiß ich nicht – ... nicht gesehen hab', ne? (Unverständlich) ... Wenn ich so ackere, dann kann es ja auch sein, dass ich was übersehen hab', ne? Deswegen denk' ich mir: Wenn Du so Ruhe hast, diese Sachen so durch den Kopf gehen zu lassen, keiner, der was von Dir will, ... ja, dann wär' das vielleicht was, ne? Aber das ist irgendwie utopisch, ne? Urlaub mach' ich mit den Kindern, mit meiner Frau zusammen, klar. Naja. ... (Quelle: Gespräch 23)

Indem der Sozialarbeiter hier den Klienten sich im Kreis drehen lässt, bekommt der Klient eine Chance, selbst zu erkennen, dass er sich im Kreis dreht und seine Urlaubsträume und – später – Krankheitsphantasien kleine Fluchten sind. Damit hätte man hier einen zentralen Gegenstand eines Arbeitsbündnisses „am Wickel": dabei helfen, einen Klärungsprozess zu begleiten, das hamsterhafte innere Rädchendrehen durch Verbalisieren zugänglicher zu machen.

Beispiel 138:

SA: Und was versprechen Sie sich jetzt von dieser Beratungsstunde?

Kl: Ja, das war jetzt einfach mal jetzt so ein Einstieg, so ein Anfang für mich, ne? Endlich mal was zu unternehmen, und auch ernsthaft. Und ich denke mir, dass Sie mir vielleicht auch Informationen geben können, dass ich in irgendwelche Gruppen rein komme oder ...

SA: Ja.

Kl: ... eben halt auch 'ne Therapie, was halt da so nötig ist und was angeboten wird, ne?

SA: Ja.

173

Kl: Und welche Möglichkeiten ich habe.

SA: Hm. Ja ich denke mir: Wir werden erst mal ein wenig zusammenarbeiten ...

Kl: Hm.

SA: ... und dann mal zusehen, ob Sie dann hinterher 'ne Therapie mitmachen wollen oder ob Sie irgendwie in so 'ne Gruppe rein gehen ...

Kl: Hm.

SA: Aber das können wir dann irgendwie hinterher noch mal besprechen.

Kl: Ja. (Quelle: Gespräch 28)

Beispiel 139: (Frau mit Alkoholproblemen. Der SA fragt zunächst nach Menge und Art des Alkoholkonsums, nach Beruf und ob sie sich eine Rückkehr in ihren Beruf vorstellen könne, wenn das Alkoholproblem nicht mehr da ist.)

SA: Und wenn Sie jetzt irgendwelche Hilfe kriegen könnten und Sie würden es jetzt schaffen, vom Alkohol loszukommen, wäre das für Sie 'ne Möglichkeit? ... Oder was erwarten Sie jetzt von mir? Was möchten Sie denn gerne?

Kl: Ja, ich möchte vom Alkohol runter kommen und ... und mein Leben also so wieder gestalten können, dass ich mit mir und meiner Umwelt zufrieden bin. (Quelle: Gespräch 24)

Beispiel 140: (Der Kl erzählt von den Schwierigkeiten, die dadurch entstehen, dass sein Vater ihm kein regelmäßiges Taschengeld und stattdessen Geld in Abhängigkeit von Wohlverhalten gibt.)

SA: In welchem Rahmen stellen Sie sich denn vor, unabhängig zu werden vom Vater? (Quelle: Gespräch 01)

Beispiel 141:

SA: Ja, und was führt Sie dann ... was erwarten Sie dann hier von unserer Stelle? Können Sie das vielleicht artikulieren? (Quelle: Gespräch 16)

Beispiel 142:

SA: Sie sind jetzt zu mir gekommen, und ich würde gern wissen, was Sie jetzt von mir erwarten, was ich machen soll. (Quelle: Gespräch 21)

Die Beispiele zeigen verschiedene Ansätze, sich nach den *Vorstellungen der Klienten* zu erkundigen. Diese Vorstellungen sind ein wichtiger Ausgangspunkt für mögliche Absprachen eines Arbeitsbündnisses, nicht aber

allein schon notwendig bindend: wie oben gezeigt wurde, ist das Arbeitsbündnis als Ergebnis einer gemeinsamen Auseinandersetzung anzusehen.
Die subjektiven Vorstellungen, Erwartungen und Hoffnungen der Klienten
sind dabei ein wichtiger Bestandteil der Gesamtsituation.
Sie werden ergänzt durch die Einschätzung aus der Umgebung des Klienten
(Eltern, Ehepartner, Lehrer, Gericht etc.), soweit von ihnen Informationen
vorliegen. Und sie werden natürlich ergänzt durch die professionelle Bewertung der Sozialarbeiter, inwieweit berufliche Hilfe wirklich notwendig
oder nicht gar kontraindiziert sein könnte.[216] Die gemeinsamen Überlegungen unter Berücksichtigung der beteiligten Personen und Umgebungsfak-
toren sollten erst, wenn Hilfe notwendig erscheint, auf den Abschluss eines
Arbeitsbündnisses abzielen. Im Hinblick auf die *Personen* sollten *vorhandene Hilfequellen im sozialen Netzwerk* der Klienten, die noch zu aktivie-
renden Hilfequellen, die eigenen Hilfemöglichkeiten des Sozialarbeiters
sowie damit verbunden die Grenzen der eigenen Aktivitäten ausgelotet
werden. Überlegungen zu *Modifikationen wichtiger Umweltfaktoren* können sich auf sehr unterschiedliche Bereiche beziehen, beispielsweise Wohnung, Beruf, materielle Situation usw. Diese verschiedenen Aspekte gemeinsam zu identifizieren, zu bündeln und in Absprachen zu kleiden, die
den Klienten einsichtig sind, stellt das eigentliche Ziel der Anfangsphase
sozialer Einzelhilfen dar.
Für die Vorbereitung derartiger Absprachen kann es notwendig und sinnvoll sein, dass beide Seiten zwischen der Phase der Bestandsaufnahme und
der Diskussion über eine Absprache ein paar Tage Zeit verstreichen lassen,
um die bisherigen Eindrücke und Ergebnisse besser verarbeiten zu können.
Häufig werden zusätzliche Informationen eingeholt werden müssen, in un-
gewöhnlichen Problemkonstellationen wird sachliche und fachliche Unterstützung gesucht werden. Möglichkeiten, in diesem Sinn Erstgespräche zunächst zu unterbrechen oder zu beenden, zeigen die folgenden Beispiele
aus den Erstgesprächsaufzeichnungen.

Beispiel 143:
SA: Ja, für mich ist jetzt so 'n ganz grobes Gerippe, so 'n ganze grobes
Bild,... entstanden. Kannst Du Dir vorstellen, das nächste Mal mit Dei-
nem Mann gemeinsam zu kommen, damit Eure Bedürfnisse – vielleicht wenn wir zu dritt sind – miteinander verglichen werden, dass ihr
da Möglichkeiten habt, besser über jemand drittes miteinander in Kontakt zu kommen? (Quelle: Gespräch 03)

Beispiel 144: (Der Kl kann – durch Pausen der SA begünstigt – viel über sein Sich-im-Kreis-Drehen-und-nicht-rauskommen-können verbalisieren. Nach längerer Pause übernimmt die SA die Initiative):

SA: Ja. Ich glaube, das ist auch ein ganz guter Zeitpunkt jetzt, mal ruhen zu lassen für 'ne kurze Zeit, damit Sie noch 'n bisschen nachdenken können. Sie haben ja schon viele Sachen, wo Sie jetzt gerade sagten, das ist mir jetzt erst eingefallen. Ich denke, das ist schon mal ein Anfang dafür zum Nachdenken. Wenn Sie möchten, kommen Sie wieder. Da machen wir weiter.

Kl: Hm. Ja. Doch. Finde ich schon ... Ich glaub', wenn ich da alleine weiter drüber nachgrübele, da komme ich wahrscheinlich auch nicht weiter, also ... Ja.

SA: Ja?

Kl: Doch. Doch, find' ich gut. Ich mein': Ich weiß nicht, was draus wird. Also ich will es versuchen, auf jeden Fall. (Quelle: Gespräch 23)

Beispiel 145:

SA: Ja, das war ja jetzt 'ne ganze Menge. Ich würde mich gern erkundigen, ob es Möglichkeiten gibt, ... Ich würde mich auch gern noch mal mit Ihnen unterhalten. Ich weiß nicht, wie es Ihnen geht.

(Kl reagiert positiv.)

SA: Gut, dann wollen wir einen neuen Termin vereinbaren. Ich erkundige mich, ob es Möglichkeiten gibt. Und dann sprechen wir noch mal drüber. (Quelle: Gespräch 04)

Eine erste Gesprächsrunde ist abgeschlossen, zum Teil ist erkannt worden, dass neue Informationen eingeholt werden müssen (Beispiel 145), dass über einiges neu nachgedacht werden muss (Beispiel 144). Es kann auch sinnvoll sein, das Anschlussgespräch in anderer personeller Besetzung (Beispiel 143) fortzusetzen. Diese Beispiele sind typisch für Gesprächsbeendigungen, soweit dies aus den Videoaufzeichnungen hervorgeht. Auf Seiten der Sozialarbeiter: sich sachkundig machen bis zu einem neuen Gespräch; auf Seiten der Klienten: über einiges neu nachdenken bis zum nächsten Termin; das ist häufig Teil der Vereinbarungen gegen Ende eines ersten Erstgesprächs in einer Serie von Erstgesprächen.

Aus den Angaben in den ausgewerteten Fragebögen über die Vereinbarungen gegen Ende der Gespräche ist zu erkennen, dass bei etwa der Hälfte aller Gespräche Anschlussgespräche mit den selben Personen vereinbart werden.[217] Hinzu kommen solche Gespräche, für die Fortsetzungen mit anderen Personen oder in einer anderen personellen Zusammensetzung vorgesehen wurden. Hierbei handelt es sich häufig um solche Ausgangssituationen, in denen als Primärklient jemand stellvertretend für andere Personen gekommen ist (beispielsweise eine Mutter mit Sorgen um ihr Kind). In diesen Fällen wird dann häufig eine Verabredung getroffen, zunächst diesen abwesenden Dritten zu sprechen oder das nächste Gespräch gemeinsam mit den Primärklienten und den zunächst nicht anwesenden Dritten zu führen. Bei fast einem Drittel der untersuchten Gespräche wird allerdings keine Fortsetzung vorgesehen. Dies ist vor allem dann der Fall, wenn für einen begrenzten Zweck (beispielsweise Sorgerechtsregelung, Gerichtshilfestellungnahme) nur ein Gespräch durchgeführt wird, um ein Gutachten oder eine Stellungnahme schreiben zu können. Mit Ausnahme dieser Erstgespräche mit begrenztem Charakter (häufig als Pflichtaufgabe) überwiegen demnach Erstgespräche, die fortgesetzt werden. In den wenigsten Fällen ist erkennbar, dass schon Arbeitsbündnisse abgeschlossen werden konnten oder könnten. In aller Regel sind weitere Gespräche mit Erstgesprächscharakter notwendig, bevor diese in Vereinbarungen einmünden können.

6.2 DOKUMENTIEREN UND EVALUIEREN: MEHR ALS EINE LÄSTIGE PFLICHT

Die meisten Sozialarbeiter stehen in der Pflicht, nach Beendigung von Erstgesprächen die wichtigsten Ergebnisse schriftlich festzuhalten oder auf der Grundlage dieser Gespräche schriftliche Stellungnahmen abzugeben oder Aktennotizen anzufertigen. Die oben nachgewiesene Einbettung der meisten Arbeitsplätze von Sozialarbeitern in mehr oder weniger ausgeprägte bürokratische Strukturen macht dies notwendig. In einigen Fällen werden Erstgespräche sogar in erster Linie zu dem ausdrücklichen Zweck durchgeführt, eine schriftliche Stellungnahme der Sozialarbeiter vorzubereiten (beispielsweise Jugendgerichtshilfe, Sorgerechtsregelung usw.). Insofern ist es nicht verwunderlich, dass Sozialarbeiter schon während des Gesprächs versuchen, wichtige Ergebnisse schriftlich festzuhalten.

Beispiel 146: (Im ersten Teil des Gesprächs wird deutlich, dass der Ehemann der Kl trinkt, arbeitslos ist und Frau und Kinder prügelt. Eigentlich müsste jetzt die Notwendigkeit für eine Krisenintervention abgeklärt werden, stattdessen – um Luft zu bekommen? – fragt die SA nach Erlaubnis, mitschreiben zu dürfen, wovon sie dann kaum Gebrauch macht. Die Art, wie sie fragt, ist aber von Interesse:)

> SA: Ich würd' Sie gerne fragen, ob ich mir Notizen machen darf? Weil ich mir dann ein besseres Bild von der Situation machen kann, das hilft Ihnen dann auch weiter, das wird also anonym behandelt und ...
> Kl: Sicher.
> SA: ... ich schreib also nicht Ihren Namen dazu. (Quelle: Gespräch 15)

Die Zusicherung, den Namen nicht aufzuschreiben, ist wohl unrealistisch. Denn für die Zwecke der Aktenführung ist das Festhalten der persönlichen Daten unabdingbar. In den Dienststellen mit Pflichtaufgaben ist die Aktenführung wesentlicher Bestandteil der bürokratischen Organisation. Akten dienen dabei mehreren Zwecken, die sich unter dem Stichwort der Arbeitshilfe und des Erfassungswesens zusammenfassen lassen:[218] schriftliche Aufzeichnungen lassen sich immer rechtfertigen mit der Notwendigkeit, das eigene Gedächtnis zu entlasten, ein Gespräch zu reflektieren, Hypothesen zu entwickeln und sich auf das nächste Gespräch vorzubereiten. Sie gewährleisten auch die Kontinuität beruflicher Arbeit bei Stellenwechsel, Krankheits- oder Urlaubsvertretung.[219] Gleichzeitig stellen die Aufzeichnungen immer auch Möglichkeiten der Kontrolle zur Verfügung, und zwar sowohl der Kontrolle der Klienten als auch der Sozialarbeiter durch ihre Vorgesetzten und Kollegen.

Mit Blick auf die nach den Erstgesprächen zu erstellenden Aufzeichnungen neigen viele Sozialarbeiter dazu, schon während des Gesprächs Notizen zu machen. Insbesondere bei angeordneten Gesprächen gibt es eine starke Tendenz, mehr oder weniger ausführlich schon während des Gesprächs Informationen schriftlich festzuhalten.[220] Beispiele aus den Gesprächsaufzeichnungen zeigen, wie Versuche aussehen können, dafür die Zustimmung der Klienten einzuholen:

> *Beispiel 147*:
> SA: Herr (Name), macht es Ihnen was aus, wenn ich mir ab und zu mal ein paar Notizen mach', weil sonst verlier' ich in dem ganzen Wirrwarr den Durchblick. Ja?
> Kl: Nee, ist mir Recht. (Quelle: Gespräch 23)

In aller Regel versagen die Klienten bei erbetenen Gesprächen nicht ihre Zustimmung. Es entsteht auch der Eindruck, dass motivierende Bitten um Einverständnis zum Mitschreiben auf die Klienten als Beleg für das Interesse der Sozialarbeiter an einem gründlichen Verständnis der Situation der Klienten wirkt. In keinem Fall konnte Misstrauen festgestellt werden. Um so erstaunlicher, dass bei erbetenen Gesprächen relativ selten von dieser Möglichkeit der schriftlichen Fixierung Gebrauch gemacht wird.

Anders sieht es bei angebotenen und erst recht bei verordneten Gesprächen aus. Aufgrund der Pflichtaufgaben ist es häufig unabdingbar, dass Notizen gemacht werden. Dies sollte den Klienten gegenüber nicht beschönigt werden.

Nach Beendigung der Erstgespräche werden in den meisten Fällen, unabhängig von der Initiative für das Gespräch, schriftliche Aufzeichnungen in Form von Gedächtnisprotokollen oder Aktennotizen[221] gemacht, bei den angebotenen und angeordneten Gesprächen noch mehr als bei den erbetenen. Bei den erbetenen und angebotenen Erstgesprächen scheint in einem deutlichen Anteil der Fälle der Verzicht auf Aufzeichnungen während des Gesprächs durch das Anfertigen von Gedächtnisprotokollen nach Beendigung der Gespräche kompensiert zu werden.[222] Hier schlägt sich möglicherweise der Versuch der Sozialarbeiter nieder, eine gute Atmosphäre nicht durch das Anfertigen von Notizen zu gefährden, und statt dessen nach dem Gespräch durch Gedächtnisprotokolle wichtige Ergebnisse festzuhalten. Aus dem hier ausgewerteten Material lässt sich eher eine andere Schlussfolgerung ableiten: immer dann, wenn es gelingt, die Grundlage der Beziehung zwischen Sozialarbeitern und Klienten offenzulegen, lässt sich das gelegentliche Mitschreiben von Notizen ohne Schwierigkeiten den Klienten vermitteln, in erbetenen Gesprächen eher leichter als in angebotenen oder gar verordneten. Wenn Sozialarbeiter in derartigen Notizen eine wichtige Stütze ihrer Arbeit sehen, sollten sie nicht zögern, diese Arbeitstechnik den Klienten zu erläutern und sie dann zu praktizieren. Wenn *schriftliche Aufzeichnungen* zum Geschäft Sozialer Arbeit gehören, sollten sie als Teil der gemeinsamen Arbeit so offen wie möglich in diese Arbeit einbezogen werden.[223]

Das Misstrauen gegenüber schriftlichen Aufzeichnungen lässt sich wahrscheinlich auch dadurch abbauen, dass sie den *Klienten zugänglich gemacht werden*. Unter Datenschutzgesichtspunkten[224] ist ohnehin damit zu rechnen und dafür zu plädieren, dass Klienten Einsicht in die über sie geführten schriftlichen Unterlagen nehmen können oder Kopien dieser Unterlagen erhalten. Belege für eine derartige Praxis liegen vor.[225]

Der positiven Verwendung von schriftlichen Unterlagen über Gespräche und Klienten stehen natürlich gewisse Gefahren gegenüber, auf die auch schon an anderer Stelle eingegangen wurde. Berichte können eine Eigendynamik entwickeln. Sie haben tendenziell eine höhere Autorität als informelle Mitteilungen, sie sind dauerhaft und übertragbar und sie lassen sich leicht von der Person trennen, die sie angefertigt hat. Schließlich muss damit gerechnet werden, dass aus bestehenden Berichten – mit der Tendenz einer zunehmenden Verdichtung – in nachfolgenden Aufzeichnungen zitiert wird und dabei negative Aspekte im Vordergrund stehen.[226]

Werden schriftliche Aufzeichnungen in dieser Perspektive betrachtet, fangen sie an, nicht nur lästige Pflicht zu sein, sondern Chancen für die gemeinsame Arbeit zu entfalten. Auf die möglichen Beiträge schriftlicher Aufzeichnungen zu einer Objektivierung – sowohl nach dem Beenden des Gesprächs als auch zur Vorbereitung auf Nachfolgegespräche – darauf wurde schon hingewiesen. Darüber hinaus können die Aufzeichnungen selbst, zumindest in einigen Fällen, eine wirkliche Arbeitshilfe werden, wenn sie die Möglichkeit eröffnen, Ist-Zustände, Teilziele und Entwicklungen für beide Seiten nachvollziehbar zu dokumentieren.

Beispiel 149: In den Bearbeitungen von Stellungnahmen zur Regelung der elterlichen Sorge (Quellen: beispielsweise Fragebögen 008, 009) lässt sich auf Anregungen[227] zurückgreifen, die es ermöglichen, den Kl zu vermitteln, warum man sich für welche Informationen interessiert. Da das Ergebnis der Arbeit in diesem Teilbereich ohnehin in einer schriftlichen Stellungnahme besteht, können die Schritte zur Vorbereitung gemeinsam mit den Kl gegangen werden. Auf diese Weise ist es möglich, die Kl aktiv an der Entscheidungsfindung zu beteiligen. Gleichzeitig wird es durch die Art der Dokumentation möglich, die Auswirkungen der Stellungnahmen auf die weitere Entwicklung festzustellen und gegebenenfalls die Grundlagen der eigenen Arbeit in diesem Bereich zu korrigieren.

Beispiel 150: In einem Erstgespräch im Allgemeinen Sozialdienst wird die überfordernde Situation einer alleinstehenden Mutter mit drei Kindern deutlich. (Quelle: Fragebogen 006). Hier wäre vorstellbar, dass für die verschiedenen Zustandsräume (Kindesversorgung, finanzielle Situation, Wohnung, persönliche Situation usw.) gründliche Bestandsaufnahmen durchgeführt werden und die wichtigsten Ergebnisse, zusammen mit Teilzielen und den einzuleitenden Schritten zur Verbesserung, festgehalten werden. Im Laufe der weiteren Zusammenarbeit können beide Seiten die (hoffentlich) erzielten Verbesserungen dokumentieren und die jeweils weiteren notwendigen Schritte fortschreiben.

Die hier gemeinte Perspektive kann auch so formuliert werden, dass es bei den schriftlichen Aufzeichnungen während und nach den Erstgesprächen darauf ankommt, den Klienten eine Möglichkeit zu eröffnen, ihre Situation klarer als bisher zu sehen und Ziele und Veränderungen nachvollziehen zu können. Das bedeutet, dass Sozialarbeiter ihre Aufzeichnungen so gestalten müssten, dass auch Klienten unmittelbar ihre „Ist-Situation" klarer als bisher erkennen und die angestrebten Ziele und tatsächlich erreichten Änderungen besser nachvollziehen können.[228] Insofern können schriftliche Aufzeichnungen auch zu Hilfsmitteln der Selbstevaluation der Klienten werden.[229] Gelingt dies, sind zugleich günstige Voraussetzungen für die Durchführung von beruflichen Selbstevaluationen der Sozialarbeiter und für Projekte der Praxisforschung gegeben. Dokumentationen im hier gemeinten Sinn dienen daher den Klienten, den Sozialarbeitern sowie der Weiterentwicklung der Praxisforschung in gleichem Maße. Wie derartige Aufzeichnungen im einzelnen aussehen könnten, kann im Rahmen dieser Arbeit nicht weiter diskutiert werden. Hier öffnet sich ein weites Feld für die Kreativität von Sozialarbeitern in der Praxis und Vertretern der Praxisforschung in Einrichtungen außerhalb der Praxis. Sicher scheint zu sein, dass nur dann, wenn schriftliche Aufzeichnungen von Sozialarbeitern und Klienten in gleichem Maße als hilfreich und nicht als zusätzliche Belastung empfunden werden und in diesem Sinn zur beruflichen Routine werden, Aussicht auf eine Verbesserung auch von Praxisforschung und Selbstevaluation besteht. Umgekehrt können von Überlegungen, die zur Verbesserung von Praxisforschung und Selbstevaluationen angestellt werden, wichtige Impulse für die Praxis schriftlicher Aufzeichnungen ausgehen.[230]

7. Strukturbezogene Aspekte von Erstgesprächen

Neben verlaufs- und ergebnisbezogenen Aspekten sind auch *strukturelle Rahmenbedingungen* für die Gestaltung von Erstgesprächen von Bedeutung. Dies betrifft u.a. die bereichsmäßige Zuordnung der Einrichtung, in der das Gespräch stattfindet und die Frage, wie das Case Management geregelt werden kann (7.1). Räumliche und zeitliche Arrangements (7.2) und einige andere strukturelle Aspekte (7.3) sollen ebenfalls kurz diskutiert werden.

7.1 ZUSTÄNDIGKEIT FÜR CASE MANAGEMENT

In vielen Erstgesprächssituationen kommen Sozialarbeiter mit Klienten ins Gespräch, die schon in Kontakt zu anderen Angehörigen helfender Berufe stehen. Dieses Phänomen hat mit großer Sicherheit mit der starken Sektorisierung sozialer Dienste zu tun. Manchmal werden nur begrenzte Anforderungen an die Sozialarbeiter gestellt, weil von anderer Seite aus andere Teile der Gesamtproblematik behandelt werden. In einigen Fällen gewinnen Sozialarbeiter den Eindruck, dass viele Helfer am Werk sind, aber keiner so richtig weiß, was die anderen machen. In derartigen Situationen scheint es dringend geboten zu überlegen, von welcher der beteiligten Stellen aus am sinnvollsten die *Koordinierungsfunktion des Case Managers* übernommen werden kann. Diese Überlegungen sind auch für das Abstecken der eigenen Grenzen von Bedeutung: ohne deutliche Absprachen über die Aufgabenteilung und ihre Koordinierung besteht bei allen Beteiligten die Gefahr, zu viel oder zu wenig zu tun.

Beispiel 151: Eine SA in einem großen Betrieb führt mehrere Gespräche mit einem Mann, der wegen massiven Alkoholkonsums und häufiger Fehlzeiten aufgefallen ist. Es stellt sich heraus, dass der Kl seit etwa einem Jahr in Scheidung lebt und offensichtlich nicht die Trennung von der Ehefrau verwindet. Auch kämpft er um die Tochter, möglicherweise, um auf diese Weise wieder seine Frau zurückzugewinnen. Diese soll einen neuen Freund haben. Für die SA stehen zunächst Alkohol- und Medikamentenmissbrauch, selbstgefährdende und andere gefährdende Arbeitsausführung sowie Suizid- und Morddrohungen im Vordergrund.

182

Im Laufe der Gespräche wird deutlich, dass die Ursachen für diese Symptome nicht im Betrieb, sondern in der familialen Konstellation zu suchen sind. Weiter stellt sich heraus, dass viele gutwillige Leute sich um den Klienten bemühen (im Betrieb neben der SA: Betriebsrat, Vorgesetzte, Werksarzt, Personalchef; außerhalb: Pastor, Hausarzt, Schwiegereltern, Schwager. Außerdem: der SA, der die Scheidung bearbeitet, das Gericht). Es gibt aber niemanden, der diese verschiedenen Hilfen zusammenfasst und koordiniert.[231]

Wegen des Bedürfnisses nach Anerkennung als Sozialarbeiterin in einer Umgebung mit ganz anderen Zielsetzungen besteht hier eine besondere Gefahr, die Problemlösung an sich zu ziehen, um Kompetenz zu zeigen. Da die Problemquelle mit vielen Beteiligten aber außerhalb des Betriebs liegt, müsste ein für das gesamte Problem Verantwortlicher gefunden werden, wahrscheinlich der Sozialarbeiter im Allgemeinen Sozialdienst, der ohnehin schon durch die Scheidung tätig ist, aber möglicherweise von den entstandenen Problemen bisher nichts weiß. Für die Sozialarbeiterin im Betrieb ergäbe sich nach diesen Überlegungen eher die Aufgabe, zu dem Klienten mit seinen Schwierigkeiten eine akzeptierende Vertrauensbeziehung aufzubauen und ihm die eigene Perspektive zu vermitteln: ihr als Sozialarbeiterin im Betrieb ist es nicht möglich, auch die Probleme außerhalb des Betriebs zu bearbeiten; mit Einverständnis des Klienten erscheint es aber als sinnvoll, die Verbindung zu einem/r Kollegen/in außerhalb des Betriebs herzustellen, der/die die verschiedenen notwendigen Schritte gemeinsam mit allen anderen Beteiligten koordinieren kann; in diesem Rahmen ist sie für die im Betrieb anfallenden Probleme weiter ansprechbar. Gelingt es, den Klienten von dieser Sichtweise zu überzeugen, kann dann versucht werden, einen Kollegen im Allgemeinen Sozialdienst zur Übernahme des Case Managements zu bewegen, im Rahmen dessen dann Teilaufgaben im betrieblichen Bereich übernommen werden können.

Die Erstgespräche hätten in diesem Fall die deutliche Funktion, die *Zuständigkeit zu klären*, dabei einen begrenzten Teilbereich zu übernehmen und für die Einrichtung eines Case Managements an einem anderen geeigneteren Ort zu sorgen. Zu den strukturellen Aspekten der Erstgesprächsgestaltung lassen sich Fragen des Case Managements[232] deswegen rechnen, weil häufig institutionelle Vorgaben die Möglichkeiten und Begrenzungen für diesen Ansatz beeinflussen.

7.2 RÄUMLICHE UND ZEITLICHE ARRANGEMENTS

Die meisten Erstgespräche finden offensichtlich in den jeweiligen *Dienststellen* statt, in denen die Dienstleistungen der Sozialen Arbeit erbracht werden.[233] Die Art, wie Erstgespräche initiiert werden, beeinflusst aber, wie stark diese Tendenz ist. So gibt es bei den erbetenen Gesprächen nur geringe Ausnahmen von der Regel, dass sie in den Dienststellen stattfinden. Das hängt gewiss damit zusammen, dass die Klienten von sich aus Kontakt zu diesen Dienststellen aufnehmen, sei es dadurch, dass sie direkt vorbeikommen oder telefonisch Verbindung aufnehmen. Bei angebotenen und angeordneten Erstgesprächen gibt es deutlich höhere Anteile von *Hausbesuchen*.[234] Dabei erreicht der Anteil von Hausbesuchen bei angebotenen Gesprächen eine erstaunliche Höhe. Hausbesuche bei angeordneten Gesprächen werden häufig vorher schriftlich oder telefonisch angekündigt, aber nicht immer; bei Gesprächen in der Dienststelle erfolgt vorher in der Regel eine schriftliche Einladung („Einbestellung"). Dies ergibt sich offensichtlich aus der Notwendigkeit für eine aktenmäßige Dokumentation der eigenen Vorgehensweise bei Pflichtaufgaben.

Der unterschiedliche Charakter der Erstgespräche schlägt sich auch in der *Dauer der Gespräche* nieder. Erbetene und angebotene Gespräche dauern mit durchschnittlichen Längen von über 50 Minuten[235] erheblich länger als angeordnete Gespräche, die im Durchschnitt nur etwa eine halbe Stunde in Anspruch nehmen.[236]

Interessant ist in diesem Zusammenhang, dass die Erstgespräche, die im Rahmen der Ausbildung auf Video aufgezeichnet wurden, im Durchschnitt weniger als eine halbe Stunde dauerten, obwohl die überwiegende Mehrzahl der Gespräche den Charakter von freiwilligen Gesprächen hat. Auch zeigte sich, dass die zuerst geführten Gespräche im Durchschnitt kürzer ausfielen als spätere Versuche. Hier deutet sich an, dass mangelnde Routine eher dazu führt, Gespräche relativ knapp zu halten. Je mehr Erfahrungen mit der Durchführung von Erstgesprächen vorliegen, desto eher gelingt es offenbar den Sozialarbeitern, sich selbst und den Klienten Zeit zuzugestehen. Die Gespräche werden ruhiger, die Gesprächsanteile der Klienten nehmen zu, die Gespräche werden länger. Angesichts der strategisch zentralen Bedeutung der Erstgespräche für die weitere Arbeit mit den Klienten ist es auch wünschenswert, dass diese Erstgespräche nicht zu kurz ausfallen.[237] Zumal dann, wenn Klienten unter starkem Problemdruck schließlich aus eigener Initiative das Gespräch mit Sozialarbeitern suchen, ist es schwer vorstellbar, dass derartige Gespräche schon nach zehn Minuten erschöpft sein können. In den Auswertungsgesprächen zu derartigen Gesprächen wurde dann auch häufig erkennbar, dass Gespräche deshalb relativ schnell zu Ende gebracht wurden, subjektiv „um die Klienten nicht zu sehr zu belasten", faktisch aber, um sich selbst zu entlasten.

7.3 ANDERE RAHMENBEDINGUNGEN

Für einen geringeren Teil von Erstgesprächen lassen sich nur bedingt geeignete Rahmenbedingungen schaffen: dabei handelt es sich um den Anteil der Erstgespräche, die ohne Vorankündigung zustande kommen. Immerhin aber lassen sich durch geeignete Terminangebote und entsprechende Räume die Vorbedingungen optimieren.[238] Für den größeren Teil der in der Praxis vorkommenden Erstgespräche gilt aber, dass ihre *zeitliche, räumliche und organisatorische Gestaltung* bewusst vorher geplant werden kann, da sie terminlich und zum Teil auch ansatzweise inhaltlich schon vorher bekannt sind, wie oben (S. 72) gezeigt wurde. Erstaunlich ist in diesem Zusammenhang nun, dass die Gespräche häufig unter sehr ungünstigen Bedingungen stattzufinden scheinen. Aus den Angaben in den untersuchten Fragebögen zu den Umständen, unter denen die Gespräche stattfanden, gibt es eine Fülle von Hinweisen auf *Störungen* unterschiedlichster Art.[239] Telefonanrufe sind die häufigsten Unterbrechungen. Hereinplatzende andere Klienten werden ebenfalls als Störquelle genannt. Zeitdruck, anwesende Kinder, die nicht anderweitig von den Klienten versorgt werden konnten, Gespräche, die im Treppenflur stattfinden mussten, die Anwesenheit anderer Personen, die mit dem Gespräch selbst nichts zu tun haben, sind weitere Angaben aus den Fragebögen zu Erstgesprächen aus der Praxis. Auch Geräusche aus der Klimaanlage, Sirenen, Kirchenglocken[240] gehören zu den möglichen Störquellen. Auch die Einrichtung des Raumes selbst und die äußere Erscheinung des Sozialarbeiters sind von Belang. Hier empfiehlt sich, weniger auf Mode oder Stil Wert zu legen, als auf den Gesichtspunkt, dass der Klient so wenig wie möglich abgelenkt sein sollte.[241]

Dass Erstgespräche unter Bedingungen stattfinden können, die ihrer Wichtigkeit Rechnung tragen, ist schon an Hand eines Beispiels belegt worden.[242] Insbesondere bei terminlich vereinbarten Erstgesprächen, zu denen vielleicht sogar schon erste inhaltliche Informationen vorliegen, ist es sinnvoll und machbar, den Forderungen nach intensiver *Vorbereitung* Rechnung zu tragen. Geeignete *Räume* mit geeignetem Mobiliar,[243] die vor Störungen abgeschirmt sind, und ausreichende *Zeitvorgaben* sind wesentliche

Rahmenbedingungen für die Durchführung von Erstgesprächen. In einigen Dienststellen scheinen bestimmte Wochentage für Erstgespräche vorgesehen zu sein.[244] Bestimmte Zeiten, die für Erstkontakte mit neuen Klienten reserviert und von anderen Verpflichtungen freigehalten werden, versprechen eine gute Voraussetzung für den Erfolg von Erstgesprächen zu sein. Letztlich muss sich in der Konzeption einer Dienststelle niederschlagen, welchen Stellenwert Erstgespräche im Rahmen der übrigen Aufgaben einnehmen. Fehlen die geeigneten konzeptionellen und organisatorischen Voraussetzungen, wird das ohnehin schon schwierige Geschäft der Gestaltung von Erstgesprächen in der Sozialen Arbeit noch weiter erschwert.

8. Resümee

In drei Anläufen soll das bisher Dargestellte zusammengefasst, ergänzt und abgerundet werden. Zunächst sollen Parallelen und Unterschiede zu einer ganz anderen Forschungstradition, nämlich dem Umgang mit komplexen, dynamischen und intransparenten Situationen aufgezeigt werden (8.1). Danach skizziere ich einige Überlegungen zur Frage, wie Erstgesprächsführung gelehrt und gelernt werden kann und welcher Forschungsbedarf besteht (8.2). Schließlich versuche ich, das grundsätzlich nicht schematisierbare Vorgehen in Erstgesprächen doch in eine Übersicht zu bringen (8.3).

8.1 ERSTGESPRÄCHE ALS KOMPLEXE, DYNAMISCHE, INTRANSPARENTE SITUATIONEN

Zur Ergänzung der bisherigen Überlegungen soll jetzt auf einen Ansatz eingegangen werden, der, von ganz anderen Voraussetzungen ausgehend, zu ähnlichen Schlussfolgerungen wie den hier dargestellten gelangt. Vieles spricht dafür, dass die bei Erstgesprächen anfallende Aufgabenstellung aus der Sicht der Sozialarbeiter (möglicherweise auch der Klienten, was hier aber unberücksichtigt bleibt) *Parallelen zu Entscheidungsprozessen in komplexen, dynamischen und intransparenten Situationen* aufweist.[245] Die vom Klienten eingebrachte Lebenslage und die Situation, in der sie vom Sozialarbeiter wahrgenommen wird, sind für den Sozialarbeiter komplex: in aller Regel sind viele wichtige Faktoren beteiligt und miteinander vernetzt. Die Situation des Klienten ist darüber hinaus *dynamisch*: auch ohne jegliche Eingriffe von Außen würde sie sich, aufgrund der in ihr enthaltenen Eigendynamik, weiter verändern. Und schließlich ist die Situation des Klienten für den Sozialarbeiter *intransparent*: der Sozialarbeiter kann nur begrenzt in die komplexe Situation hinein schauen, nimmt in aller Regel nur Ausschnitte der Gesamtsituation wahr. Aus empirischen Untersuchungen sind typische Entscheidungsfehler in derartigen Situationen bekannt, die sich auch in der Analyse der Anfangsphase sozialer Einzelhilfen nachweisen lassen und zum Teil – unter anderen Begriffen – im Text dieses Buches diskutiert wurden:

(a) Flucht in Nebensächlichkeiten und in Randprobleme bei Vernachlässigung der zentralen Themen;

(b) Beschäftigung mit den Themen, in denen sich die Sozialarbeiter auskennen, statt mit den Themen, die für die Klienten wichtig sind;

(c) falsche Wahl des „Auflösungsgrades", bis zu dem wichtige Problembereiche aufgehellt werden müssen – häufig wird zu oberflächlich, manchmal auch mit zu großer Differenziertheit auf die Themen eingegangen.

(d) mangelnde Beachtung der Zusammenhänge zwischen wichtigen Faktoren (Bildung reduktiver Hypothese und Übergeneralisierung);

(e) zu frühes Einleiten von Handlungen ohne ausreichende Abklärung der Gesamtsituation

(f) zu geringe Fähigkeit, Ungewissheiten und Unbestimmtheiten zu ertragen;

(g) mangelnde Bereitschaft, einmal angenommene Hypothesen aufgrund neuer Informationen zu überprüfen („ballistisches Verhalten").[246]

Von Bedeutung ist nun, dass diese (und andere) typischen Fehler in komplexen, dynamischen und intransparenten Situationen um so wahrscheinlicher sind, je weniger die Entscheidungsobjekte an den Entscheidungen beteiligt beziehungsweise als mitentscheidende Subjekte behandelt werden. In anderen Worten: die alte Sozialarbeiterregel, dass nichts ohne die Klienten geschehen soll, erfährt vor dem Hintergrund derartiger Forschungsergebnisse eine überraschende Bestätigung und gewichtige Rechtfertigung. Auf die Anfangsphase sozialer Einzelhilfe bezogen heißt das: immer dann, wenn Sozialarbeiter in der Lage sind, Klienten aktiv an der Auswahl und Behandlung der Themen zu beteiligen und die wahrnehmbaren Reaktionen und Gefühlssignale bewusst in das Geschehen einzubeziehen, erhöhen sich die Chancen, die naheliegenden Fehler in diesem Typus schwieriger Entscheidungssituationen zu vermeiden. Im Übrigen liefern die herangezogenen Untersuchungen Hinweise, dass sich angemessenes Verhalten in derartigen Situationen über angemessene Rückmelde- und Reflexionsgelegenheiten lernen lässt.

8.2 ERSTGESPRÄCHE: LEHREN/LERNEN, FORSCHEN

Die Lektüre dieses Buches und anderer Veröffentlichungen zum Erstgespräch in der sozialen Einzelhilfe dient dem Zweck, sich eine allgemeine Vorstellung über Probleme und Möglichkeiten der Erstgesprächsgestaltung zu verschaffen. Sie wird sicherlich nicht erreichen können, dass diese berufliche Situation damit angemessen bewältigt werden kann. Tatsächlich helfen dafür wohl nur Trainingsgelegenheiten, da tief sitzende Gesprächsgewohnheiten aus dem bisherigen Privatleben nur über wiederholte Rückmeldungen erkannt und im beruflichen Bereich geändert werden können.[247] Nach den bisherigen Erfahrungen mit derartigen Ausbildungsmöglichkeiten kommt es dabei weniger auf das Trainieren technischer Fertigkeiten an. Vielmehr scheint eine angemessene Auffassung von den Aufgaben der Sozialen Arbeit in Erstgesprächen von ausschlaggebender Bedeutung zu sein, die dann durch Erfahrungen wie die von der Wirkung bestimmter individueller Vorgehensweisen ergänzt werden können. Insofern empfiehlt sich nach einer generellen Beschäftigung mit allgemeinen Problemen und Gestaltungsmöglichkeiten, wie sie in diesem Buch vorgestellt werden, mit Erprobungen anzufangen. Gute Erfahrungen konnten mit Videoaufzeichnungen von Erstgesprächen mit „Quasi-Klienten" gemacht werden: dazu versucht jeder Teilnehmer einer Veranstaltung über Erstgespräche, einen ihm aus der Praxis bekannten Sozialarbeiter zu gewinnen, der bereit ist, einen ihm aus beruflicher Tätigkeit bekannten Klienten möglichst authentisch in einer Erstgesprächssituation darzustellen. Die Seminarteilnehmer tauschen dann untereinander die von ihnen rekrutierten Quasi-Klienten aus, so dass sicher gestellt wird, dass jeder eine ihm bis dahin fremde Person zu einem Erstgespräch zur Verfügung gestellt bekommt. Der Quasi-Klient teilt vorab mit, in welcher Einrichtung das Gespräch stattfindet und welche Vorinformationen der Sozialarbeiter vor Beginn des Gesprächs bereits hatte. Auf diese Weise kann eine starke Annäherung an die Realität Sozialer Arbeit erreicht werden, ohne das nicht verantwortbare Risiko einzugehen, mit „echten" Klienten zu arbeiten. Die Videoaufzeichnungen werden dann in Kleingruppen von maximal sechs Teilnehmern gründlich ausgewertet und an strategisch wichtigen Stellen nach Alternativen gesucht. Als besonders fruchtbar hat es sich herausgestellt, wenn die Quasi-Klienten an der Auswertung teilnehmen können.

Im Hinblick auf den Forschungsbedarf über Erstgespräche bleibt die Situation so, wie beim ersten Erscheinen dieses Buchs: es gibt nach wie vor keine repräsentativen Erhebungen über die Realität der Erstgesprächdurchführung in den verschiedenen Arbeitsfeldern Sozialer Arbeit. Hier bleiben weiterhin alle Versuche zur Dokumentation und Sammlung höchst erwünscht. Das Auseinanderklaffen zwischen Praxisstellen und Ausbildungseinrichtungen in diesem Bereich ist nach wie vor nicht behoben. Die empirischen Beispiele in diesem Buch stammen entweder aus dem Ausbildungsbereich oder (bei den Fragebögen) aus einer nicht-repräsentativen

Stichprobe von Erstgesprächen. Das Buch von Fine & Glasser (1996), das für diese Überarbeitung an verschiedenen Stellen herangezogen wurde, operiert mit Beispielen aus der Praxis der Autoren, ist also ebenfalls eher anekdotenhaft begründet. Diese Situation wirft ein Schlaglicht auf die unbefriedigende Situation der empirischen Sozialarbeitsforschung. Dennoch: solange es nichts besseres gibt, sollten wenigstens die verfügbaren, wenn auch dürftigen, Materialien für eine langsam entstehende Begründung einer Lehre der Erstgesprächsgestaltung genutzt werden.

8.3 Ein Schema für das Nicht-Schematisierbare

Die wichtigsten Gesichtspunkte der vorgestellten Überlegungen sollen im folgenden noch einmal zusammengefasst werden. Zur Vereinfachung und Übersicht wird das nicht schematisierbare Vorgehen am Anfang der sozialen Einzelhilfe in ein Raster gebracht. Aus dem Text dürfte aber deutlich geworden sein, dass jede neue Anfangssituation jeweils neue Entscheidungen über das Vorgehen notwendig macht; insofern ist die folgende Übersicht mehr als Merkhilfe für die verschiedenen notwendigen Entscheidungsschritte zu verstehen und nicht als Raster, an das man sich sklavisch halten kann/muss. Die Kapitel, in denen die Argumentation differenzierter dargestellt ist, werden jeweils angegeben.

---

*(1) Wie lässt sich die Ausgangslage der Interaktionen
zwischen Sozialarbeiter und Klient charakterisieren?*

Sozialarbeiter sind als Teile der sozialen Dienste anzusehen,
d.h. es gibt keine ausschließliche Orientierung am Klientenwohl.

Klienten repräsentieren in individueller Erscheinungsform
in aller Regel
auch Erscheinungsformen überindividueller sozialer Probleme.
Erstgespräche können als Schnittstellen zwischen den Systemen der
Klienten und des sozialen Dienstes aufgefasst werden.
vgl. Kap. 2.

190

(2) Wann können Erstgespräche dazu dienen,
Arbeitsbündnisse vorzubereiten,
wann sind andere Zielsetzungen erforderlich?

Wenn sich im Gesprächsverlauf herausstellt,
dass der Klient mit eigenen Ressourcen zurechtkommt,
dass es nur um punktelle Information oder direkte Hilfe geht,
die Zuständigkeit nicht gegeben ist
oder Hinweise auf Krisen mit direkter Eingriffsnotwendigkeit vorliegen,
tritt die Vorbereitung eines Arbeitsbündnisses hinter andere
Zielsetzungen zurück.
In allen anderen Situationen ist eine zentrale Zielsetzung von
Erstgesprächen,
Arbeitsbündnisse gemeinsam mit dem Klienten vorzubereiten.
vgl. Kap. 3.1, 3.3; 4.6

(3) Wie lässt sich Vertrauensbildung fördern?

Vertrauensbildung ist zentrales Ziel aller Erstgespräche, unabhängig
von ihren sonstigen Funktionen. Sie wird gefördert durch angemessene
Selbstenthüllungsformen,
durch Beachtung wichtiger Basisregeln und Grundprinzipien
der Gestaltung der Bestandsaufnahme, durch sorgfältiges Zuhören,
Beobachten und Eingehen auf den Klienten.
vgl. Kap. 3.2; Kap. 4, 5

(4) Welche Rolle spielen Vorinformationen?

So vorhanden, sollten Informationen zur Vorbereitung auf das Gespräch
genutzt werden. Allerdings dürfen sie nicht zur Unterstellung des noch
gar nicht Bekannten missbraucht, sondern sollten zu besonders
sorgfältigem Beobachten und Zuhören genutzt werden
vgl. Kap. 4.1

(5) Wer ist der Klient im Erstgespräch?

Die Frage, ob der anwesende Primärklient auch mittel- und langfristig
der Klient sein wird,
muss offengelassen werden. Auch wenn der Primärklient auf Probleme
abwesender Dritter aufmerksam macht, ist zunächst dem anwesenden
Primärklienten volle Aufmerksamkeit und Anteilnahme zu widmen, da
nur über ihn eine Brücke zu anderen Personen geschlagen werden kann.
vgl. Kap. 4.2

(6) Wie unterscheiden sich Gesprächsanfänge
in Abhängigkeit von der Ausgangslage?

erbetene Gespräche: die Initiative für das Gespräch liegt weitgehend
beim Klienten;
angebotene Gespräche: die Initiative liegt beim Sozialarbeiter.
Motivation und Vertrauensbildung sind hier besonders wichtig;
verordnete Gespräche: hier muss der Sozialarbeiter zunächst die nicht
verhandelbare Grundlage für das Gespräch angemessen vorstellen. Vor
diesem Hintergrund können Angebote für die Vorbereitung eines
Arbeitsbündnisses gemacht werden, die der Klient
ohne Nachteile ablehnen kann.
vgl. Kap. 4.3., 4.4., 4.5

(7) Welche verlaufsbezogenen Gesichtspunkte fördern
das Vorbereiten von Arbeitsbündnissen?

das Vermeiden von Ratschlägen (5.1),
die begründete Abwehr nicht erfüllbarer Wünsche und Forderungen (5.2),
die gemeinsame bewusste Bestimmung
wichtiger Gesprächsthemen (5.3),
das sorgfältige Erkunden mit Anteil nehmender Neugier (5.4),
ein kontrollierter, eher zu Fragen als zu Unterstellungen
genutzter Umgang mit Wissen (5.5),
das Heranziehen angemessener Vergleichsmaßstäbe (5.6),
eine sorgfältig gestaltete Beendigung des Gesprächs (5.7).

*(8) Welche ergebnisbezogenen Gesichtspunkte sind
im Auge zu behalten?*

die Vereinbarung von Arbeitsbündnissen und die sorgfältige
Dokumentation des Gesprächsverlaufs und seiner Ergebnisse
vgl. Kap. 6

(9) Welche strukturellen Gesichtspunkte gilt es zu beachten?

Regelungen der Zuständigkeit für Case Management, räumliche und
zeitliche Arrangements, Umgang mit Störungen und das eigene
Auftreten können Verlauf und Ergebnis von Erstgesprächen
stark beeinflussen.
vgl. Kap. 7

Die in diesem Buch herangezogenen Materialien sind eine gewiss angreifbare Basis für die Entwicklung einer eigenständigen Lehre von der Anfangsphase sozialer Einzelhilfe und der in ihr durchgeführten Erstgespräche. Angesichts fehlender anderer empirischer Grundlagen und der Schwierigkeiten, sie zu beschaffen, wurde hier dennoch der Versuch gewagt, mit der Meinungsbildung zu einem wichtigen Thema der Praxis wenigstens anzufangen. Alle Leserinnen und Leser, insbesondere die in der Praxis tätigen, sind herzlich eingeladen, sich an der Überarbeitung und Weiterentwicklung zu beteiligen – vielleicht ist dies ein besserer Weg als das Warten auf Forschungsergebnisse, die eine gesichertere Grundlage versprechen, aber vielleicht doch nie kommen.[248]

Literatur

Adler, H. 1998. Fallarbeit bei der Hilfeplanung. In: Blätter der Wohlfahrtspflege ... (7/8), 161-164.

Albers, A., Hargens, J. 1996. Die Stärke in der Schwäche. „... und wie haben Sie das bisher geschafft?" In: sozialmagazin 21 (3), 50-55.

Aschenbrenner-Wellmann, B. 1993. PAS – der prozeßanalytisch-systemische Hilfeplan. Eine Orientierungshilfe für die Umsetzung des § 36 SGB VIII. In: Soziale Arbeit 42 (1), 16-21.

Bäcker, G., Bispinck, R., Hofemann, K., Naegele, G. 2000. Sozialpolitik und soziale Lage in Deutschland. 2 Bände. Wiesbaden: Westdeutscher Verlag.

Beck, U., Brater, M., Daheim, H. 1980. Soziologie der Arbeit und der Berufe. Grundlagen, Problemfelder, Forschungsergebnisse. Reinbek: Rowohlt.

Beneke, E. 1979. Selbstverständnis und Handlungsrealität von Sozialarbeitern. Eine Fallstudie über Funktion und Praxis einer kommunalen Dienststelle. Weinheim: Beltz Verlag.

Besch, W. 2/1998. Duzen, Siezen, Titulieren. Zur Anrede im Deutschen heute und gestern. Göttingen: Vandenhoeck & Ruprecht.

Bittner, U. 1981. Ein Klient wird „gemacht". Ergebnisse einer empirischen Untersuchung zur Struktur von Erstgesprächen in einer Erziehungsberatungsstelle. In: E.v.Kardorff, E.Koenen (Hrsg.) Psyche in schlechter Gesellschaft. S. 103-137. München ...: Urban & Schwarzenberg.

Blossfeld, H.-P., Hamerle, A., Mayer, K. U. 1986. Ereignisanalyse. Frankfurt am Main/New York: Campus.

Boessenecker, K.-H. 2/1998. Spitzenverbände der Freien Wohlfahrtspflege in der BRD. Münster: Votum.

Boll-Neidhart, N. 1986 (2. Auflage). Erstgespräch. In: Fachlexikon der sozialen Arbeit. Frankfurt am Main: Deutscher Verein für öffentliche und private Fürsorge, S. 259.

Brack, R. 1981. Methode – die Suche nach dem Allgemeinen im Besonderen. In: Projektgruppe Soziale Berufe (Hrsg.): Sozialarbeit: Ausbildung und Qualifikation. Expertisen I. S.216-218. München: Juventa.

Brack, R. 1996. Akten als Fundgrube für die Evaluation: ein differenziertes Aktensystem ermöglicht ein fachlich begründetes Qualitätsmanagement. In: Blätter der Wohlfahrtspflege 143 (1/2), 10-18.

Buddrus, V. 1984. Sozialpädagogische, alltägliche und sozialwissenschaftliche Anteile von Handlungskompetenz. In: S.Müller u.a. (Hrsg.): Handlungskompetenz in der Sozialarbeit/Sozialpädagogik II. S. 163-189. Bielefeld: ajz.

Cecchin, G. 1988. Zum gegenwärtigen Stand von Hypothetisieren, Zirkularität und Neutralität: Eine Einladung zur Neugier. In: Familiendynamik 13, S. 190-203.

Croxton, T. A. 1988. Caveats on contract. In: Social Work 33 (2), 169-171.

Demand, J. 2/1992. Zwangsmaßnahmen. Umgang mit Gefahr und Gewalt. In: Th. Bock, W. Weigand (Hrsg.): Hand-werks-buch Psychiatrie. 400-411. Bonn: Psychiatrie Verlag.

Derlien, H.-U. 1989. Bürokratie. In: G. Endruweit, G. Trommsdorff (Hrsg.): Wörterbuch der Soziologie. S. 112-115. Stuttgart: Enke.

Dewe, B., Wohlfahrt, N. 1989. Zu einigen methodologischen Problemen empirischer Sozialarbeitsforschung. In: Neue Praxis 19, S. 73-88.

Dörner, D. 1979 (2. Auflage). Problemlösen als Informationsverarbeitung. Stuttgart/Berlin/Köln/Mainz: Kohlhammer.

Dörner, D. 1981. Über die Schwierigkeit menschlichen Umgangs mit Komplexität. In: Psychologische Rundschau 32, S. 163-179.

Dörner, D. 1989. Die Logik des Mißlingens. Strategisches Denken in komplexen Situationen. Reinbek: Rowohlt.

Dörner, D., Reither, F., Stäudel, T., 1983: Emotion und problemlösendes Denken. In: H. Eckstaedt, A. 1995 (zuerst 1991). Die Kunst des Anfangs. Psychoanalytische Erstgespräche. Frankfurt: suhrkamp taschenbuch wissenschaft.

Edler, M. 1997. Klienten und ihre Welt. Die Einzelfallhilfe ist eine notwendige, jedoch keine hinreichende Bedingung für Gemeinwesenarbeit – und umgekehrt. In: Blätter der Wohlfahrtspflege 144 (3), 54-56.

Engelhart, H. 1988. Lehre – Sprache – Beruf. Über die ganz alltägliche Wirklichkeit sozialpädagogischer Praxis, wie sie vor den Fenstern der Fachhochschule sich abspielt. In: K.-D. Ulke (Hrsg.): Ist Sozialarbeit lehrbar? S.11-20. Freiburg: Lambertus.

Erler, M. 1997. Soziale Arbeit – ein ewiges Rätsel der Identität oder: Fünf Thesen zum sozialwissenschaftlichen Selbstverständnis Sozialer Arbeit. In: sozialmagazin 22 (6), 45-50.

Fine, S. F., Glasser, P. H. 1996. The first helping interview. Engaging the client and building trust. Thousand Oaks, London, New Delhi: Sage Publications.

Forgas, J. P. 2/1992. Soziale Interaktion und Kommunikation. Weinheim/Basel: Beltz.

Frey, L. A., Meyer, M. 1975 (4. Auflage). Exploration und Arbeitsabsprache in zwei Methoden der Sozialarbeit. In: Bernstein, S., Lowy, L. (Hrsg.): Untersuchungen zur sozialen Gruppenarbeit. S. 23-41. Freiburg: Lambertus.

Gehm, T. 1994. Kommunikation im Beruf. Weinheim/Basel: Beltz.

Geisel, B., Leschmann, G. 1987. Die klassische Fürsorge und ihre Lehren. Frankfurt am Main: Deutscher Verein für öffentliche und private Fürsorge.

Geiser, K. 1995. Klientbezogene Aktenführung und Dokumentation in der Sozialarbeit. In: Sozialarbeit 27 (11), 3-14.

Geiser, K. 1996. Aktenführung und Dokumentation sind Grundlagen professioneller Sozialarbeit. In: Blätter der Wohlfahrtspflege 143 (1/2), 5-7.

Germain, C. B., Gitterman, A. 1983. Praktische Sozialarbeit. Das „Life Model" der sozialen Arbeit. Stuttgart: Ferdinand Enke.

Gildemeister, R. 1993. Soziologie der Sozialarbeit. In: H. Korte, B. Schäfers (Hrsg.): Einführung in spezielle Soziologien. S. 57-74. Opladen: Leske + Budrich.

Gildemeister, R. 1995. Professionelles soziales Handeln – Balancen zwischen Wissenschaft und Lebenspraxis. In: H. Wilfing (Hrsg.): Konturen der Sozialarbeit. S. 25-40. Wien: Wiedern Universitätsverlag.

Golan, N. 1983. Krisenintervention. Strategien psychosozialer Hilfen. Freiburg: Lambertus.

Heiner, M. 1981. Demontage oder Neuorientierung der Methoden? In: Projektgruppe Soziale Berufe (Hrsg.): Sozialarbeit: Ausbildung und Qualifikation. Expertisen I. S. 218-226. München: Juventa.

Heiner, M. 1982. Methodisches Handeln als Auswahl und Verteilung von Sozialleistungen. In: Archiv für Wissenschaft und Praxis der sozialen Arbeit 13, S. 116-143.

Heiner, M. (Hrsg.) 1988 a. Selbstevaluation in der sozialen Arbeit. Freiburg: Lambertus.

Heiner, M. 1988 b. Von der forschungsorientierten zur praxisorientierten Selbstevaluation. Entwurf eines Konzeptes. In: M. Heiner (Hrsg.): Selbstevaluation in der sozialen Arbeit. S.7-40. Freiburg: Lambertus.

Heiner, M., (Hrsg.)1988 c. Praxisforschung in der sozialen Arbeit. Freiburg: Lambertus.

Heiner, M. 1988 d. Beratung und Akzeptanz. Praxisforschung zur Arbeit einer Beratungsstelle für alleinstehende Wohnunglose. S. 305-341. In: M. Heiner (Hrsg.): Praxisforschung in der sozialen Arbeit. Freiburg: Lambertus

Helfer, I.1971. Die tatsächlichen Berufsvollzüge der Sozialarbeiter. Frankfurt am Main : Deutscher Verein für öffentliche und private Fürsorge.

Herriger, N. 1997. Empowerment in der Sozialen Arbeit. Eine Einführung. Stuttgart/Berlin/Köln: Kohlhammer.

Hollmann, E. 1995. Das Erstgespräch mit Kindergarten-Eltern. In: Theorie und Praxis der Sozialpädagogik, 330-333.

Holste, S. 1988. Zwiegespräch mit dem Diktiergerät. Lautes Denken und Inhaltsanalyse eines Gedankenprotokolls. Evaluation in der Erziehungshilfe eines Jugendamtes. In: M. Heiner (Hrsg.): Selbstevaluation in der sozialen Arbeit. S. 260-277. Freiburg: Lambertus.

Hornung, M. 1988. Aus der Praxis des Casework in England: Die Arbeit in einem lokalen Sozialdienst. In: C. Mühlfeld u.a. (Hrsg.): Soziale Einzelhilfe (Brennpunkte Sozialer Arbeit). S. 53-66. Frankfurt am Main: Diesterweg.

Hutterer, V. 1990. Das Erstgespräch mit Alkoholkranken. In: Caritas 91 (7), 322-325.

Irle, M. 1975. Lehrbuch der Sozialpsychologie. Göttingen: Hogrefe.

Kähler, H. D. 1983 a. Der professionelle Helfer als Netzwerker – oder: Beschreib' mir dein soziales Netzwerk, vielleicht erfahren wir, wie dir zu helfen ist. In: Archiv für Wissenschaft und Praxis der sozialen Arbeit 14, S. 225-244.

Kähler, H. D. 1983 b. Ressourcen aus dem sozialen Netzwerk zur Bewältigung von schwierigen Alltagssituationen: Ergebnisse aus einer Erkundungsstudie. In: Neue Praxis 13, S. 262-272.

Kähler, H. D. 1987. Anamneseerhebungen in Erstgesprächen der Sozialarbeit – Sherlock Holmes als Anreger? In: Archiv für Wissenschaft und Praxis der sozialen Arbeit 18, S. 249-272.

Kähler, H. D. 1988. Anamneseerhebungen und Praxisforschung: Perspektiven eines beruflichen Routineverfahrens. In: M. Heiner (Hrsg.): Praxisforschung in der sozialen Arbeit. S. 215-229. Freiburg: Lambertus.

Kähler, H. D. 1991 a. Komplexe Situationen in der sozialen Arbeit am Beispiel von Erstgesprächen in der sozialen Einzelhilfe – Anmerkungen zu Dietrich Dörners „Die Logik des Mißlingens". In: Archiv für Wissenschaft und Praxis der sozialen Arbeit 22, Heft 2 (im Druck).

Kähler, H. D. 1991 b. Forschungsnotiz: Erstgespräche in der sozialen Arbeit. In: Neue Praxis 21 (2), 156-161.

Kähler, H. D. 1996. Soziale Arbeit zwischen Skylla und Charybdis. Anmerkungen zu einer Redewendung. In: Archiv für Wissenschaft und Praxis der sozialen Arbeit 27, 299-315.

Kähler, H. D. 1999a. Beziehungen im Hilfesystem Sozialer Arbeit. Zum Umgang mit BerufskollegInnen und Angehörigen anderer Berufe. Freiburg: Lambertus.

Kähler, H. D. 1999b. Berufliche Selbstevaluation – Die Kunst, sinnvolle Fragen zu stellen. In: Soziale Arbeit 48 (3), 93-99.

Kähler, H. D., Lange, U., Loviscach, P. 1988. Wissenschaftsläden für die soziale Arbeit? Erfahrungen mit einer regionalen Vermittlungsstelle für Sozialarbeitsforschung. In: M.Heiner (Hrsg.): Praxisforschung in der sozialen Arbeit. S.101-118. Freiburg: Lambertus.

Kähler, H. D., Paul-Roemer, G. 2000. Berufliche Kontakte von SozialarbeiterInnen und SozialpädagogInnen zu Berufstätigen in unterschiedlichen Arbeitsfeldern – ein Vergleich zwischen vier Kategorisierungssystemen. In: forum sozial (im Druck).

Karlberg, W. 4/1996. Einzelfallhilfe. In: D. Kreft, I. Mielenz (Hrsg.): Wörterbuch Soziale Arbeit. S. 154-156. Weinheim/Basel: Beltz.

Karsten, M.-E., Klusemann, H.-W. 1987. Berufliche Sozialisation in der Sozialarbeit. In: H. Eyferth, H.-U.Otto, H. Thiersch (Hrsg.): Handbuch der Sozialarbeit/Sozialpädagogik. S.218-231. Neuwied/Darmstadt: Luchterhand.

Kasakos, G.1980. Familienfürsorge zwischen Beratung und Zwang. Analysen und Beispiele. München: Juventa.

Kemmler, L. 1965. Die Anamnese in der Erziehungsberatung. Die Praxis der Anamneseerhebung und -auswertung für Psychologen, Sozialarbeiter, Ärzte und Pädagogen mit einem Anhang über Gutachtenabfassung. Bern/Stuttgart: Hans Huber.

Klapprott, J. 1987. Berufliche Erwartungen und Ansprüche an Sozialarbeiter/Sozialpädagogen. Berufsbild, Arbeitsbedingungen und Arbeitsmarkttendenzen im Spiegel einer Befragung von Stellenanbietern. Weinheim: Deutscher Studien Verlag.

Kopp, J. 1989. Self-observation: An empowerment strategy in assessment. In: The Journal of Contemporary Social Work 70 (5), 276-284.

Kroner, W., Wolff, S. 1989. Professionelle Dominanz – eine These und ihr empirischer Gehalt. In: Neue Praxis 19, S. 64-73.

Küfner, H., Vogt, M. 1998. Die Entwicklung des psychosozialen ressourcenorientierten Diagnostiksystems (PREDI). In: Caritas 99 (3), 126-135.

Kuntz, R. 1999. Gesprächsführung in der Beratung vor dem Hintergrund von Hilfeplanung und Fallmanagement im Sozialamt. In: Nachrichtendienst des Deutschen Vereins für öffentliche und private Fürsorge 79 (12), 397-403.

Kurze, M. 1999. Soziale Arbeit und Strafjustiz. Wiesbaden: Kriminologische Zentralstelle.

Lau, T., Wolff, S. 1982. Wer bestimmt eigentlich, wer kompetent ist? Eine soziologische Kritik an Modellen kompetenter Sozialarbeit. In: S. Müller u.a. (Hrsg.): Handlungskompetenz in der Sozialarbeit/Sozialpädagogik I. S. 261-302. Bielefeld: ajz.

Limbrunner, A. 1998. Soziale Arbeit als Beruf. Berufsanfang. Wiedereinstieg und Berufsfeldwechsel. Weinheim/Basel: Beltz.

Lowy, L., 1988. Case Management in der Sozialarbeit. In: C. Mühlfeld u.a.: Soziale Einzelhilfe (Brennpunkte Sozialer Arbeit). S. 31-39. Frankfurt am Main : Diesterweg.

Lübben, H. 1988. Prozeßbegleitende Dokumentation und Evaluation von Sorgerechtsregelungen im Allgemeinen Sozialdienst: Entscheidungsfindung und Entscheidungsüberprüfung. In: M.Heiner (Hrsg.) Selbstevaluation in der sozialen Arbeit. S.219-249. Freiburg: Lambertus.

Marziali, E. 1988, The first session: An interpersonal encounter. In: Social Casework: The Journal of Contemporary Social Work 69 (1), 23-27.

Meinhold, M. 1988. Intervention in der Sozialarbeit. In: G. Hörmann, F. Nestmann (Hrsg.): Handbuch der psychosozialen Intervention. S. 70-80. Opladen: Westdeutscher Verlag.

Meinhold, M. 2/1997. Qualitätssicherung und Qualitätsmanagement in der Sozialen Arbeit. Freiburg: Lambertus.

Mesle, K. 1985. Berichte in der sozialen Arbeit – Bemerkungen zu ihrer Objektivität. In: Studium und Praxis 40, 5-12.

Mörsberger, Th. 1986. Verschwiegenheit als Rechtspflicht: Wie preisgegebene Informationen gesetzlich geschützt sind. In: A. Spitznagel, L.Schmidt-Atzert, L. (Hrsg.): Sprechen und Schweigen. S. 183-204. Bern ...: Hans Huber.

Mühlfeld, C., Oppl, H., Weber-Falkensammer, H., Wendt, W. R. (Hrsg.)1986. Ökologische Konzepte für Sozialarbeit. (Brennpunkte sozialer Arbeit). Frankfurt: Diesterweg.

Müller, B. 1985. Die Last der großen Hoffnungen. Methodisches Handeln und Selbstkontrolle in sozialen Berufen. Weinheim/München: Juventa Verlag.

Neidhardt, F. 1980. Innere Prozesse und Außenweltbedingungen sozialer Gruppen. In: B. Schäfers (Hrsg.) Einführung in die Gruppensoziologie. S. 105-126. Heidelberg: Quelle& Meyer.

Neuffer, M. 1993. Case Management – alte Fürsorge im neuen Kleid? In: Soziale Arbeit 42 (1), 10-15.

Oppenheim, L. 1992. The first interview in child protection: social work method and process. In: Children & Society 6 (2), 132-150.

Oppl, H. 1988. Der Prozeß der Sozialen Einzelhilfe. In: C. Mühlfeld u.a. (Hrsg.): Soziale Einzelhilfe (Brennpunkte Sozialer Arbeit). S. 67-83. Frankfurt am Main: Diesterweg.

Otto, R. 1988. Wie eine Familie den Sozialdienst beschäftigt. Eine Fallbeschreibung. In: C. Mühlfeld u.a. (Hrsg.): Soziale Einzelhilfe (Brennpunkte Sozialer Arbeit). S.40-52. Frankfurt am Main: Diesterweg.

Pantucek, P. 1998. Lebensweltorientierte Individualhilfe. Eine Einführung für soziale Berufe. Freiburg: Lambertus.

Patterson, C. H. 1990. Involuntary Clients. A Person-Centered View. In: Person-Centered Review 5 (3), 316-320.

Possehl, K. 1993. Rezension „Erstgespräche in der sozialen Einzelhilfe" (H.D.Kähler). In: Archiv für Wissenschaft und Praxis der sozialen Arbeit 24 (4), 336-338.

Preußer, N. & Völkel, R. 1977. Der Sozialarbeiter und sein Klient – Momente einer verwirrten Interaktion. In: W. Hollstein & M. Meinhold (Hrsg.): Sozialpädagogische Modelle. Möglichkeiten der Arbeit im sozialen Bereich. S. 37-49. Frankfurt/New York: Campus.

Puch, H.-J. 1994. Organisation im Sozialbereich. Eine Einführung für soziale Berufe. Freiburg: Lambertus.

Rauchfleisch, U. 1996. Menschen in psychosozialer Not. Göttingen: Vandenhoeck + Ruprecht.

Rauschenbach, T., Treptow, R. 1984. Sozialpädagogische Reflexivität und gesellschaftliche Rationalität. Überlegungen zur Konstitution sozialpädagogischen Handelns. In: S. Müller u.a. (Hrsg.): Handlungskompetenz in der Sozialarbeit/ Sozialpädagogik II. S. 21-71. Bielefeld: ajz.

Rechtien, W. 1988. Beratung im Alltag. Psychologische Konzepte des nichtprofessionell beratenden Gesprächs. Paderborn: Junfermann-Verlag.

Rooney, R. H. 1992. Strategies for work with involuntary clients. New York: Columbia University Press.

Rüttimann, R. 1982. Was geschieht bei einem Erstkontakt? In: Suchtprobleme und Sozialarbeit 50 /7), 118-119.

Sander, K. 1999. Personenzentrierte Beratung. Ein Arbeitsbuch für Ausbildung und Praxis. Köln: GwG Verlag; Weinheim/Basel: Beltz.

Scharpen, K. v. 1980. Berufsauftrag und Tätigkeitsfelder der Sozialarbeiter/Sozialpädagogen. Rechtliche Grundlagen und Zielsetzungen. Dortmund: verlag modernes lernen.

Schmidt, L. R., Keßler, B. H. 1976. Anamnese. Methodische Probleme, Erhebungsstrategien und Schemata. Weinheim/Basel: Beltz.

Schmidt-Atzert, L. 1986. Auf der Suche nach dem „richtigen" Zuhörer. In: A. Spitznagel, L.Schmidt-Atzert (Hrsg.): Sprechen und Schweigen, S. 112-122. Bern: Hans Huber.

Schmidt-Grunert, M. (Hrsg.) 1999. Sozialarbeitsforschung konkret. Problemzentrierte Interviews als qualitative Erhebungsmethode. Freiburg: Lambertus.

Schone, R., Gintzel, U., Jordan, E., Kalscheuer, M., Münder, J. 1997. Kinder in Not. Vernachlässigung im frühen Kindesalter und Perspektiven Sozialer Arbeit. Münster: Votum.

Schubert, M. 1980. Das Gespräch in der Sozialarbeit. Eine Anleitung für Ausbildung und Praxis. Freiburg: Lambertus.

Scott, D. 1998. A qualitative study of social work assessement in cases of alleged child abuse. In: The British Journal of Social Work 28 (1), 73-88.

Späth, K. 1986. Konsequenzen aus Erfahrungen mit Handlungsforschung in Modellprojekten. in: H. Hottelet, B. Maelicke (Hrsg.): Bedarf an Forschung und Veränderung in der Praxis der sozialen Arbeit – Ein Tagungsreader. S.69-83. Frankfurt: Institut für Sozialarbeit und Sozialpädagogik.

Spiegel, H. v. 1994. Arbeitshilfen für das methodische Handeln. In: M. Heiner, M. Meinhold, H. v. Spiegel, S. Staub-Bernasconi (Hrsg.): Methodisches Handeln in der Sozialen Arbeit. S. 218-287. Freiburg: Lambertus.

Spitznagel, A. 1986. Selbstenthüllung: Formen, Bedingungen und Konsequenzen. In: A. Spitznagel, L. Schmidt-Atzert (Hrsg.): Sprechen und Schweigen. Zur Psychologie der Selbstenthüllung. S. 17-46. Bern: Hans Huber.

Splunteren, P. v. 1996. Intakte im Berufsgebiet der Sozialarbeit. Neue Entwicklungen aus Holland. In: Sozialarbeit 28 (11) 2-10.

Stadt Essen (Hrsg.) 1995. Aktenführung in den sozialen Diensten des Jugendamtes Essen. Orientierungshilfe und Arbeitsanweisung. Essen: Stadt Essen.

Stark, M. 1988. Szenische Situationsporträts im Gespräch. Selbstevaluation in der Erziehungshilfe. S.250-259. In: M. Heiner (Hrsg.): Selbstevaluation in der sozialen Arbeit. Freiburg: Lambertus.

Staub-Bernasconi, S. 1986. Soziale Arbeit als eine besondere Art des Umganges mit Menschen, Dingen und Ideen – zur Entwicklung einer handlungstheoretischen Wissensbasis sozialer Arbeit. In: Sozialarbeit 18, 2-71.

Staub-Bernasconi, S. 1999. Ein fachlich begründetes Qualitätssicherungsinstrument: Die Soziale Arbeit braucht Fakten für eine datengestützte Sozialpolitik. Blätter der Wohlfahrtspflege 146 (1/2), 28-31.

Steinert, E., Sticher-Gil, B., Sommerfeld, P., Maier, K. (Hrsg.) 1998. Sozialarbeitsforschung: was sie ist und leistet. Freiburg: Lambertus.

Thomann, C., Thun, F. S. v. 1988. Klärungshilfe. Handbuch für Therapeuten, Gesprächshelfer und Moderatoren in schwierigen Gesprächen. Reinbek: Rowohlt.

Tophoven, Chr. 1995. Case-Management – Ein Weg zu mehr Qualität und Wirtschaftlichkeit im Gesundheitssystem. In: Sozialer Fortschritt 44 (7), 162-166.

Uslar, G. v. 1986. Was erwarten Verbände/Fachkräfte in Sozialarbeit/ Sozialpädagogik von Forschung und Wissenschaft? In: H. Hottelet, B. Maelicke (Hrsg.): Bedarf an Forschung und Veränderung in der Praxis der sozialen Arbeit – ein Tagungsreader. S. 31-42. Frankfurt: Institut für Sozialarbeit und Sozialpädagogik.

Voelztke, W. 1998. Sinn und Zweck, Chancen und Grenzen der Behandlungsvereinbarung. In: A. Dietz, N. Pörksen, W. Voelzke (Hrsg.) Behandlungsvereinbarungen. S. 16-28. Bonn: Psychiatrie Verlag.

Walter, J., Peller, J. 2/1995. Lösungs-orientierte Kurztherapie. Dortmund: verlag modernes lernen.

200

Watzlawick, P. , Beavin, J. H., Jackson, D. D. 1969. Menschliche Kommunikation. Bern/Stuttgart: Huber.

Wendt, W. R. 1986. Die ökosoziale Aufgabe: Haushalten im Lebenszusammenhang. In: A. Mühlum u.a. (Hrsg.): Umwelt – Lebenswelt. S. 7-84. Frankfurt: Diesterweg.

Wendt, W. R. 1988 a. Case Management – Netzwerken im Einzelfall. In: Blätter der Wohlfahrtspflege 11, S. 267-69.

Wendt, W. R. 1988 b. Soziale Einzelhilfe: Von der Falldiagnose zum Unterstützungsmanagement. In: C. Mühlfeld u.a. (Hrsg.): Soziale Einzelhilfe. (Brennpunkte Sozialer Arbeit). S. 9-30. Frankfurt: Diesterweg.

Wendt, W. R. 1992. Das Unterstützungsmanagement als Muster in der methodischen Neuorientierung vom Sozialarbeit. In: Soziale Arbeit 41, 44-50.

Wendt, W.R. 1997. Die Soziosomatik der Lebensbewältigung und das Management der Unterstützung: Case Management. In: H. G. Homfeld, B. Hünersdorf (Hrsg.): Soziale Arbeit und Gesundheit. S. 205-227. Neuwied ...: Luchterhand.

Wirth, W. 1982. Inanspruchnahme sozialer Dienste. Bedingungen und Barrieren. Frankfurt: Campus.

Zinner, G. 1981. Sozialarbeit zwischen Anspruch und Wirklichkeit – Eine Analyse der beruflichen Praxis von Sozialarbeitern. Offenbach: Verlag 2000.

Zunin,L., Zunin, N. 1989. Kontakt finden. Die ersten vier Minuten. München: Knaur.

Anmerkungen

[1] Vgl. hierzu Herriger 1997, 113-120.

[2] Angesichts dieser Feststellung mag es tröstlich sein, dass für den einzelnen Sozialarbeiter an einem bestimmten Arbeitsplatz die Bandbreite der vorkommenden und zu erwartenden Situationen selten so dramatisch groß ausfallen dürfte wie etwa die Bandbreite aller denkbaren Situationen quer zu allen Arbeitsfeldern.

[3] Im folgenden benutze ich den Begriff „Sozialarbeiter" als geschlechtsübergreifende Bezeichnung für Sozialarbeiter und Sozialpädagogen, obwohl ich mir der Problematik dieser Entscheidung angesichts einer starken Majorität von Sozialarbeiterinnen und Sozialpädagoginnen bewusst bin. Das gleiche gilt für die Bezeichnung „Klient". Nur in Beispielen, in denen die Geschlechtszugehörigkeit eine inhaltliche Rolle spielt, differenziere ich nach Geschlechtern.

[4] Heftige Kritik an der Forschung über die Soziale Arbeit durch Außenstehende findet sich bei Späth 1986. Bei Mangold (zitiert bei Staub-Bernasconi, 1986: 33) findet sich die Bemerkung, dass als einziges erkennbares Resultat derartiger Beschäftigungen mit Sozialer Arbeit meist nur Auswirkungen auf die Karrieren der Autorinnen und Autoren feststellbar seien. Selten dagegen könnten Verbesserungen für die Praxis Sozialer Arbeit als Ergebnis wissenschaftlicher Beschäftigung erkannt werden. – Erstaunlich ist in der Tat die starke Abschottung zwischen der Praxis Sozialer Arbeit auf der einen Seite und der Erforschung dieser Praxis auf der anderen Seite. Dafür sind neben den denkbaren persönlichen Motiven wahrscheinlich andere Umstände ebenfalls verantwortlich: so werden Forschungsvorhaben in der Sozialen Arbeit allzu häufig von Fragestellungen der Fachdisziplinen her abgeleitet, die die jeweiligen AutorInnen vertreten. Selten werden dagegen Fragestellungen aus der Praxis aufgegriffen. Entsprechend wenig können die in der Praxis arbeitenden Sozialarbeiter mit den Ergebnissen derartiger Forschungsprojekte anfangen. Die Unzufriedenheit mit diesem Zustand gipfelt in der Meinung, dass die Praxis keinerlei Forschungsbedarf habe. Wenn Fragen durch die Forschung bearbeitet werden sollten, dann sollte dies durch Sozialarbeiter selbst geschehen. (Späth 1986) – Weniger extrem, doch immer noch weit von der derzeitigen Situation entfernt, ist die Forderung, Fragen und Probleme in der Sozialen Arbeit, die einer wissenschaftlichen Bearbeitung bedürfen, von den Sozialarbeitern selbst und nicht von den Basisdisziplinen bestimmen zu lassen, wenn schon die Durchführung selbst nicht in Eigenregie geleistet werden kann. Dass dies bisher kaum geschieht, liegt neben den bereits erwähnten Umständen mit großer Sicherheit auch daran, dass Sozialarbeiter in aller Regel an der realen Verbesserung der Situation von Individuen interessiert sind, während Wissenschaftler aufgrund ihrer Ausgangslage, ihres Interesses und ihres Auftrags eher abstrahierende Zugänge zu aufgeworfenen Fragen wählen, die in aller Regel keine direkten Schlussfolgerungen auf den jeweils konkreten Fall zulassen. Über die hieraus resultierenden

Kommunikationsschwierigkeiten ist an verschiedenen Stellen geklagt worden. Verbesserungen der Situation werden in Ansätzen zur Begleitforschung, zur gemeinsamen Praxisforschung und zur Überprüfung der Arbeit in eigener Regie durch die Sozialarbeiter (Stichwort „Selbstevaluation", vgl. z.B. Heiner 1988; Kähler 1999b) gesehen.
Die angedeutete Kritik an der Forschungssituation in der Sozialen Arbeit teile ich. Insbesondere in neuen Formen der Zusammenarbeit zwischen Sozialarbeitern in der Praxis und forschungsmotivierten Mitarbeitern von Ausbildungsstätten zukünftiger Sozialarbeiter (in der Tradition von Wissenschaftsläden) sowie in der Förderung der in Eigenregie durchgeführten Selbstevaluation sehe ich aussichtsreiche Chancen, die bestehende Situation zu verbessern. Beide Ansätze haben aber Beschränkungen, die andersartige Forschungsansätze als Ergänzung sinnvoll erscheinen lassen. Bei Staub-Bernasconi (1986) ist ein gewichtiges Plädoyer für ein anderes Verständnis von Praxisforschung zu finden, dem ich zustimme. Als ebenfalls hilfreiche Stimme im Konzert der Kritik an dem gegenwärtigen Zustand der Praxisforschung empfinde ich unter anderem die Darstellung bei von Uslar (1986). Neuere Veröffentlichungen zur Sozialarbeitsforschung (vgl. exemplarisch die Sammlung von Beiträgen bei Schmidt-Grunert (1999) und bei Steinert u.a. (1998)) geben Anlass zu der Hoffnung, dass der Kritik ansatzweise Rechnung getragen wird.

[5] Überblicke über einzelne Arbeitsfelder sind beispielsweise zu finden bei Kasakos (1980). Eine der seltenen Arbeiten mit einem Versuch des Überblicks über die Arbeitsfelder der Sozialen Arbeit findet sich bei Helfer, sie stammt allerdings aus dem Jahr 1971.

[6] Die Entwicklung der hier vertretenen Sichtweise und die Beschäftigung mit diesem Thema sind Ergebnis der Auseinandersetzung mit Erfahrungen in meinem Beruf als Fachhochschullehrer. Eine sozialwissenschaftliche Ausbildung mit Erfahrungen im gerontopsychiatrischen Bereich waren bei mir die Eingangsvoraussetzungen, die sich in der Ausbildung bald als unzulänglich für die von Sozialarbeitern erlebten Anforderungen herausstellten. Weder sozialwissenschaftliche Theorien noch meine eingeschränkten Praxiserfahrungen im Bereich der Gerontopsychiatrie waren in der Lage, von Studierenden aufgeworfene Fragen angemessen zu beantworten. Damit stellte sich mir die Frage, wie StudentInnen besser auf ihre spätere berufliche Situationen vorbereitet werden können. Die Anfangsphase in der sozialen Einzelhilfe als Thema schien mir besonders herausfordernd und lohnend zu sein, weil sie zu den häufig vorkommenden und strategisch besonders wichtigen Situationen Sozialer Arbeit zu zählen sind: zwar kommen sie nicht in allen Arbeitsfeldern, wohl aber in den meisten und quantitativ bedeutsamsten vor. Sie lassen sich als Prototyp von häufig wiederkehrenden Situationen, als „sensible Schnittstellen" (Meinhold 2/1997: 20, 35) zwischen „Klientsystem und Dienstleistungssystem" (Wendt 1997: 214) interpretieren.

[7] Die in der Literatur zu Anamneseerhebungen erkennbare Forderung nach standardisiertem Vorgehen (vgl. Schmidt/Kessler 1976; Kemmler 1965) stammt denn auch eher aus psychologischem Hintergrund und wird der Realität Sozialer Arbeit nicht

entfernt gerecht; vgl. hierzu auch Kähler (1987). Auch in der Sozialen Arbeit gibt es immer wieder Versuche der Standardisierung, vgl. z.B. das „Glinder Manual" zur systematischen Erfassung der Situation bei Kindesvernachlässigung (Schone u.a. 1997) oder die Entwicklung eines psychosozialen ressourcenorientierten Diagnostikssystems von Küfner u. Vogt (1998). Je stärker sie auf eine bestimmte Problemsituation oder eine bestimmte Zielgruppe zugeschnitten sind, desto eher lassen sich derartige Standardisierungsanstrengungen rechtfertigen. Je heterogener hingegen die Anfangssituationen sind, desto hinfälliger – wenn nicht gefährlich – werden Standardisierungen.

[8] Eine Vorstellung, die der hier vertretenen weitgehend entspricht, findet sich bei Brack (1981: 217): „... (es) ist Auftrag einer Methodentheorie, die diesen Namen verdient, das Typische, Generalisierbare einer Handlungssituation und die angemessene Handlungs'anweisung' für alle vergleichbaren Situationen herauszuarbeiten." In diesem Sinn versuche ich im folgenden – auf einer allerdings eher unbefriedigenden Grundlage – die Gesamtstruktur der Anfangsphase sozialer Einzelhilfe in ihren Grundzügen zu kennzeichnen und Schlussfolgerungen für das Handeln abzuleiten.

[9] Diese Vorgehensweise böte folgende Erkenntnismöglichkeiten:
(a) die Häufigkeit des Einleitens sozialer Einzelhilfen in den verschiedenen Arbeitsfeldern ließe sich einschätzen;
(b) die unterschiedlichen Problemstellungen, Ausgangsvoraussetzungen und tatsächlichen Verläufe der Anfangsphasen ließen sich in Abhängigkeit von den jeweiligen Arbeitsfeldern kennzeichnen;
(c) Konsequenzen für die Ausbildung in den Diplomstudiengängen im Sinn einer allgemeinen Einführung und für die Fortbildung von Sozialarbeitern im Sinn einer Spezialisierung für bestimmte Arbeitsfelder wären ableitbar.

[10] Symptomatisch für die Schwierigkeit, Sozialarbeitsforschung zu betreiben, sind Reaktionen von Sozialamtsleitern, die ihren Sozialarbeitern schlicht untersagten, sich an einer Untersuchung über Erstgespräche in der sozialen Einzelhilfe zu beteiligen. Versuche, bei Erstgesprächen teilnehmend zu beobachten, fanden einerseits regelmäßig positive Zustimmung bei den angesprochenen KollegInnen, andererseits gab es immer so viele praktische Hindernisse, dass dieser Weg aufgegeben werden musste. – Diese Anmerkung notiere ich ohne persönliche Vorwürfe, da hier nach meiner Überzeugung weniger persönliche Faktoren im Spiel sind, als hierin vielmehr die allgemein unbefriedigende Beziehung zwischen Forschung und Praxis ihren Niederschlag findet. Für eine Verbesserung der Situation ist hier anzusetzen, allerdings nur in längeren Zeiträumen mit Änderungen zu rechnen.

[11] Zusammenfassungen dieser Gespräche mit Angaben über die Dauer des Gesprächs und die Dienststelle können vom Autoren angefordert werden (Adresse: siehe Anmerkung 248).

[12] Über das Deutsche Institut für soziale Fragen in Berlin wurde eine Literaturrecherche durchgeführt, die eine Fülle von hilfreichen Hinweisen erbrachte.

[13] „Das erste, was bei der Sprechstundenbeobachtung auffällt, ist, daß sich das Gespräch als scheinbar zielloses Hin- und Herreden, als harmloser Plausch über Lebensprobleme, als unverbindliches Sich-Aussprechen darstellt – angereichert lediglich durch einige unvermeidliche bürokratische Prozeduren" (Kasakos 1980: 39).

[14] Im Fachlexikon der sozialen Arbeit werden diese drei Merkmale als zentrale Situationskennzeichen von Erstgesprächen genannt: „Die Situation ist gekennzeichnet durch Fremdheit, oft durch Spannung und Unsicherheit nicht nur auf seiten des Klienten. Beide Gesprächspartner kommen mit bestimmten Absichten zusammen, deren Übereinstimmung nicht vorausgesetzt werden kann" (Boll-Neidhardt, 1986: 259). Deutlich wird an dieser Definition, dass Erstgespräche auf Situationen der sozialen Einzelhilfe beschränkt werden – wie auch in der vorliegenden Arbeit. Damit werden Erstgespräche in anderen Situation Sozialer Arbeit ausgespart. Sie würden eine eigene Analyse verdienen.

[15] Eine gut lesbare knappe Übersicht über nonverbale Kommunikation findet sich bei Forgas 2/1992, Kapitel 8.

[16] Kasakos (1980: 42 f.) beschreibt in Anlehnung an Luhmann die Entstehung einer Beziehung zwischen zwei Personen als Ausbildung eines einfachen Sozialsystems: „...Wie immer, wenn sich zwei Personen eine zeitlang gemeinsam an einem Ort aufhalten, so bildet sich auch zwischen den Anwesenden der Sprechstunde ein 'einfaches Sozialsystem' ... aus, das durch Prozesse der wechselseitigen Wahrnehmung und Kommunikation konstituiert wird. Das beginnt schon beim ersten, vagen Wahrnehmungskontakt: Wie betritt jemand den Raum, wie nehme ich das wahr, wie reagiere ich darauf? Jedes Verhalten und jede Wahrnehmung wählt aus dem insgesamt Möglichen Bestimmtes aus und fügt es zugleich wieder in Typen zusammen (zum Beispiel: 'Dies ist eine Begrüßung' oder 'eine freundliche Begrüßung'). Im weiteren Verlauf der Interaktionen und Interpretationen bildet sich zwischen den Teilnehmern etwas aus: wechselseitige Einschätzungen, zunehmende Bekanntschaft, geteilte Bedeutungen, Vertrauen in die wechselseitige Verläßlichkeit der Regelbefolgung, gemeinsame Erlebnisse."

[17] Vgl. beispielsweise Zunin und Zunin (1989: 17), die von der Notwendigkeit sprechen, „die Fähigkeit zu entwickeln, innerhalb der ersten vier Minuten die eigene Persönlichkeit zu projizieren und das Potential eines Fremden einzuschätzen." Es steht zu befürchten, dass eine derartige „Quicky"-Vorstellung sozialer Begegnungen – auf Soziale Arbeit übertragen – Hilfesuchenden mehr Schaden als Nutzen zufügt.

[18] Im Hinblick auf die Sprechstundensituation in der Familienfürsorge hat Kasakos (1980: 39 f.) eine sehr anschauliche Beschreibung dieser Situation vorgelegt: „Die Situation ist also durch die beiden entgegengesetzten Pole auf der Skala sozialen Zwangs gleichzeitig geprägt: Auf der einen Seite wirken die 'lockeren Zwänge' einer flüchtigen, zeitlich-räumlich begrenzten, sozial wenig verpflichtenden Begegnung zwischen zwei einander nicht sonderlich verbundenen Menschen, auf der an-

deren Seite aber wird das Leben der Klienten gemäß den Regeln des institutionellen Systems strategisch einvernommen. Die 'Situation' endet nicht damit, daß sich die anwesenden Personen voneinander verabschieden; vielmehr macht sich der eine Teilnehmer, der Sozialarbeiter, daran, 'Gesprächsresultate' für die Akten festzuhalten, jederzeit und durch jedermann (sofern er befugt ist) abrufbare 'Daten' zu sichern und dadurch die Grundlage für weitergehende Beschlüsse, Stellungnahmen und Maßnahmen zu erzeugen.

Durch diese Zwitterstellung zwischen 'vertraulichem' Gespräch und amtlicher Strategie ist alles, was in der Sprechstunde geschieht, mit einer fundamentalen Doppeldeutigkeit belastet, die sowohl das sachliche Arrangement als auch die möglichen Interpretationen durch die Beteiligten erfaßt, aber fast nie thematisiert wird. Schon der Gesprächsraum sucht 'Privatheit' zu suggerieren und die Amtlichkeit vergessen zu machen: Schreibtisch, Telefon und verschlossene Aktenschränke signalisieren zwar Amtlichkeit, doch wird das Gespräch am runden Tisch geführt, der Raum ist mit Blumen und teilweise mit persönlichen Bildern geschmückt, für die Kinder stehen Süßigkeiten und Spielsachen bereit. Selbstverständlich gibt es keine Berufskleidung, die – wie etwa der Arztkittel, die Polizeiuniform oder die Richterrobe – den beruflich-amtlichen Hintergrund der Begegnung sinnlich vermittelte.

Das Doppelgesicht der Sprechstunde hat für den Klienten andere Implikationen als für den Sozialarbeiter: Für den Klienten hat es zur Folge, daß ihm seine gewohnten Deutungsschemata bei der Entschlüsselung der Situation wenig nützen. Es fehlen ihm verläßliche Anhaltspunkte dafür, welches Verhalten am ehesten 'angemessen' ist und wie er vielleicht doch seine Interessen ins Spiel bringen könnte. Die Diffusität der Situation ist für ihn eine 'Barriere' ... Bedeutet der bereitstehende Aschenbecher, daß ich rauchen darf, oder wird mir das bei meiner finanziellen Lage als Verschwendung angekreidet? Darf ich meine Kinder mit dem angebotenen Spielzeug spielen lassen oder halte ich sie lieber still und artig auf dem Platz, damit sie nicht stören? Darf ich in meinem gewöhnlichen Dialekt reden, oder ist es angemessener, mich gebildet auszudrücken? Bedeuten die Pausen meines Gegenübers, daß er in Ruhe nachdenken will, oder fordert er mich damit zum Reden auf? Darf ich – wie mein Gesprächspartner – Fragen stellen, und wenn ja, welche und wie? Darf ich, soll ich vielleicht weinen, um Mitgefühl zu erregen, oder stelle ich mich besser als selbstkontrollierten Menschen dar? Soll ich viel und ausführlich reden, um meine Offenheit, meine Ehrlichkeit und mein Vertrauen zu dokumentieren, oder halte ich mich besser zurück, um nicht als schwatzhaft und naiv angesehen zu werden? Diese und andere Verhaltensfragen lassen sich in der doppeldeutigen Situation nur widersprüchlich beantworten. Es sind zugleich Fragen nach der Reversibilität der Rollenerwartungen. Die Angemessenheit der Antworten hängt davon ab, auf welchen Handlungskontext sie bezogen werden: Wird nämlich die Situation auf die aktuelle Begegnung eingegrenzt und als 'normale' freundschaftliche Unterhaltung – wie unter Nachbarn – ausgelegt, dann sind die Rollenerwartungen tatsächlich weitgehend reversibel. Wird die Situation aber in ihrer strategischen Dimension, als amtliches Arrangement zum Zweck der Datensammlung und Entscheidungsfindung ausgelegt, dann werden die Abhängigkeit und die Unterlegenheit des Klienten manifest. Für ihn kommt es dann darauf an, eine taktisch kluge Selbstdarstellung zu finden, die sich auf das Wissen von amtlichen Bewertungsstandards stützt.

206

Für den Sozialarbeiter ist die Situation ähnlich widersprüchlich. Ihm muß einerseits daran gelegen sein, eine möglichst aufrichtige und verläßliche Problemdarstellung zu erhalten. Er muß also versuchen, die aus taktischen Gründen vom Klienten aufgerichtete Fassade zu durchbrechen, ohne seinerseits ein verläßliches Versprechen dahingehend geben zu können, daß er so gewonnenes Wissen im Interesse des Klienten verwenden wird. Er muß das Kunststück fertig bringen, eine Äußerungsform zu finden, die den Klienten motiviert, in die persönliche Integrität und Glaubwürdigkeit des Sozialarbeiters Vertrauen zu setzen, die aber die beruflich geforderten Loyalitäten trotzdem nicht zum Verschwinden bringt. – Eine solche Äußerungsform ist der professionelle Stil, der die widersprüchlichen Momente der Gesprächssituation ständig in der Schwebe hält und persönliche bzw. amtliche Zurechnung von Äußerungen erschwert. Dieser Stil ähnelt der 'neutralen' Haltung des geschulten Verkäufers oder Interviewers, denn er trägt die Töne von Menschlichkeit, ohne jemals wirklich persönlich zu werden. Beim einfühlenden, mitfühlenden Zuhören werden gleichzeitig die anfallenden Informationen im Hinterkopf notiert, für die Aktennotiz zurechtgemacht, in die fälligen Maßnahmenentscheidungen eingepaßt. Die in der Gesprächssituation routiniert ausbalancierten Anteile von Gefühl und Geschäftsmäßigkeit fallen dann in anschließenden berufstypischen Situationen fast immer auseinander: Bei informellen Begegnungen mit Kollegen, beim Tee, auf dem Flur entlädt sich das zurückgehaltene Gefühl in Stöhnen, Lachen, Schimpfen ('Die/ Der hat mich heute mal wieder geschafft!' und ähnliches); die im Hinterkopf gespeicherten Informationen aber werden möglichst affektiv gereinigt in Aktennotizen abgelagert. (Damit soll allerdings nicht gesagt werden, die mitgeschleppten unbearbeiteten Affekte hätten keinen Einfluß auf die Datenproduktion – im Gegenteil: sie kommen nur nicht im Sprachstil der Akte zum Ausdruck.)"
Dieses Zitat charakterisiert aufs beste die Erstgesprächssituationen in vielen Bereichen Sozialer Arbeit, insbesondere dann, wenn und solange es nicht gelingt, die versteckten Annahmen und Strukturen bewusst zu machen.

[19] „Die Regeln, denen die Interaktionen in der Sprechstunde folgen, werden deutlicher, wenn das, was bisher mehr beschreibend das 'Doppelgesicht' genannt wurde, als Resultat interferierender Prozesse, die verschiedenen Handlungssystemen zugehören, analysiert wird. Die Interaktion wird ja, so sagte ich, gleichzeitig von den Regeln, denen direkte Begegnungen zwischen Personen folgen, und von den Regeln, die das komplexe Verwaltungssystem Familienfürsorge bestimmen, geprägt. Die direkte Begegnung kann nun ihrerseits als ein System beschrieben und so in einen eindeutigeren Bezug zur einbettenden Institution gesetzt werden: In der Sprechstunde bildet sich zwischen den Beteiligten ein situatives System, in Luhmanns Terminologie ein 'einfaches Sozialsystem' aus, das durch eigene, nicht unmittelbar aus dem institutionellen Kontext herleitbare Selektionsprozesse konstituiert (sic) wird" (Kasakos 1980: 41 f.).

[20] In einer Kritik am Stand der empirischen Sozialarbeitsforschung bemängeln Dewe/Wohlfahrt (1989) insbesondere die Vernachlässigung der Auswirkungen organisationsstruktureller Merkmale. Die Ausführungen in Abschnitt 2.3. können diese Mängel nicht beheben. Sie sollten vielmehr als Versuch gewertet werden, die

Grenzen der eigenen empirischer Materialien dadurch zu überwinden, dass an Hand vorhandener Darstellungen die organisationsstrukturellen und sozialpolitischen Rahmenbedingungen Sozialer Arbeit beleuchtet werden, damit ihre Auswirkungen auf die Erstgesprächsgestaltung erkennbar werden.

[21] Vgl. hierzu Wendt 1997.

[22] „... involuntary clients come to us because the negative consequences of refusing to see us are so great that they have little choice. They reject the help we offer – until they find out they have no other choice. In one way or another, they will be severely punished if they continue to refuse ..." (Fine & Glasser 1996: 12) Eine große Rolle spielt dabei nach Ansicht der Autoren die Angst (vgl. S. 13-14), wobei sie die Ansicht vertreten, ein gewisses Maß an Angst sei notwendig für Veränderungen: „real change only happens in the presence of some anxiety" (13)

[23] Hier und im folgenden stütze ich mich besonders auf die Ausführungen bei Germain/Gitterman (1983), die der Dimension der Freiwilligkeit der Kontaktentstehung zwischen Sozialarbeitern und Klienten durchgehend große Aufmerksamkeit schenken und daraus wichtige Konsequenzen für die praktische Soziale Arbeit ableiten. Zu den behördlich verordneten Dienstleistungen von Sozialarbeitern heißt es unter anderem: „Bisweilen kommt es auch vor, daß Personen eine Unterstützungsleistung verordnet wird, gewöhnlich nachdem ihr Verhalten für andere zum Problem geworden ist. Solche Klienten kommen mit dem Feld der sozialen Arbeit aufgrund von Überredung, Druck oder sogar Zwang in Berührung, der von anderen Individuen und Organisationen auf sie ausgeübt wird. Sie selbst können oft die Notwendigkeit einer intervenierenden Hilfe nicht erkennen und haben vielleicht bisher kein Unbehagen verspürt, außer dem unmittelbaren Ärger darüber, von gewissen Maßnahmen erfaßt zu werden. Solche verordneten Unterstützungsleistungen erstrecken sich auf Personen, die unter einem Gerichtsmandat stehen und besondere Betreuung und Rehabilitationsberatung erhalten sollen; leibliche Eltern, die das Sorgerecht für ihr Kind behalten oder wiedererlangen wollen; und Menschen in totalen Institutionen wie in Gefängnissen, psychiatrischen Kliniken oder auf Pflegestationen, wo der Spielraum des einzelnen im Tagesablauf extrem eingeschränkt ist"(1983: 42).
„Viele derjenigen, die von Sozialarbeitern betreut werden, sind 'Gefangene': unfreiwillige Klienten. Sie werden mit einer Organisation und deren Vertretern konfrontiert, die die Autorität und Macht haben, den Einsatz sozialer Dienstleistungen zu verordnen. Handelt diese Autorität im Auftrag des Gesetzgebers, so wird die soziale Unterstützungsleistung etwa als eine Maßnahme angeordnet, die verhindern soll, daß jemand zum ersten Mal straffällig wird oder in den unerwünschten Status eines Vorbestraften oder eines auf Bewährung Entlassenen gerät. In anderen Fällen ist der Kontakt mit dem Sozialamt eine Voraussetzung, den erwünschten Status von Adoptiv- oder Pflegeeltern zu erlangen. Oder soziale Unterstützungsleistungen können als eine Bedingung angeordnet werden, um das Sorgerecht für ein leibliches Kind wiederzuerlangen oder dafür, eine Hausbetreuung zu erhalten. Während die soziale Unterstützungsleistung angeboten wird, läßt doch der autoritäre Charakter

der Behörde den Klienten in Ungewißheit über den Grad der Wahlfreiheit. Ein Wohlfahrtsempfänger mag sich gezwungen fühlen, vom Angebot einer Gruppenberatung Gebrauch zu machen, aus Angst davor, andernfalls die ihm gewährte Unterstützung aufs Spiel zu setzen. Hospitalisierte psychiatrische Patienten, Bewohner von Altenheimen oder Kinderpflegeanstalten können negative Sanktionen befürchten, wenn sie das Unterstützungsangebot zurückweisen. Während die Behörde und der Sozialarbeiter ausdrücklich von Wahlfreiheit sprechen, erlebt der betroffene Klient das Gegenteil" (1983: 46).

[24] „... there is no such thing as an involuntary client. Psychotherapy is a relationship entered into for the purpose of client change. It takes two to form a relationship. A person becomes a client when he or she voluntarily enters a relationship with a therapist. The term involuntary client refers to persons who, in the view of others (family members, teachers, associates, the courts), have a problem and are referred to, or are required to present themselves to, a therapist. However, they do not see themselves as having problems, or as in need of psychotherapy. ..." „Therapy is not something that can be imposed on someone, or given or administered, like a shot of penicillin. A person does not become a client until he or she decides to become one. So-called involuntary clients are persons who reject or decline psychotherapy and refuse to become clients" (Patterson 1999: 316). Der Autor bezieht die Position, dass in solchen Fällen direktive und pädagogische Maßnahmen ergriffen werden sollten: „Directive and educational approaches can have a place in group work with such persons, but there is no substitute for the necessary and sufficient conditions for therapeutic personality change" (320).

[25] Sozialarbeitern, die besonders häufig mit unfreiwilligen Klienten zu tun haben, sei das Buch von Rooney (1992) empfohlen.

[26] „Menschen, die dazu ermutigt werden, soziale Dienste in Anspruch zu nehmen, können in gewissen Lebensbereichen Belastungen erfahren; dies muß aber nicht immer der Fall sein. So werden soziale Unterstützungsleistungen angeboten, wenn etwa Patienten in einem Krankenhaus vom Sozialarbeiter oder anderen Mitarbeitern betreut werden oder wenn für die Bewohner eines sozialen Wohnungsbauprojekts, die man als Risikopopulation betrachtet, ein neues soziales Maßnahmenprogramm entworfen wird. Soziale Unterstützungsleistungen werden Individuen, Familien oder Gruppen angeboten, die von der Umwelt als hilfebedürftig bezeichnet werden wie z.B. pensionierten Rentnern oder eine Gruppe von Heranwachsenden in einem Fürsorgeheim. Wird die Unterstützungsleistung angeboten, so ist es der Sozialarbeiter, der den ersten Schritt tut. Dies kann ein unterschiedlich interessiertes oder auch neutrales Echo hervorrufen" (Germain/Gitterman 1983: 42).

[27] „Ganz allgemein gedacht bietet Freiwilligkeit sicher günstige Voraussetzungen für Unterstützungsarbeit. Die Chance auf eine kooperative Beziehung zwischen Klient und Sozialarbeiter ist günstig, die eigene Entscheidung des Betroffenen, Hilfe in Anspruch zu nehmen, läßt auf einen bereits vorhandenen Veränderungswillen hoffen. Außerdem entspricht die Vorstellung von einem nachfragenden Klienten ei-

nem demokratischen Idealbild: Der freie Bürger als selbstbewußter Kunde und Konsument einer professionellen Dienstleistung, nicht als Opfer staatlicher Befürsorgung. Die Voraussetzungen für die Realisierung des dialogischen Prinzips, nämlich der Etablierung einer temporären Ich-Du-Beziehung zweier gleichberechtigter Subjekte (nach Buber), scheinen gegeben.

Einschränkend ist allerdings festzustellen, daß die Freiwilligkeit im Kontext der Einzelfallhilfe immer nur eine relative sein kann. Die Klientin, die einen Sozialen Dienst aufsucht, macht dies nicht ohne Not. Sie steht unter irgendeiner Form von Druck, sonst machte ihre Nachfrage ja gar keinen Sinn. Weiters bedeutet die Kontaktaufnahme auf der Basis einer Entscheidung des Klienten keineswegs, daß er weiß, worauf er sich einläßt, und er hat (oder kennt) möglicherweise auch gar keine Alternativen. Die vermeintliche Freiwilligkeit entsteht in einer Notlage der Betroffenen. Sie entscheiden sich zwar selbst zur Kontaktaufnahme mit der Sozialarbeit, zweifelsohne wäre es ihnen in der Regel aber lieber, dies nicht tun zu müssen. Zugespitzt gesagt: Der Zwang ist der Kontaktaufnahme vorgelagert, liegt in der aktuellen Lebenssituation. Die (mehr oder weniger) freiwillige Inanspruchnahme der Beratung schafft also zwar eine nicht ungünstige Ausgangssituation, in der Folge wird die selbstbestimmte Mitarbeit des Klienten allerdings immer wieder erst herzustellen sein, um sie zu werben sein.

In all den anderen Fällen, in denen Sozialarbeit aufgrund gesetzlicher Verpflichtungen, ihres gesellschaftlichen Auftrags oder der Intervention von lebensweltlich anderen mit Klienten in Kontakt tritt, ist das von Dritten definierte Problem der Anlaß für die 'Fallwerdung'. Die Kooperation des Hauptbetroffenen, des potentiellen Klienten, mag zwar noch nicht oder jedenfalls noch nicht freiwillig gegeben sein, es spricht aber viel dafür, sie als Ziel anzustreben. Die Kolleginnen und Kollegen einer Kriseneinrichtung für Kinder und Jugendliche formulieren das für sich und ihre Arbeit so: Freiwilligkeit ist nicht eine Voraussetzung, die gegeben oder nicht gegeben ist. An der Freiwilligkeit des Kontakts und der Veränderung muß man beständig werben" (Pantucek 1998: 114-16).

[28] „These clients are usually referred to in the literature as voluntary. But is their search for help really voluntary? From our experience we find that in most cases, the answer is that few clients are truly voluntary. Although their personal concerns pull clients into therapy, other factors often push them as well" (Fine & Glasser 1996: 7).

[29] „Menschen, die soziale Unterstützungsleistungen erbitten, stehen in irgendeinem Bereich ihres Lebens unter Druck. Sie suchen Hilfe, vermutlich aus eigenem Antrieb, obwohl nicht unbedingt frei von Ambivalenz und frei von Druck seitens anderer" (Germain/Gitterman 1983: 42). „Zusätzlich zu der Angst, der Verzweiflung und den konkreten Bedürfnissen, die eine Person oder Familie zwingen, die Dienststelle aufzusuchen, stellt das Hilfesuchen selbst noch einen weiteren Streßfaktor dar. In einer Gesellschaft, die Individualität und Selbständigkeit hoch bewertet, bedeutet Hilfe durch andere persönliches Versagen und den Verlust der Kontrolle über die eigenen Angelegenheiten. Die sich daraus entwickelnden Gefühle von Scham, Ärger und auch Angst davor, wie man wohl vom Sozialarbeiter aufgenommen wird,

210

sind untermischt mit einem Gefühl von Hoffnung, daß ein Anliegen angehört, ein Problem gelöst und eine mißliche Lage erleichtert werden. Daher sehen viele Klienten dem Erstinterview mit gemischten Gefühlen entgegen. In unterschiedlichem Maß wünschen sie Hilfe und fürchten sie zugleich. Diese Ambivalenz kann überdies begleitet sein von einer Furcht vor dem Unbekannten, das hinter der Tür zur Dienststelle liegt, hervorgerufen durch stereotype Annahmen über Sozialarbeiter, kulturell vorgeformte Einstellungen hinsichtlich der Inanspruchnahme von sozialen Diensten und die bisherigen Erfahrungen mit Autoritätspersonen" (1983: 43).

[30] „Die Inanspruchnahme sozialer Dienste ist nicht schon mit einer entsprechenden Nachfrage gewährleistet, sondern meint die konkrete Konsumtion, die mehr oder weniger aktive Mitarbeit an der Erbringung sozialer Dienstleistungen. Sie wird betrachtet als Resultat eines komplexen gesellschaftlichen Transformations- und Selektionsprozesses, der individuell wahrgenommene Bedürfnisse nach diesen Leistungen zur konkreten Nutzung der sozialen Dienste kanalisiert" (Wirth 1982: 60). Zu ergänzen ist dies allenfalls durch den Gedanken, dass gerade bei angeordneten Dienstleistungen eine über real bestehende Nachfragebedürfnisse hinausgehende Inanspruchnahme vorstellbar und wahrscheinlich ist.

[31] Ich folge hier, wie schon in der Anlage des Kapitels sowie im folgenden in den Details zu den Nachfragebedingungen, Wirth (1982), der eine sehr nützliche Darstellung der Literatur zu den „Bedingungen und Barrieren der Inanspruchnahme sozialer Dienste" bietet. Zu der schichtenspezifischen Ungleichverteilung der „objektiven" Hilfsbedürftigkeit schreibt Wirth (1982: 65 f.) unter anderem: „Zwar gibt es in jeder Sozialschicht aufgrund spezifischer individueller Charakteristika mehr oder weniger anfällige Personen; jedoch ist mit einiger Sicherheit anzunehmen, daß anfälligkeitsverstärkende soziale Belastungen in der Unterschicht aufgrund der hier vorfindbaren, deutlich unterprivilegierten und relativ gesundheitsfeindlichen Lebens- und Arbeitsverhältnisse ... besonders ausgeprägt sind und daß folglich die Wahrscheinlichkeit des Auftretens der in sozialen Diensten behandelten Probleme wächst, je ungünstiger die Position eines Individuums innerhalb der Sozialstruktur ist ... Dies bestätigend, stellen eine Reihe von Studien zu unterschiedlichen Problembereichen fest, daß als Resultat dieses Zusammenhangs sowohl der physische als auch der psychische Gesundheitszustand bei Unterschichtangehörigen tendenziell schlechter ist, daß die 'objektive' Hilfsbedürftigkeit hier in der Regel höher einzuschätzen ist als in anderen Sozialschichten ... Auch das heißt nun nicht, daß es – bezogen auf die jeweiligen Mitglieder einer Schicht – hier keine Unterschiede gäbe; natürlich wird trotz erhöhter Anfälligkeit nicht jeder Unterschichtangehöriger in diesem Sinne hilfsbedürftig und die hier relevanten Probleme können bei Mittelschichtangehörigen in ebenso schwerwiegender Weise auftreten. Für den einzelnen ist lediglich die Wahrscheinlichkeit des Auftretens dieser Probleme in der Unterschicht höher als in der Mittelschicht."

[32] „Grundsätzlich läßt sich zwar sagen, daß eine erhöhte Problemanfälligkeit in jedem Fall die Wahrscheinlichkeit des Auftretens der hier relevanten Probleme erhöht, sie erhöht jedoch damit nicht auch in gleicher Weise die Wahrscheinlichkeit

der Entwicklung von Nachfrage nach sozialen Diensten. Aus einer im obigen Sinn erhöhten Prädestination zur Inanspruchnahme läßt sich nicht ohne weiteres auf ein entsprechendes individuelles Inanspruchnahmeverhalten schließen, wenn die Probleme für den einzelnen tatsächlich akut werden. Wäre dies der Fall, müßten die höhere Anfälligkeit und die daraus abgeleitete größere 'objektive' Hilfsbedürftigkeit bei Unterschichtangehörigen ... zu durchgängig höheren Nutzungsraten führen als bei Angehörigen anderer Sozialschichten. Die demgegenüber festgestellte Unterrepräsentierung von Angehörigen dieser Schicht in der Klientel sozialer Dienste widerlegt diese Schlußfolgerung jedoch eindeutig" (Wirth 1982: 66 f.). Diese Aussage wird man nach verschiedenen Zielgruppen sozialer Dienste wahrscheinlich stark differenzieren müssen, doch lässt sich als allgemeiner Hinweis festhalten, dass vieles für eine Unter-Nutzung angebotener Dienste bei einer Überrepräsentation der Hilfebedürftigkeit in den unteren sozialen Schichten spricht.

[33] „...verhindern jedoch bereits vorab eine Reihe von Barrieren gerade bei Unterschichtangehörigen, daß sich eine ihrer erhöhten Prädestination zur Inanspruchnahme entsprechende Neigung, soziale Dienste nutzen zu wollen, falls die entsprechenden Probleme auftreten und wahrgenommen werden, überhaupt entwickeln kann. Bei Mittelschichtangehörigen fehlen diese Barrieren nicht nur, sondern es sind hier Faktoren ausmachbar, die diese gewissermaßen problemunabhängige Neigung eher verstärken und die damit die Wahrscheinlichkeit des Auftretens von Nachfrage nach sozialen Diensten von vornherein erhöhen..." (Wirth 1982: 67 f.).

[34] „Man kann davon ausgehen, daß die Nutzung sozialer Dienste mit zunehmender Handlungsfähigkeit wahrscheinlicher wird ... Mit sinkendem Status nimmt auch die Handlungsfähigkeit ab ..." (Wirth 1982: 71).

[35] „Ein zentraler Faktor für mangelnde Handlungsfähigkeit in der Unterschicht ist der hier vorfindbare geringe Bildungsstand, der nicht nur die Fähigkeit zur Übernahme und erfolgreichen Ausübung der Rolle 'Inanspruchnehmer', insbesondere die kommunikativen und kognitiven Kompetenzen, sondern auch Wahrnehmungs- und Einstellungsmuster, schlicht: die oben angesprochenen Voraussetzungen für eine differenzierte und prägnante Erwartungsbildung und ihre Umsetzung in Handeln negativ beeinflußt. So ist eine höhere Bildung zum einen eng verbunden mit einem größeren Faktenwissen über Probleme, ihre Bedeutung und ihre Konsequenzen, so daß die Hypothese naheliegt, daß mit höherer Schulbildung und wachsendem sozio-ökonomischen Status die Problemsensitivität zunimmt ..." (Wirth 1982: 71 f.). Otto (1988: 41) spricht von einer Klientel der Sozialen Arbeit, „... die sich in der 'Topographie der Zuständigkeit' nicht zurechtfindet."

[36] Vgl. Wirth 1982: 81 f.)

[37] „Aufgrund einer geringeren Problemsensitivität, einer geringeren Gesundheitsorientierung und der verstärkt auftretenden Tendenz, Probleme zu verdrängen, tritt diese Handlungsbereitschaft bei Unterschichtangehörigen im Falle schwerwiegender Probleme jedoch später auf und werden Probleme, die keinen bedrohlichen,

existenzgefährdenden Leidensdruck produzieren, hier weniger beachtet als in der Mittelschicht. Schon aus diesem Grunde ist die Wahrscheinlichkeit des Auftretens von Nachfrage nach sozialen Diensten hier vergleichsweise geringer als in der Mittelschicht" (Wirth 1982: 91 f.).

[38] „Die Netze, in denen Mittelschichtangehörige in der Regel interagieren, sind wesentlich umweltoffener. Mittelschichtangehörige verfügen meist über eine größere Zahl von Freunden und Bekannten, die selbst voneinander unabhängig sind. Daraus ergibt sich die Verfügbarkeit vielfältiger Informationen und die Möglichkeit, eher Personen kennenzulernen, die bereits spezielle Erfahrungen mit sozialen Diensten gemacht haben. Da bei Mittelschichtangehörigen ohnehin ein größeres Wissen über Hilfeangebote, eine grundsätzlich positive Erwartenshaltung gegenüber sozialen Diensten besteht und da auch die Bezugsgruppenmitglieder eher dazu tendieren, professionelle Dienste als Mittel zur Problemlösung zu empfehlen und weniger selbst Hilfeleistungen anzubieten, kann man sagen, daß hier die Bereitschaft zur Nutzung sozialer Dienste nicht behindert, sondern gefördert wird ... Solche Netzwerke zu aktivieren ist dem Unterschichtangehörigen jedoch häufig aufgrund seines Rückzugs in die Familie, geringerer Handlungsfähigkeit und seiner Tendenz, Probleme außerhalb der primären Bezugsgruppe aufgrund erwarteter negativer Bewertungen nicht eingestehen zu wollen ... nur sehr schwer möglich. Aus diesem Grunde ... wird er die Informationen und Hinweise, die eine Bereitschaft zur Nutzung der Dienste fördern können, seltener erhalten als Mittelschichtangehörige" (Wirth 1982: 97 f.).

[39] Ich folge hier den Darstellungen von Bäcker u.a. (2000, Bd.2); im Kapitel IX (Soziale Dienste) wird ein guter Überblick über dieses Thema geboten.

[40] Für einen Vergleich zwischen verschiedenen Möglichkeiten der Klassifikation von Arbeitsfeldern vgl. Kähler, Paul-Roemer 2000.

[41] Für eine Übersicht vgl. Boessenecker 2/1998. Spitzenverbände der Freien Wohlfahrtspflege in der BRD. Münster: Votum

[42] Ich orientiere mich im folgenden an der leicht zugänglichen Übersicht der Merkmale bürokratischer Organisationen im „Wörterbuch der Soziologie" zum Stichwort „Bürokratie" (Derlien 1989).

[43] Vgl. hierzu Puch 1994: 33. Dieses Buch stellt auch eine gute Einführung in die spezifischen Organisationsformen von sozialen Diensten dar.

[44] „....bürokratische Organisationen handeln nach anderen Rationalitätskriterien als denen größtmöglicher Flexibilität, Pluralität und optimalen Mitteleinsatzes. Loyalität und Legalität bzw. Unparteilichkeit und Zuverlässigkeit treten als gleichgewichtige Effizienzkriterien neben die Aufgabe der Erfüllung eines optimalen Betriebsergebnisses im Sinne einer günstigen Aufwands- und Ertragsrechnung. Damit aber unterliegt der Einsatz von Organisationsstrukturen zur Herstellung effizienter Sozi-

213

alarbeit einem tendenziell anderen Bewertungsschema; Maßnahmen des Systemerhalts bzw. der Systemausdehnung richten sich im Rahmen bürokratischer Organisationen primär auf den Ressourcenträger, also auf die vorgesetzte Behörde oder den politischen Geldgeber ... Die Ziele der Entscheidungsträger werden für die Gestaltung der Organisationsstruktur weitaus wichtiger als das Erreichen eines bestimmten Leistungsniveaus, von dem der Tatbestand bzw. die Bewertung der Organisation nicht unbedingt abhängt" (Dewe/Wohlfahrt 1989: 76).

[45] In einer neueren Untersuchung über die Beziehungen von Sozialarbeitern zu Vertretern des eigenen Berufs und anderer Berufe lässt sich deutlich nachweisen, dass die Kontakte zu Vertretern der Verwaltung besonders stark belastet sind (vgl. Kähler 1999a).

[46] „Sie (die Sozialarbeiter) nehmen einen Widerspruch wahr zwischen dem Anspruch auf Realisierung eines 'progressiv-professionellen' Handlungsvollzugs und den diesem Anspruch entgegenstehenden institutionell-organisatorischen Barrieren. Der aus dem Widerspruch sich ergebende Konflikt wird zwar hinsichtlich seiner strukturellen Dimension gesehen, er taucht jedoch in der konkreten Darstellung und Beurteilung einzelner Konfliktfälle vor allem hinsichtlich seiner personellen Dimension auf, d.h. die persönlichen Eigenarten, Schwächen und Verhaltensweisen einzelner oder auch aller Verwaltungsfachkräfte, die sich im Kontakt zu den Klienten und zu den Sozialarbeitern auswirken können, werden äußerst stark gewichtet. Die Sozialarbeiter beschreiben und definieren sich selbst in dem institutionell-organisatorischen Konfliktfeld der Dienststelle als eine 'Gruppe von Einzelkämpfern', die sich ständig bedroht fühlt, in den administrativen Regelungen und Instanzen der Dienststelle aufgerieben zu werden. Sie nehmen sich selbst als durchgängig problemorientiert Tätige wahr, die mit ihren handlungsleitenden Grundsätzen, ihrer Fachlichkeit und den daraus abgeleiteten Hilfsplänen und Initiativen bei allen anderen Mitarbeitern der Dienststelle nur geringes Verständnis erfahren. Der von beruflichem und persönlichem Engagement getragene Einsatz für die Interessen des hilfsbedürftigen Klienten werde durch 'Einwirkungs- und Eingriffsmöglichkeiten' von Personen hintertrieben, die administrativ befugt, jedoch fachlich unbefugt seien. Die Sozialarbeiter fühlen sich in der Dienststelle eingeengt, weil sie sich inakzeptablen, professionsfremden Anforderungen und Bestimmungen unterworfen glauben" (Beneke 1979: 101 ff.).

[47] „Was auf der Seite des Verhältnisses zwischen Sozialarbeitern/Sozialpädagogen und Klienten Emotionalität, Wärme, Zuwendung und Interesse ist, nach bisherigem Wissen alles Vorbedingungen für einen gelingenden Sozialisations- und/oder Beratungsprozeß, ist nach den Maximen bürokratischer Verwaltung ihrer Effektivitäts- und Ablaufkriterien 'irrationaler', kostenträchtiger Ballast. Da aber das eine unter den Bedingungen des anderen zu vollziehen ist, ist der Sozialarbeiter/Sozialpädagoge gehalten, den 'paradoxen Erwartungszyklus' in seinem Handlungskonzept auszuhalten bei gleichzeitig 'ordnungsgemäßer' Erledigung seiner Amtsgeschäfte" (Karsten/Klusemann 1987: 230).

[48] „Bürokratische Verwaltung ist auf formale Korrektheit bedacht, orientiert an strenger Sachlichkeit ohne Ansehen der Person, freizuhalten von persönlicher Einflußnahme des Verwaltungsbeamten oder -angestellten. Dem stehen die objektiven Aufgaben des Sozialarbeiters, Menschen aus einer sehr konkreten Notlage zu helfen, seine Berufsmotivation und sein Berufsethos gegenüber. Der Sozialarbeiter kann nicht eingreifen bzw. helfen ohne Ansehen der Person. Er muß die Person genau ansehen und ihre spezifische Situation anerkennen, um eine Einstiegsmöglichkeit zu finden. Er muß Vertrauen aufbauen, als wichtige Voraussetzung für die Funktion von Sozialarbeit. Schafft er es nicht, das Vertrauen des Betroffenen zu erwerben, kann er nur unter erschwerten Umständen Kontrolle ausüben; nur wenn der Betroffene dem Sozialarbeiter vertraut, erhält dieser jene Informationen, die er benötigt, um die geforderten 'Hilfen' einzusetzen, bzw. die notwendigen Maßnahmen durchzuführen. Erwirbt er das Vertrauen nicht, wird seine Arbeit umständlich und ineffektiver: er muß sich notwendige Informationen über andere Quellen verschaffen, etwa bei Schulen, Nachbarn, der Polizei und anderen datenführenden Stellen. Dies aber untergräbt seinen Einfluß bei den Betroffenen. Das wiederum macht es ihm sehr viel schwerer, seiner Tätigkeit nachzukommen.
Der Sozialarbeiter kann nur bedingt formal korrekt und streng sachlich vorgehen: er muß, will er den Betroffenen 'gewinnen', also auf ihn Einfluß nehmen, seine Persönlichkeit einsetzen, seine Gefühle (Mitgefühle), sein soziales Ethos zur Geltung bringen, das verschiedenen Motivationen entspringt und humanitär, christlich oder politisch eingefärbt sein kann. Seine Persönlichkeit hat geradezu die Vermittlung herzustellen zwischen der abstrakten Allgemeinheit des Verwaltungshandelns und den einzelnen Menschen, auf die dieses Verwaltungshandeln ausgerichtet ist. Seine Opferbereitschaft – obwohl im Widerspruch zur bürokratischen Organisation der Sozialarbeit stehend – ist wichtiger Bestandteil des Funktionierens von Sozialarbeit..." (Zinner 1981: 92).

[49] „Der Sozialarbeiter muß, will er seinem Berufsethos gerecht werden und Einfluß auf die Betroffenen ausüben, als deren Interessenvertreter auftreten. Dies führt zu einem Widerspruch zu herkömmlicher Verwaltungsrationalität, der nur zu bewältigen ist, wenn ihm von der Verwaltung ein relativer Freiraum zugestanden wird. Dieser Freiraum erweist sich letztlich als im Interesse des Systems liegend: Die Bindung zwischen Sozialarbeiter und Betroffenen wird stärker, wenn sie sich einem gemeinsamen Feind gegenüber sehen: der entscheidenden Verwaltung. Diese Gemeinsamkeit zwischen Sozialarbeiter und Betroffenem ist funktional (für) die Gewährleistung und Sicherstellung des zu erreichenden Zweckes, nämlich den Betroffenen möglichst eng an die Sozialbürokratie und deren Kontrollsystem zu binden. Der Sozialarbeiter dient hier als die vermittelnde Instanz, als Medium. Er hat eine Funktion, die auszuüben jemand, der, wie der Verwaltungsangestellte ausschließlich Etatinteressen verpflichtet ist, nicht oder nur sehr schwer in der Lage ist. Diese spezifische Funktionsweise des Sozialarbeiters, sein Jonglieren in Freiräumen, birgt in sich aber auch Probleme und 'Sprengstoff'" (Zinner, 1981: 95).

[50] „... gelegentlich (wird der Sozialarbeiter) Ansprüche anerkennen und ihnen zur Durchsetzung verhelfen, gelegentlich auf Gründe hinweisen, warum Hilfen nicht

215

gewährt werden können, ohne die Betroffenen 'vor den Kopf zu stoßen'. Die Funktion ist erfüllt. Der Klient erhält immer das Gefühl, daß 'sein' Sozialarbeiter für ihn da ist. Dieses subjektive Gefühl des Klienten vermittelt diesem den Eindruck einer Behörde und eines Staates, die sich seiner Bedürfnisse und Sorgen annehmen. Die Loyalitätssicherung ist gelungen. Der Klient, der um Hilfe nachsucht, läßt sich zudem jederzeit als individuell defizitär (beispielsweise in Befürwortungsberichten) darstellen, glaubt vielleicht letztlich sogar an solche Definitionen, um die erwünschte Hilfe zu erhalten. Somit ist auch noch die Internalisierung der Reduktion eines gesellschaftlichen Problems gelungen" (Zinner 1981: 94).

[51] Beneke (1979) hat in einer empirischen Untersuchung zwei Typen von SA ermittelt, die er als Beratungstyp (Typ I) und als Versorgungstyp (Typ II) kennzeichnet: „Der wesentliche Unterschied zwischen diesen beiden Typen soll anhand der Kriterien-Definition des anstehenden Problems und der Stellung des Sozialarbeiters zum Klienten herausgestellt werden.

Im Typ II (Versorgungstyp) wird das Problem, mit der der Klient sich an die Sozialstation wendet, zunächst einmal nur als solches genommen, wie es der Klient selbst vorträgt; es wird davon ausgegangen, daß die 'Mangelsituation' nicht individuell einzigartig ist, sondern daß die Mangelsituationen unterschiedlicher Klienten vergleichbar sind. Im Hinblick auf die Stellung des Sozialarbeiters zum Klienten ist der Typ II dadurch charakterisiert, daß die Grundlage der sozialarbeiterischen Tätigkeiten sich aus einer spezifischen Kombination von professionellen Handlungsstandards und amtlichen Erwartungen an das Rollenverhalten des Sozialarbeiters herausbildet.

Ganz anders im Typ I (Beratungstyp): es geht die Annahme ein, daß oberflächlich identisch oder zumindest ähnlich ausformende Mangelsituationen absolut nicht miteinander vergleichbar seien. Der Vergleich verbietet sich nach dieser Sichtweise, weil das Problem (z.B. die aktuelle Mangelsituation), das der Klient von sich aus vorträgt, nicht das 'eigentliche' Problem sei. Das eigentliche Problem, auf das die Sozialarbeiter nach ihrer Auffassung ihr persönlich-berufliches Augenmerk und ihre Anstrengungen richten sollten, konkretisiert sich im familiengeschichtlichen Rückbezug und in der Aufdeckung der Problemgenese in ihrer je individuell einzigartigen Färbung und Ausformung. Der Rückbezug und die methodisch gesteuerte Aufdeckung der Problemgenese bringe eine Vielzahl von Problemkonstellationen zum Vorschein (z.B. Erziehungsprobleme, Störungen des Ehesubsystems), die mit dem ursprünglichen 'Anlaß' kaum mehr etwas gemein haben und ganz anderes als materielle Unterstützung erfordern: nämlich in jedem Fall unterschiedliche Beratungs- und Behandlungsangebote. Diese Angebote seien nicht nur wegen der Problemvielfalt nicht standardisierbar, sondern auch wegen der von Fall zu Fall unterschiedlichen Beziehungsdichte, die sich zwischen dem einzelnen Sozialarbeiter und dem einzelnen Klienten herausbilde. Hiermit ist bereits die Ebene der 'Stellung des Sozialarbeiters zum Klienten' angesprochen. Der Typ I ist hinsichtlich dieser Ebene dadurch zu charakterisieren, daß die Grundlagen der sozialarbeiterischen Tätigkeiten sich aus einer spezifischen Kombination von professionellen Handlungsstandards und persönlichen Motiven und Eigenarten herausbilden" (Beneke 1979: 248 f.).

[52] „Die hierarchische Gliederung ist stringent und im Ausbau begriffen. Sie hat zu einer vertikalen Arbeitsteilung geführt, in der der 'normale' Sozialarbeiter mit den Betroffenen arbeitet, der 'höhere' Sozialarbeiter dessen Tätigkeit kontrolliert, sowohl formal als auch inhaltlich. Der vorgesetzte Sozialarbeiter orientiert sich bei seiner Kontrolltätigkeit stärker an den durchgehenden oder momentanen Interessen seiner Verwaltung und seiner politischen Vorgesetzten. Er sorgt etwa dafür, daß die Mittelverwendung sparsam erfolgt, daß die Arbeitsorganisation so fest und gleichzeitig flexibel ist, daß die wichtigsten Aufgaben beständig wahrgenommen werden. Er achtet darauf, daß ein formelles Kommunikationssystem von oben nach unten und von unten nach oben besteht, das als Transmissionsriemen funktioniert und gewollte Intentionen von oben nach unten vermittelt, und daß eventuelle Loyalitätsprobleme rechtzeitig erkannt und abgebaut werden können. Er sorgt für Kontrolle und für Motivationsbildung" (Zinner 1981: 88 f.).

[53] „Ein weiteres Funktionsproblem liegt in den spezifischen Arbeitsmitteln, die dem Sozialarbeiter zur Verfügung stehen: Er führt Gespräche, die nicht kontrolliert werden können. Sein Handlungsprodukt hat eine immaterielle Form, das nicht wie das Werkstück eines Handwerkers oder Fabrikarbeiters angesehen und begutachtet werden kann. Die anzufertigenden Schriftstücke für die Akten können verschieden abgefaßt werden. Der Sozialarbeiter hat die Möglichkeit, ihm bekannte Dinge zu verschweigen, wenn er der Auffassung ist, daß ihr Festhalten in der Akte dem Betroffenen unverhältnismäßig schaden könnte. Umgekehrt kann er auch hinzufügen, um beispielsweise positivere Anschauungen über den Betroffenen herauszubilden (das geht natürlich auch unter negativen Vorzeichen genauso: ein mißliebiger 'Klient' kann mittels Vermerken in den Akten oder deren Unterlassung auch systematisch für negative Sanktionen 'aufbereitet' werden). Diese Strategie ist aber nur begrenzt anwendbar und fällt sofort auf, wenn etwa ein Sozialarbeiter mehr als andere Kollegen sich für die finanziellen Interessen 'seiner' Betroffenen einsetzt oder wenn er weniger Sanktionen als durchschnittlich verhängt. Zudem sorgt ein breites Erfassungssystem dafür, daß fast alle Informationen, die in der Akte über Betroffene gesammelt werden, von mehreren Seiten abgesichert werden müssen, etwa durch Anfragen in der Schule, durch übersandte Berichte der Polizei, der Gerichte, anderer Stellen sozialer Dienste, oder aber auch durch Berichte beunruhigter Nachbarn, Arbeitgeber, etc. ...
Ein einmal so ertappter Sozialarbeiter kann sicher sein, daß seine Arbeit sehr mißtrauisch von vorgesetzten Instanzen beobachtet wird. Um solches Verhalten von Sozialarbeitern möglichst auszuschließen, regelt ein detailliertes System von Kompetenzen der Vorgesetzten deren Einblick und Eingriffsmöglichkeiten. Die wichtigsten Instrumente dafür sind der Posteingang über den Tisch des Amtsleiters und die Unterschriftsbefugnis in allen wichtigen Angelegenheiten" (Zinner 1981: 95 f.).

[54] „Die Team-Position ist gekennzeichnet durch Gruppenentscheidung und Gruppenverantwortlichkeit; die Hierarchie-Position ist gekennzeichnet durch Individualentscheidung und Individualverantwortlichkeit. Die erste Position ist in der Behörde nicht durchsetzbar und deckt sich auch nicht ohne weiteres mit den Erwartungen einiger Sachgebietsmitarbeiter ... in der zweiten Position spiegelt sich die amtliche Realität kommunaler Sozialarbeit ..." (Beneke 1979: 214).

[55] „Bereichsmäßig sind verschiedene Abteilungen, Unterabteilungen eines Amtes zuständig für unterschiedliche 'Symptome' oder Altersgruppen bei den Betroffenen. So etwa für Behinderte die Behindertenfürsorge, bei Alkoholkranken der Sozialpsychiatrische Dienst, bei gefährdeten Jugendlichen die Familienfürsorge, bei jugendlichen Delinquenten die Jugendgerichtshilfe, bei alten Menschen das Sozialamt. Treten in der Person eines Betroffenen gleichzeitig mehrere Probleme (Symptome) auf, so sind mehrere Stellen gleichzeitig zuständig. Es entsteht das in der Sozialarbeit bekannte und beklagte System der Doppel- und Mehrfachbetreuung, das der geforderten Verwaltungsrationalität widerspricht. Ein anderes, in der bürokratischen Struktur der Sozialarbeit gepflegtes System entspricht an bestimmten Punkten durchaus einer geforderten Rationalität: Sozialarbeiter sind in der Regel zuständig für die Befürwortung von finanziellen Leistungen, über die Gewährung aber entscheiden Verwaltungsbeamte einer anderen Abteilung. Damit soll eine sparsame Verwendung der Mittel gesichert werden" (Zinner 1981: 88).

[56] Es gibt Hinweise aus der Praxis, dass Sozialarbeiter Konflikten mit anderen Fachkräften dadurch aus dem Weg gehen, dass sie im Zweifelsfall eher selbst die Arbeit übernehmen, selbst wenn sie sich überlastet fühlen und die in Frage kommenden anderen Fachkräfte eher unterbeschäftigt sind. In diesem Bereich der intra- und interorganisatorischen Entscheidungsabläufe liegt ein großes Konfliktpotential, das bisher zu wenig empirisch ausgeleuchtet worden ist (vgl. Dewe/Wohlfahrt 1989: 76).

[57] Vgl. beispielsweise Kapitel VII bei Beck u.a. (1980).

[58] Karsten/Klusemann (1987: 228 f.) charakterisieren Soziale Arbeit als Lohnarbeit in bürokratischen Organisationen und gehen den Folgen für die berufliche Sozialisation von Sozialarbeitern nach: „... ist die Formbestimmtheit beruflicher Sozialarbeit/Sozialpädagogik zu befragen nach dem Mustern, die die Handlungsorientierungen der Praktiker repräsentieren. Diese besondere Formbestimmtheit sehen wir darin, daß Sozialarbeit eine besondere Form von Lohnarbeit, nämlich Lohnarbeit in bürokratischen Organisationen/Administrationen ist. Diese Lohnarbeitsorientierung als Leitlinie sozialpädagogischer Handlungsmuster geht in die berufliche Sozialisation von Sozialarbeit/Sozialpädagogik in doppelter Weise ein: Einerseits befaßt sich Sozialarbeit mit den Folgen, die sich für ihre Handlungsadressaten aus wechselnden und sich verändernden Strukturen im Produktionsbereich oder dem Bereich erwerbswirtschaftlicher Arbeit oder dem Dienstleistungssektor ergeben; andererseits stellt Sozialarbeit selbst eine nicht unerhebliche Anzahl von Arbeitsplätzen zur Verfügung, d.h., daß Sozialarbeit selbst Verausgabung von Arbeit für die in ihr tätigen Sozialarbeiter ist und sich in dieser Arbeit auf die Probleme und die sozialen Ansprüche ihrer Klienten, die diese wiederum zum großen Teil aus ihrem Arbeitszusammenhang beziehen, ausrichtet. Eine Funktions- und Formbestimmung von Sozialarbeit/Sozialpädagogik kann sich folglich nicht allein auf die Problematisierung der Arbeitsorientierung ihrer Handlungsadressaten beziehen, sondern muß Sozialarbeit als Verausgabung konkreter Arbeit mitreflektieren, die zur Sozialisation anderer Subjekte in vergesellschafteten Institutionen zu leisten ist. In

diesem (Erziehungs-)Prozeß sind zwei widersprüchliche Funktionen der Sozialarbeit/Sozialpädagogik zu vereinigen, die auf die Sozialisation der Sozialarbeiter zurückwirken: Sozialarbeit hat im Selbstverständnis ihrer Professionals die optimale Entwicklung der Persönlichkeit zu Mündigkeit, intellektueller und sozialer Kompetenz und individueller Subjektivität zu gewährleisten; gleichzeitig sind unter den Bedingungen bürokratischer Organisationen diese Qualifikationen über die Vermittlung von 'Bewußtseinsschranken', so einzugrenzen, daß jedenfalls ihre funktionale Nutzung im Arbeitsprozeß und Erwerbsrollen gewährleistet ist" (Karsten/Klusemann 1987: 228 f.). – Die Verdrängung der Probleme, die sich aus dem Arbeitnehmerstatus in bürokratischen Organisationen ergeben, zeigt sich möglicherweise auch in dem extrem niedrigen Grad gewerkschaftlicher und berufsständischer Organisiertheit der Berufsangehörigen Sozialer Arbeit.

[59] Lau/Wolff (1982) haben an dieser idealisierenden und den Sozialarbeitern immer mehr Forderungen auflastenden Haltung heftige Kritik geübt und eindringlich auf die vernachlässigten Aspekte der beruflichen Arbeit aufmerksam gemacht: „Die praktischen Probleme der Sozialarbeiter bestehen eben nur zu einem Teil darin, ihren Klienten zu helfen ... Das mag man nun bedauern (auch wir tun dies insgeheim immer noch), wissenschaftlich und politisch erscheint uns aber der einzig legitime Weg, diesen Sachverhalt anzuerkennen und ihn bei Überlegungen zur Verbesserung der Ausbildung, Fortbildung und Praxisanleitung immer im Blick zu behalten. In der alltäglichen behördlichen Sozialarbeit geht es, wie schon angedeutet,
• um die Gewährleistung von Loyalität gegenüber Kollegen;
• um die Sicherstellung einer Gleichmäßigkeit der Auslastung der Mitarbeiter bzw. die Demonstration, daß man schon genug zu tun hat;
• um die Steuerung von Befriedungsmöglichkeiten und Risiken innerhalb des Arbeitsvollzugs;
• um die Strukturierung akzeptabler Arbeitssituationen;
• um die Vermeidung von allzu viel 'Drecksarbeit' oder doch zumindest um die Sicherung des Ausnahmecharakters solcher eigentlich unangemessenen Tätigkeiten;
• um die Abschirmung der Arbeit gegenüber verdächtiger Neugier (insbesondere auch gegenüber wohlmeinenden Sozialarbeitswissenschaftlern und Personalreferaten, die übrigens oft in einem Atemzug genannt werden);
• um die Steuerung und Kanalisierung von Klientenkontakten;
• um die Herstellung von einer angesichts der vorliegenden Problemlagen, Entscheidungszumutungen und Berichtsanforderungen ausreichenden Gewißheit;
• um die Stabilisierung des öffentlichen Bildes vom Sozialarbeiter, seinen besonderen Arbeitsproblemen und den Notwendigkeiten entsprechender Rücksichtsmaßnahmen (etwa in Gestalt von Arbeitszeitregelungen) und von angemessenen Gratifizierungen" (1982: 293 f.).
„Unsere Einwände gegen die sozialpädagogischen Kompetenzmodelle richten sich dagegen, daß sie genau diese praktischen Probleme übersehen. Aus unserer Perspektive sind sie durch eine Reihe von Ausblendungen gekennzeichnet:
• sie überschätzen bei weitem die Bedeutung des funktionalen Bezugspunktes 'Lösung von Klientenproblemen' in der behördlichen Sozialarbeit;

• sie scheinen nicht zu sehen, daß die institutionellen Möglichkeiten angesichts der Problemhintergründe von Klienten relativ dürftig sind;
• sie unterschätzen vielleicht auch die vielfältigen Möglichkeiten, 'Fürsorglichkeit' durch andere Instanzen und Methoden sicherzustellen und zu produzieren (etwa durch polizeiliche Repression, Arbeitsmarktpolitik, versicherungsmäßige Absicherung)" (1982: 294).
„Die 'Angemessenheit' des sozialarbeiterischen Handelns bemißt sich praktisch an den Anforderungen der Arbeitssituation und nicht an einer idealisierten, d.h. kontextfrei formulierten Meßlatte 'richtiger Praxis' und 'sozialpädagogischer Kompetenz'. Wir plädieren deshalb kurz gesagt dafür, mit den Theorien über sozialpädagogische Kompetenz aufzuhören" (1982: 297). Aus diesem Grund gehören „Fehler" häufig zu einem guten Sozialarbeiter: „Ein guter Sozialarbeiter muß weit mehr können, als 'Fehler' in der Gesprächsführung vermeiden; manchmal gehören solche 'Fehler' geradezu zu den unverzichtbaren Arbeitsmitteln. Indem das Modell einerseits das Gesprächsverhalten zu perfektionieren sucht, andererseits wesentliche Teile der Arbeitssituation ausspart, schränkt es die sozialarbeiterische Phantasie im Hinblick auf eine praxisangemessene Interaktion ein, fördert die 'falsche Scham' der Sozialarbeiter, den Standards von sozialpädagogischer Beratung methodisch nicht zu entsprechen ..." (Lau/Wolff 1982:269).
Zur Kritik an Lau/Wolff vgl. auch Rauschenbach/Treptow (1984).

[60] „Die mit der Professionalisierung verbundenen Eigeninteressen wie etwa Ausbau der Spezialistenposition, Prestigegewinn, Aufstieg in der Hierarchie der Organisation bzw. Karrieredenken, usw. ... stehen im Widerspruch zu den Interessen der Klienten und wirken sich in gleicher Weise wie das Interesse der Bestandserhaltung der Organisation insgesamt negativ auf die Angemessenheit der Dienstleistungserbringung aus ..." (Wirth 1982: 138).

[61] Zum Umgang mit Berufskollegen und Angehörigen anderer Berufe vgl. die Untersuchungsergebnisse bei Kähler 1999a.

[62] „Neben der weitgehenden Unkenntnis der konkreten Alltagserfahrungen und der faktischen sozialen Lage der Klienten aus der Unterschicht, einer dementsprechenden mangelnden Handlungsfähigkeit der Experten gegenüber diesen Klienten, ihren spezifischen Bedürfnissen und Problemen, sind häufig mehr oder weniger bewußte Vorbehalte und eine vergleichsweise geringe Handlungsbereitschaft des Personals gegenüber den Hilfesuchenden aus dieser sozialen Schicht feststellbar ... Die Experten sind hier häufig weder fähig noch bereit, sich im Interesse einer für den Klienten wirksamen Leistungserbringung an den Hilfesuchenden anzupassen, da dies einen erheblichen zusätzlichen Arbeits- und Zeitaufwand mit sich bringen würde" (Wirth 1982: 138).

[63] „.... je weiter ein Hilfesuchender von den Werten und Normen der Mittelschicht entfernt ist, je mehr er sich in seinem Auftreten und Verhalten von dem der Mittelschichtangehörigen unterscheidet, desto weniger erhält er ein rücksichtsvolles und umfassendes 'treatment' ... Gemäß der die Selektivität fördernden Belohnungs-

struktur der Dienste entwickelt das Personal, soweit es ihm möglich ist, Behandlungsvermeidungsstrategien gegenüber den Klienten mit den schwerwiegendsten Problemen, deren Behandlung als besonders aufwendig und wenig erfolgversprechend erscheint; Klienten mit höherer Bildung, mit höherem sozio-ökonomischem Status werden in der Regel von den besser ausgebildeten Experten behandelt, während Unterschichtangehörige häufiger an dem weniger erfahrenen und qualifizierten Personal am unteren Ende der innerorganisatorischen Einkommens- und Statushierarchie 'hängenbleiben' ... Nicht zuletzt dies führt hier oft zu einer routinisierten, rein technologischen und ... wenig sach-, fach-, anliegens-, situations-, problem- und bedürfnisgerechten Behandlung der zu lösenden Probleme und damit schließlich zu einer für die Betroffenen kaum wirksamen Dienstleistungserbringung" (Wirth 1982: 139).

[64] So ist in vielen Einrichtungen eine besonders starke Nachfrage nach Sozialer Arbeit zu solchen Zeiten nachweisbar, in denen Sozialarbeiter am geringsten Interesse haben, diesen Anforderungen nachzukommen (Wochenenden, Feiertage, Ferienzeiten). Ganz offensichtlich wird dieser Konflikt in aller Regel zu Gunsten der Sozialarbeiterinteressen entschieden.

[65] Für eine neuere Sicht auf die berufliche Identität (dort auch weiterführende Literatur) vgl. Erler (1997).

[66] „... Annahme ..., daß die Sozialarbeiter ein konstituierender Teil der amtlichen Handlungsrealität sind, daß sie sich selbst jedoch nur in geringem Maße als solch einen konstituierenden Teil zu sehen vermögen" (Beneke 1979: 218). „Unsere These ist, daß die Sozialarbeiter sich einen Begriff der Handlungswirklichkeit konstruieren, mit dem ein konsistenter Zusammenhang zwischen Selbstbild und praktischer Tätigkeit gewahrt werden soll. Sie versuchen die eigene Rollenunsicherheit dadurch zu lösen, daß sie sich strikt gegen eine Reihe anderer Berufsgruppen abgrenzen, mit denen sie das Berufsfeld teilen. Sie sind bestrebt, über die Konstruktion des abgewehrten beruflichen Selbstbilds Handlungssicherheit zu gewinnen. Sie sehen die Möglichkeit, ihr Handlungsfeld anspruchsbezogen zu strukturieren, indem sie das Handlungsfeld über die Interventionsform der Beratung in den Griff zu bekommen versuchen ..." (1979: 220).

[67] In einem Vergleich mit der klassischen Fürsorge charakterisieren Geisel/Leschmann (1985: 1) die heutige Neigung vieler Sozialarbeiter zur Flucht aus der Fürsorge: „Die damalige Praxis hatte mehr mit amtlicher Handlungsrealität zu tun und weniger mit subjektiven Absichten verhinderter Psychologinnen und Psychologen, die ein Leben lang daran leiden, daß sie in der Fürsorge gelandet sind." Dabei hätten die Sozialarbeiter nach Ansicht der Autorinnen gar nicht nötig, „... ihre Vergangenheit zu verdrängen und sich aus dem klinischen Bereich Berufsidentitäten zu borgen, die scheinbar mehr Prestige versprechen" (ebd.).

[68] „Sozialarbeiterische Praxis ist gekennzeichnet von der Undeutlichkeit des beruflichen Auftrages. Theorien, die nicht die eigenen sind, können aber auf der Suche

nach Deutlichkeit nur begrenzt helfen. Die Sprache des Sozialarbeiters bildet diese Situation ab. Sie bewegt sich zwischen privatisierender Nähe und amtlich normativem Stil. Chamäleongleich paßt sie sich der jeweiligen Konstellation, der darin praktizierten Sprache an, der Verwaltungssprache, Herrschaftssprache, therapeutisch-beratenden Sprache" (Engelhart 1988: 25).

[69] Meinhold (1988: 72) macht mit einem hübschen Vergleich darauf aufmerksam, dass es nicht die Aufgabe von Sozialarbeitern sein könne, die Ursachen für die Probleme ihrer Klientel zu beheben: „Sozialarbeiter sind weder dafür ausgebildet, noch gibt es in den für sie typischen Arbeitsfeldern die Möglichkeiten, in den Verteilungskämpfen um Geld und Arbeit steuernd zu wirken. (Es werden ja auch nicht die Förster für das Waldsterben verantwortlich gemacht.)". Mit Blick auf die Aufgaben Sozialer Arbeit muss dieses Bild aber erweitert werden: Förster können dazu beitragen, dass das Waldsterben ein öffentliches Thema wird und bleibt; und durch diese und andere Maßnahmen daran mitwirken, dass auch an seinen Ursachen gearbeitet wird.

[70] „Immer werden sich spezialisierte Dienste finden lassen, wo andere Berufsgruppen herausgelöste Teilbereiche sozialarbeiterischer Tätigkeiten qualifizierter ausüben ... Andererseits ähnelt das, was Sozialarbeiter tun, auch den alltäglichen Handlungen von Laien, von Nachbarn, Müttern und Freunden ..." (Meinhold 1988: 70).

[71] „Alltagskompetenz und sozialpädagogische Kompetenz enthalten breite Zonen des Übergangs. Eine Abgrenzung ist oft schwierig und willkürlich ... Die Besonderheiten sozialpädagogischer Handlungsmuster sind prinzipiell Laien zugänglich. Die in Beratungssituationen notwendige Anerkennung der Situationsdefinition des Beraters kann von Laien mit für diese Situation besonders ausgeprägter Alltagskompetenz übertroffen werden. Von Laien intuitiv vollzogene Anamnese kann aufgrund deren größerer Nähe zur Lebenswelt die sozialwissenschaftlich angereicherte Anamnese des Beraters an Bedeutsamkeit übertreffen. Dies trifft nicht zu für spezielle Kompetenzen etwa eines Chemikers oder Mathematikers. Allgemeine sozialpädagogische Handlungsmuster sind daher schwer zu bestimmen. Sie sind tendenziell ersetzbar (wegen ähnlicher Auswirkungen) durch alltägliche Handlungsmuster" (Buddrus 1984: 169). – Dem ist entgegenzuhalten: Wenn ein Laie mit einem Klienten zusammenkommt, mit dem zufällig keine große Ähnlichkeit der Lebenshintergründe vorhanden ist, wird er vermutlich versagen. Die Gefahr des laienhaften Vorgehens – das in Einzelfällen, gewissermaßen zufällig, durchaus erfolgreicher sein kann als professionelles Vorgehen – besteht gerade darin, dass auf jeden Klienten mit großer Wahrscheinlichkeit die Elle der eigenen Erfahrung angewandt wird. Sofern diese Elle die gleiche wie die der Klienten ist, mag der Fehler nicht groß sein. Die Kompetenz des Sozialarbeiters aber besteht gerade darin, problemabhängig unterschiedliche Ellen zu finden und anzuwenden, die in jedem Einzelfall nicht den Freund, den Partner ersetzen können, aber besser sind, als die persönliche Elle konkret anderer Provenienz; vgl. zu diesem Aspekt sozialarbeiterischer Kompetenz das Varianzmaß in der Untersuchung von Heiner (1988 d: 323).

[72] „Nicht zuletzt fordert die zunehmende Komplexität der Situationen, vor die Sozialarbeiter im Alltag gestellt sind, von ihnen ein komplexeres Herangehen. Die Hilfe zur Verselbständigung eines jungen Menschen, sein Problem, einen Arbeitsplatz zu finden und zu halten, sein Suchtverhalten, die Behandlung psychosomatischer Beschwerden und die Beratung in Fragen der Partnerbeziehung hängen zusammen und vertragen eine getrennte Bearbeitung schlecht. Einerseits bieten die Verhältnisse der Klienten ein vielgestaltigeres Bild; die Beanspruchungen (im Arbeits-, Freizeit- und Familienleben) haben sich vermehrt, aber auch die Möglichkeiten informeller und formeller Art, durch Selbst- und Fremdhilfe mit ihnen fertig zu werden. Andererseits bewegt sich der Sozialarbeiter in einem weiten Feld von Regelungen, Diensten und Maßnahmen, und der Umgang mit diesen verstreuten Ressourcen und Zwangsbedingungen erfordert mindestens so viel Geschick wie der Umgang mit den Leuten, die der Professionelle zu unterstützen hat" (Wendt 1988 b: 10).

[73] „Es soll hier die These vertreten werden, daß die Hilfeleistung nur dann faktisch und in der Bewertung durch die Klienten erfolgreich und 'nützlich' sein kann, wenn die jeweils aktuellen Lebenszusammenhänge der Klienten bei der Hilfeleistung berücksichtigt und mit einbezogen werden (können). Je stärker die Interaktionssituation, je stärker die (vorgeschlagenen) Mittel und Wege zur Problemlösung vom alltäglichen Lebenskontext, von den alltäglichen Erfahrungen und Problemlösungsmustern der Klienten abweichen, desto weniger werden sie zur Problembewältigung beitragen können, desto unzufriedener werden die Klienten sein"(Wirth 1982: 135).

[74] Vgl. z.B. die Ausführungen bei Zinner (1981): „Sozialarbeit setzt immer dann ein, wenn sozialpolitische Instrumentarien nicht mehr greifen: sie gilt als das 'Netz unter dem Netz' der sogenannten 'Sozialen Sicherung'" (Zinner 1981:15). Sozialarbeit sei immer ein Instrument staatlicher Sozialpolitik, auch wenn sie von freien Trägern übernommen werde. Das führe dazu, „... daß es keine Sozialarbeit geben kann, in der nicht Elemente dieses Herrschaftszwecks enthalten sind.", nämlich der Zweck der Aufrechterhaltung bestehender Herrschaftsverhältnisse (1981:19).

[75] „Ethics has to do with the misuse of influence. No profession allows its practitioners to exploit her influence on the client for her own purposes whether it is intentional or not. And that's why it is professionaly unethical to have sex with a client, even if the client tries to initiate it, and even if you believe that it is for his own good. ... That's why it is unethical to be in dual relationship with a client (that is, to have some other connection to the client outside of the therapy room). That's why it is unethical to turn the tables and tell the client your problems. ... And that's why it is unethical to make the client dependent on you, on your judgment, or on your approval. In all of these instances, the professional has used her influence ... to gain some personal benefit ..." (Fine & Glasser 1996: 162).

[76] „Es liegt auf der Hand, daß in thematisch stark konzentrierten Situationen derjenige das Handlungssystem kontrolliert, der bestimmen kann, was das 'Thema' ist und 'was zur Sache gehört'" (Kasakos 1980: 43).

[77] „Die Klienten haben zwar bestimmte Vorstellung und Erwartungen bezüglich ihres, der Inanspruchnahme zugrundeliegenden Problems und einer aus ihrer Sicht angemessenen Behandlung, sie können das Problems selbst jedoch nicht aus eigener Kraft lösen und erwarten von den Experten entsprechende Hilfe- und Unterstützungsleistungen zur Problembewältigung. Auch aus diesem Grunde ist das Verhältnis zwischen Klient und Experten einseitig ausgerichtet" (Wirth 1982: 133). „Die Abhängigkeit des Klienten manifestiert sich in der Definitionsmacht der Experten und zwar ungeachtet der Tatsache, daß Experte und Klient aufgrund unterschiedlicher Sozialisationserfahrungen verschiedene, sich eventuell gar widersprechende Situationswahrnehmungen und Problemdeutungen haben können. Aufgrund dieses strukturell bedingten Machtgefälles, das natürlich abhängig von der persönlichen Durchsetzungsfähigkeit der Beteiligten und dem Ausmaß der sozialen Distanz zwischen Anbieter und Klient mehr oder weniger deutlich ausgeprägt sein kann, ist es den Experten häufig möglich, ihren Klienten die professionelle Definition der vorgetragenen Probleme 'aufzudrängen'" (1982:133). Darüber hinaus besteht die Gefahr, dass der Experte seine „Behandlungsvorstellungen" durchsetzt (1982: 134).

[78] „... die Beteiligten (sind) zuallererst damit beschäftigt, die Struktur der gemeinsamen Situation etwa als Beratung, Fortbildung, Therapie etc. zu etablieren bzw. zu reproduzieren. Vieles von dem, was als professionelle Dominanz interpretiert wird, dient genau dieser Etablierung und Stabilisierung einer derartigen Handlungsform und damit der Sicherstellung der Instrumentalität des Gesprächs auch und gerade im Sinne der Klienteninteressen ... Es hilft also nicht weiter, professionelle Dominanz abstrakt an der Nähe oder Ferne des jeweiligen interaktiven Geschehens zu 'demokratischen' oder 'egalitären' Formen des Gesprächs bzw. der Entscheidungsfindung bemessen zu wollen. Dies wäre eine Verkennung der unvermeidlichen Asymmetrie solcher institutionellen Handlungsformen" (Kroner/Wolff 1989: 70).

[79] Für diesen Gesichtspunkt sind die Überlegungen des Empowermentkonzepts von großer Bedeutung. Zur Einführung vgl. Herriger (1997).

[80] „Die Hilfesuchenden müssen lernen, ihre Probleme unter den Kategorien zu begreifen, die durch die Organisationen vorgegeben sind. Sie müssen bestimmte Orte (z.B. das Sozialamt oder die Beratungsstelle) aufsuchen und sich an bestimmte Zeiten halten. 'Leiden, die außerhalb der Dienstzeit auftreten, sind mißlich.', schrieb Hans Achinger schon 1959" (Gildemeister 1993: 63).

[81] Vgl. hierzu die sehr interessanten Überlegungen über Erstgespräche in einer Erziehungsberatungsstelle unter dem Titel „Ein Klient wird 'gemacht'" von Bittner (1981).

[82] „Das negative Image der Dienststelle in der Öffentlichkeit findet seine Erklärung demzufolge darin, daß die auf unpersönliche Regeln fixierte Verwaltung ihre bürokratischen Handlungsmuster gegen die Erwartungen und Interessen der Klienten durchsetze. Zwangläufig (sic) würden auch die Sozialarbeiter, die sich darum bemühen, interpersonelle Beziehungen zu den Klienten aufzubauen (im Sinne von be-

ruflichem und persönlichem Einfühlungsvermögen in die Erfahrungs- und Erlebnisweisen der Klienten), in Mißkredit gebracht. Die Sozialarbeiter meinen, sie würden mit Personen, deren Praxis sie selbst kritisieren und ablehnen, gegen ihren Willen und entgegen ihrer tatsächlichen Praxis identifiziert. Den Klienten wird die Fehleinschätzung allerdings nicht vorgehalten, denn ihnen müsse es verständlicherweise schwer fallen, die unterschiedlichen Motive und Zielsetzungen auseinanderzuhalten und nach genauer Abwägung dieser Unterschiede objektiv richtig zu urteilen" (Beneke 1979: 109).

[83] Das Problem doppelter Loyalität kann sich aus der Stellung des Sozialarbeiters ergeben, „... der sich Forderungen der Institution (Anstellungsträger) und professionellen Antizipationen der Anforderungen von Seiten der Klienten gegenübersieht: einerseits die tatsächlichen berufsstrukturellen Voraussetzungen, die amtliche Gegebenheit der unselbständigen Berufsausübung, die Abhängigkeit und Unterordnung unter Dienstherrn und Arbeitgeber bedingt, und andererseits die Absichten und Ansprüche der Sozialarbeiter, individuelle Hilfe von Mensch zu Mensch auf der Grundlage von Vertrauensverhältnissen zu leisten und eine individuelle Berufsausgestaltung vorzunehmen" (Beneke 1979: 170).

[84] „Sozialarbeiterische Praxis, die oft mit hohem Einsatz soziale Problemlösungen betreibt, entwickelt Handlungs- und Überlebensmuster, die denen ihrer Klienten gleichen. Unter dem Druck von Armut, Arbeitslosigkeit, Schulden, Mißhandlungen, Schulversagen reagieren Praktiker situativ und oft ebensowenig planvoll wie die Menschen, denen sie eigentlich beistehen sollten. Deren Ängsten stehen die eigenen gegenüber: zu wenig Wissen; zu wenig methodisches Können; Anpassungszwang an Ziele und Normen der Anstellungsträger auf Kosten eigener berufsethischer Werte; Besorgnis, Aufstiegschancen zu vermindern" (Engelhart 1988: 15).

[85] Vgl. Pantucek 1998.

[86] Für eine gute Einführung in die neuere Diskussion um die soziale Einzelhilfe vgl. Wendt (1988) und Oppl (1988).

[87] „Die Einzelfallhilfe ist eine notwendige, jedoch keine hinreichende Bedingung für Gemeinwesenarbeit – und umgekehrt" (Edler 1997: 54). Zum Zusammenhang zwischen Individualhilfe und Gemeinwesenarbeit vgl. auch Pantucek 1998: 17f.

[88] Einen guten Einstieg in die aktuelle Diskussion bietet das Heft „Ökologische Konzepte für Sozialarbeit" der Schriftenreihe „Brennpunkte Sozialer Arbeit" (Mühlfeld u.a.1986).

[89] Case Management „... hat die Kernfunktion, den Klienten-Systemen (einzelne Menschen, Familien und ihre Angehörigen, Kleingruppen, Nachbarn, Freunden usw.) in koordinierter Weise Dienstleistungen zugänglich zu machen, die von ihnen zur Lösung von Problemen und zur Verringerung von Spannungen und Streß benötigt werden" (Lowy 1988: 31). – Und: „Case management stellt eine Verknüpfung

her zwischen auftretenden sozialen Problemen und den in Gemeinden, Regionen und Bundesstaaten vorhandenen Ressourcen, die zu ihrer Bewältigung beitragen können" (1988:32). – In einem ähnlichen Sinn benutzt Wendt (1988 b: 19) unter Hinweis auf eine Arbeit von Ballew/Mink das Bild eines Komponisten/Dirigenten, um die Funktion von SA im Case Management zu charakterisieren: „Ein case manager hat die diversen Ressourcen zu orchestrieren, die von Nutzen sein können, um eine Familie zu unterstützen." „Der case manager hat zu versuchen, seine Arbeit und die anderer Erbringer von Dienstleistungen zu koordinieren, um die von case manager und Klient übereinstimmend gewünschten Ziele zu erreichen."

[90] „In einer sachlichen Beratung der Lage läßt sich regelmäßig feststellen, von welchen Faktoren im gesellschaftlichen Umfeld (etwa der Lage auf dem Arbeitsmarkt, auf dem Wohnungsmarkt, den Bedingungen für Kinder) die Person oder die Familie abhängt. Die Intervention des Sozialarbeiters schafft solche Faktoren nicht aus der Welt. Sie zu beeinflussen ist ganz eindeutig eine politische Aufgabe. Professionelle Helfer nehmen sie wahr in ihrer sozialen Anwaltsfunktion, wenn sie in kommunalen und anderen Gremien und in öffentlichen Veranstaltungen die Angelegenheiten ihrer Klientel vertreten. Besser noch, wenn sie den Klienten die Mikropolitik ihrer Situation (d.h. das Wechselverhältnis von individuellem Verhalten und Systemwirkungen) erklären und die Menschen zu Eigenaktivität in Verfolgung ihrer Interessen anregen, vielleicht durch Beteiligung an Bürgerinitiativen und Selbsthilfegruppen. (Die Einzelhilfe nimmt unter der Hand die Form der Gemeinwesenarbeit an)." (Wendt 1988 b:26 f.); vgl. dazu auch Wendt (1986). Ähnlich auch bei Wendt (1988 a: 268): „In seiner gemeinwesenorientierten Arbeit wirkt der Case Manager bei der Entwicklung der Ressourcen mit: Er übersetzt die Bedürfnisse seiner Klienten in das Dienstleistungs- bzw. Unterstützungssystem in der Kommune, und er organisiert Selbsthilfe im Einzelfall, in der Nachbarschaft und in Gruppen."

[91] „Das Berufsbild müsste sich in die Richtung eines(r) 'spezialisierten GeneralistIn' bewegen; man könnte von einer 'Spezialisierung auf Unspezialisiertheit' sprechen." „... bestünde das besondere Wissen des Sozialpraktikers im 'Wissen wie' soziale Problemlagen, Ressourcen, Interventionsebenen, Akteur-Systeme und Arbeitsweisen – unter Beachtung realer Behinderungen wie realer Handlungsspielräume – auf immer wieder neue Weise untereinander kombiniert werden können" (Staub-Bernasconi 1986: 58).

[92] Die Komplexität der Problemkonstellationen und die deshalb notwendige Vielfalt an Hilfen macht Wendt zum Ausgangspunkt seiner Überlegungen zum Case Management: „Die Ausgangsthese ist eine doppelte:
• Klienten haben vielfältige, komplexe Probleme oder Behinderungen, denen nicht mit der einen oder anderen Hilfestellung allein beizukommen ist. Es wird eine auf den Einzelfall hin organisierte Kombination und Koordination von Unterstützungen gebraucht.
• Es gibt vielfältige soziale Dienste und potentielle Hilfsquellen. Sie sind nicht leicht erreichbar und dem Laien oft unbekannt. Wie lassen sie sich angemessen für den einzelnen Klienten erschließen und von ihm in seiner Problemlage nutzen?"

(Wendt 1988 a: 267) – Gerade dann trifft zu, was Wendt (1988 a: 269) als eine Verschiebung des Gewichts im Case Management von der Gefühlsarbeit weg zu einer Problembearbeitung hin beschreibt: „Sozialarbeit nicht mehr unter dem Motto 'Wie fühlst du dich?', sondern unter der Devise 'Was läßt sich machen?'" (und, wie man ergänzen könnte: in welchen Prioritäten? Und: was lässt sich nicht machen?)

[93] Insofern stimme ich der folgenden Auffassung von Wendt (1988 a: 267 f.) nur bedingt zu: „Case Management eignet sich überall dort, wo das 'klinische' Modell des Beziehungsprozesses Sozialarbeiter-Klient (in Beratung und Therapie) nicht hinreicht oder scheitert, wo also den Lebensschwierigkeiten nicht mit bestimmten, von einem professionellen Helfer durchzuführenden Interventionen beizukommen ist. Die Lage erfordert dann ein Arrangement von Hilfestellungen, die die Nutzung ganz unterschiedlicher Ressourcen der Person und ihres Umfeldes gewährleisten. Der Case Manager ist tatsächlich ein 'Bewerkstelliger', dessen Können sich ebensosehr in der Arbeit mit dem institutionellen Zusammenhang und den vernetzten oder vernetzbaren Beziehungen im Sozialraum als im direkten Umgang mit der Person erweist ... 'Unterstützungsmanagement'" (Wendt 1988 a: 267 f.). – Der vermeintliche Gegensatz löst sich meines Erachtens auf, wenn von einer Bestandsaufnahme zu Beginn ausgegangen wird, in deren Verlauf sich herausstellen wird, inwieweit einzelne gezielte Maßnahmen, wie eine Therapie oder die Koordinierung unterschiedlicher Hilfsmaßnahmen, erforderlich sind. Hier gilt es, einer Festlegung auf einen bestimmten Weg noch vor einer ersten Begegnung mit Klienten von vornherein entgegenzuwirken. Was zu tun ist, kann immer erst frühestens nach den Erstgesprächen erkennbar sein. Vor Beginn eines Erstgesprächs muss mit allem gerechnet werden. Gerade dieses Merkmal stellt Sozialarbeiter im Vergleich zu anderen helfenden Berufen vor besonders schwere Anforderungen; als Vergleich kommt vielleicht am ehesten der Arzt für Allgemeinmedizin auf dem Lande in Betracht.

[94] Als Beispiel kann hier das Gespräch 27 herangezogen werden. Der Klient vermittelt über das ganze Gespräch hin Hinweise auf eine zutiefst fehlgelaufene Sozialisation durch zu enge und zu lange Bindung an den Vater, der einige Tage vor dem Erstgespräch gestorben ist. Daraus ergibt sich die Frage, inwieweit psychiatrische oder therapeutische Hilfen notwendig sind. Zunächst aber werden derartige Überlegungen zurücktreten müssen zu Gunsten dringenderer akuter und mittelfristiger Fragen: Kann der Klient noch länger allein in der Wohnung bleiben oder muss sehr schnell eine Alternative geschaffen werden? Wie kann der Klient die nächsten Tage zurechtkommen? Wie kann er lernen, zunehmend allein zurechtzukommen? Bei Lowy (1988: 33) wird die Prioritätenfrage deutlich angesprochen. Im Zusammenhang mit wichtigen Punkten, auf die es in der Bestandsaufnahme zu Beginn des Case Managements besonders ankomme, formuliert er unter anderem die Frage: „Welche der Probleme oder Belastungssituationen bereiten den Betroffenen am meisten Schwierigkeiten bzw. bedeuten für sie das größte Risiko?" Da bei großer Problemvielfalt nicht alles gleichzeitig behandelt werden kann, ist die bewusste Entscheidung über die Priorität der anstehenden Probleme von großer Bedeutung.

[95] Rechtien (1988: 44) hat dies für die Beratungssituation deutlich beschrieben. Seine Charakterisierung gilt aber ohne Abstriche auch für Bestandsaufnahmen in der Sozialen Einzelhilfe: „Berater und Klient müssen gemeinsam herausfinden, von welcher Beschaffenheit zu diesem gegebenen Zeitpunkt das Problem ist. Diese 'Bestandsaufnahme' ist dabei kein einmaliger Akt, der nur zu Beginn der Beratung stattfindet; im Verlauf der Beratungsarbeit ändert sich erfahrungsgemäß die Beschaffenheit des Problems – andere Aspekte treten in den Vordergrund, werden aus anderen Perspektiven betrachtet usw., so daß die Feststellung, worum es eigentlich geht, immer wieder neu getroffen werden muß. In dieser Bestandsaufnahme liegt auch eine Gefahr, auf die Sie möglicherweise schon gestoßen sind: Der Berater bildet sich schnell eine Vorstellung von der Art des Problems und legt sich und den Ratsuchenden darauf fest. Ein auf einer falschen Festlegung aufbauender Beratungsprozeß kann dann über weite Strecken zu nutzloser Frustration bei den Beteiligten führen, u.U. dem Ratsuchenden mehr Schwierigkeiten bringen als ihm nützen. Vorbeugen kann ein Berater dieser Gefahr, indem er sich und den Klienten immer wieder daraufhin befragt, an welchem Punkt des Beratungsprozesses beide zur Zeit stehen, sowie durch erhöhte Aufmerksamkeit: Jedes Zeichen von fehlender Zustimmung seitens des Ratsuchenden kann ein Hinweis auf eine falsche Problemanalyse sein." Ähnlich auch Wendt (1988 a: 268): „Der Case Manager klärt zusammen mit dem Klienten dessen Lebens- und Problemlage unter Berücksichtigung vorhandener Fähigkeiten und Möglichkeiten – und zwar nicht in einem einmaligen Vorgang, sondern in wiederholter gemeinsamer Erörterung." Im Unterschied zum „assessment" zu Beginn der Zusammenarbeit spricht Wendt von „reassement" für die Bestandsaufnahmen im weiteren Verlauf der Zusammenarbeit.

[96] Fine und Glaser (1996: 42-45) weisen darauf hin, dass in diesen Konstellationen darauf geachtet werden muss, dass jede Person nur für sich und nicht für andere spricht und nicht unterbrochen wird. Zu regeln ist auch die Vertraulichkeit dessen, was im Gespräch ans Tageslicht kommt.

[97] Rauchfleisch (1996: 41) macht auf die Problematik einer solchen Situation bei Aufnahmegesprächen in psychosozialen Beratungsstellen aufmerksam. Er schreibt, „... daß es in vielen sozialen Institutionen üblich ist, daß mehrere Mitarbeiter sich einen Eindruck von den Bewerbern verschaffen können. Dieser unbestreitbare Vorteil für die Professionellen bedeutet jedoch für die Klienten, sich noch hilfloser zu fühlen als sie es ohnehin schon sind. Auch wenn wir es zu vermeiden versuchen, erleben Klienten derartige Situationen mit so ungleichen Machtverhältnissen sehr schnell wie eine Gerichtssitzung und fühlen sich in der Defensive. Sie empfinden durch eine solche Konstellation die Professionellen nicht mehr als Gesprächspartner, sondern fühlen sich oft geradezu in einem Kreuzverhör. (...)"

[98] In Konstellationen mit mehr als zwei Parteien ist es selbstverständlich notwendig, die beteiligten Personen vorzustellen und ihre Aufgaben transparent zu machen.

[99] Vgl. dazu Kapitel 8 („Working with couples and families") bei Fine und Glasser (1996).

[100] Vgl. hierzu die Untersuchungsergebnisse von Kähler 1999a.

[101] Fine & Glasser (1996: 84) führen folgende grundlegenden Aufgaben für Erstgespräche auf: „1. To enable the client or clients to present as clear a description as possible of the problems that brought them into therapy and to assist them in understanding the different perspectives of all those closely involved in their lives, whether these persons are present in the room or not.
2. To provide both clients and practitioner with a beginning understanding of the reason they are there together, leading to a definition of the problem.
3. To help the client or clients clearly define what they hope to achieve through therapy and to begin to negotiate those goals with all the members of the client unit.
4. To make clients aware of their strengths and the resources they may mobilize to deal more effectively with the problem.
5. To begin to build a relationship of trust between clients and practicioner in a way that will allow them to work together to achieve mutually agreed upon goals."

[102] „The first meeting between the client and the worker has both treatment and assessment aims" (Marzialli 1988: 23).

[103] Der bekannte Witz vom Sozialarbeiter, der nach dem Weg zum Bahnhof gefragt wird und antwortet, er kenne ihn nicht, aber man könne über das Problem reden, trifft den hier gemeinten Punkt gut.

[104] Es handelt sich hier um eine der zahlreichen Paradoxien der beruflichen Anforderungen an Sozialarbeiter. Für einen Überblick vgl. Kähler (1996).

[105] „The methods and techniques should be appropriate to the client and her problem and not solely dependent on the training of the practitioner. This may mean that the professional seeing the client in the first interview should refer her to a colleague who is better prepared to make use fo the appropriate methods for treating her problem" Fine & Glasser (1996: 89).

[106] „One of the most important marks of a professional is not only the ability to work with various clients who come into his office but the ability to know the limits of his areas of expertise" (Fine & Glasser 1996: 10).

[107] „You also need to prepare the client to accept your recommendation or to understand why you need to make the report." „The skill is in helping the client understand that what you are proposing is beneficial to her, that you are not rejecting her, and that you don't see her problem as unsolvable. The key issue is that the client is not left feeling powerless or betrayed, once again at the mercy of the 'system'" (Fine & Glasser 1996:138).

[108] Vgl. Pantucek (1998: 246). Auch Fine & Glasser (1996) gehen an verschiedenen Stellen auf den Aufbau und die Pflege derartiger Außenkontakte ein (z.B. S. 11, 17, 136-37). Ein Überblick über die Kooperationspartner von Sozialarbeitern bietet Kähler (1999a).

[109] Vgl. hierzu Fine & Glasser (1996: 31-33). Die Autoren gehen hier auf Übertragungsphänomene und Phänomene der Abneigung (z.B. jemanden nicht „riechen" können) ein. Sie fahren dann fort: „it is our collective experience that clients ... appear more and more attractive in our eyes as we learn to know them, that as people reveal themselves on deeper and deeper levels, they become more beautiful to us ..." (33).

[110] Als Einführung in Strategien psychosozialer Hilfen bei Kriseninterventionen vgl. zum Beispiel Golan (1983).

[111] Zum Problem von Zwangsmaßnahmen bzw. zum Umgang mit Gefahr und Gewalt vgl. Demand (2/1992).

[112] „Trust doesn't just happen. It evolves and grows over time, but its seeds are planted in the first interview" (Fine & Glasser 1996: 104).

[113] „How does the practitioner know that she has the client's trust? When the client is gradually willing to tell you more and more psychologically meaningful and intimate aspects of his life, including those he isn't particularly proud of. When he stops trying to impress you or make you like him, you're getting there. When the client is willing to express his feelings of sadness, anger, fear, joy, and love (...) you are gaining his trust (...)" (Fine & Glasser 1996: 104).

[114] „Trust is the state in which the client believes that what the practinioner does is in his best interest, even if he doesn't completely understand it. He believes that ... we will do him no harm. Trust means that the client knows and feels that he can say anything, tell anything, reveal anything, and, with few exceptions about which the client is aware, it will not be used against him either literally or psychologically. So a basic aspect of trust is the client's unequivocal belief in the counselor's goodwill and good intent toward him. Furthermore, trust has to do with how the therapist handles the client's feelings. It means that the client may be angry with the practicioner and show it, yet she does not respond with anger or rejection. It means that she will not disparage the client's attitudes, values, or coping behaviors. It means that the client can change his mind, vacillate, and be ambivalent or indecisive, and the counselor will not belittle him or badger him. He can count on her patience while he tries to sort out his options and his feelings about them. Third, trust has do to with tough moments in therapy. Trust means that the practicioner has earned the right to confront the client's words and thoughts, behavior and intentions, but the client is sure that in so doing, the practitioner will also provide emotional support and help the client to find the courage to face himself. (...) When trust is established, the client feels free to face his pain and his fears because he knows he won't be doing it alone. Because the pracitioner is there with him, he feels safe to take the risks. (...) Trust means he feels safe with you" (Fine & Glasser 1996: 93/94).

[115] Als Einstieg in die Forschung über Selbstenthüllung eignet sich Spitznagel (1986).

[116] „... there are dangers in revealing personal information (...) Your story may divert her from her task of self-confrontation; in other words, she may use it to divert her own attention from herself. Your experience, if negative, may discourage her. Your experience, if positive, may likewise discourage her. Clients have a strange reaction to success stories. (...) If you need to let the client know that you've been through a similar experience to assure her that you do understand how hard it is, tell it briefly, don't elaborate, and get back to letting her be the client" (Fine & Glasser 1996: 164).

[117] „Man erfährt in konkreten Gruppensituationen auch die Spontaneität des anderen; hört, sieht, riecht ihn; bemerkt sein Erröten, die Fahrigkeit seiner Gebärden, das Forcierte seines Tons. Auf diese Weise werden die mehr oder weniger unbewußten, auf jeden Fall nur unvollständig kontrollierbaren Selbstkommentierungen erfahrbar, die der andere seinem Rollenspiel beigibt. Sie sind Indizien des allgemeinen Zustandes, in dem er sich befindet. (...) Es läßt sich annehmen, daß Gruppen (...) in unterschiedlichem Maße zu einer Moralisierung von Scham- und Taktgefühl, den wohl zentralen Abgrenzungsmechanismen gegenüber inneren Umwelten, tendieren. Schamgefühl wäre die Verinnerlichung von Schranken der Selbstdarstellung, Taktgefühl die Stilisierung der Technik, fehlerhafte 'indiskrete' Selbstdarstellung als ungeschehen zu behandeln, sie also sozial folgenlos zu absorbieren" (Neidhardt 1980: 110-112). Was Neidhardt hier auf soziale Gruppen bezogen diskutiert, kennzeichnet m.E. auch das Problem des Umgangs mit Informationsüberschüssen in der Situation des Erstgesprächs.

[118] Dass ein linearer Zusammenhang zwischen Vertrauen und Selbstenthüllungsbereitschaft empirisch nicht nachgewiesen werden konnte (vgl. Schmidt-Atzert 1986), ist m.E. nicht verwunderlich: eine Zunahme von Vertrauen bewirkt nach der hier nahegelegten Auffassung eben nicht eine schrankenlose Zunahme an Selbstenthüllung, sondern sorgt dafür, dass, vom Klienten bewusst gesteuert, zunehmend die Bereiche ins Gespräch kommen können, die aus der Sicht des Klienten ins Gespräch kommen sollen. Andere bleiben – mit Recht – ausgespart. Der Sozialarbeiter ist hierbei Geburtshelfer.

[119] Fine & Glasser 1996: 34. Ich habe hier das englische Original und einen Übersetzungsversuch zusammengestellt, weil das Original die Sachverhalte zum Teil unübertrefflich knapp und prägnant benennt.

[120] „From these observations, together with how the client begins to present himself in the interview, we begin to formulate the first tentative hypotheses. The operational words are tentative and hypotheses. These are only probes, thoughts, maybes, speculations. They are tentative and vague, light pencil sketches. Over the time we spend with the client in that first interview, we will draw and erase, consider and discard a variety of ideas. As more information about the client and his situation becomes available, we begin to test out some of these hypotheses" (34).

[121] „We strongly urge that, should there be a physical complaint or symptom, it not be treated as psychologically induced unless and until the client has been evaluated by a physician. (...) Only when the physical causes for a symptom have been eliminated can you assume that the causes are psychological and can you treat them as such" (Fine & Glasser 1996: 10). „We emphasize as strongly as we can that physical symptoms must be checked out by a competent physician. ... Our rule of thumb is that we do not assume that a physical symptom is psychological until we are assured that there is no medical reason for the condition" (l.c., 139).

[122] Auch hier habe ich die Originalversion zusammen mit einem Übersetzungsversuch zusammengestellt, weil das englische Original häufig sehr viel knapper und prägnanter ausfällt.

[123] Zusammenstellung in z.T. frei wiedergegebenen Auszügen aus Fine & Glasser (1996: 59-61)

[124] Zusammenstellung in z.T. frei wiedergegebenen Auszügen aus Fine & Glasser (1996: 61-63)

[125] Zusammenstellung in z.T. frei wiedergegebenen Auszügen aus Fine & Glasser (1996: 64-66)

[126] „Giving information is not the same as giving advice. Advice belongs to the giver, and the expectation is that it will either be 'taken' or rejected. The advice giver has a stake in it. Information belongs to the client, to use or not to use, or to use when and as he sees fit. Advice fosters dependency. Information is freeing" (Fine & Glasser 1996: 5).

[127] Zusammenstellung in z.T. frei wiedergegebenen Auszügen aus Fine & Glasser 1996: 66-67

[128] Zusammenstellung in z.T. frei wiedergegebenen Auszügen aus Fine & Glasser 1996: 67-69

[129] Fine & Glasser (1996: 2) sprechen in diesem Zusammenhang von einer „Familienfalle: „The familiar pattern goes like this: Parent asks a question, child answers, parent comments or gives advice. Then parent asks another question, often a check on whether the advice was followed, and so it goes. The helper must not fall into the parent trap. It only takes one or two direkt questions for the pattern to be established, and soon the practitioner is facing a silent client, waiting for the next question to be asked."

[130] Bei Pantucek (1998: 222-224) findet sich unter Anlehnung an Überlegungen aus der systemischen Sozialarbeit und der lösungsorientierten Kurztherapie eine Liste möglicher Fragestellungen, auf die in der Gestaltung der Gesprächsführung zurückgegriffen werden kann. Aus meiner Sicht bedarf es hierzu jedoch weitergehender

Fort- und Weiterbildungen. Anregend sind auch die Überlegungen zu Kommunikationsformen bei Gehm (1994: 109-148). Er stellt folgende Hinweise zusammen:
• Wer fragt, führt (und widerspricht damit der Forderung, dass der Klient führen soll).
• Stellen Sie wertneutral formulierte Fragen.
• Es ist in vielen Fällen günstig, motivierende Fragen zu stellen.
• Stellen Sie vor allem nach längeren Ausführungen oder bei schweigsamen Partnern Bestätigungsfragen („Sind wir bis hierhin noch einer Meinung?").
• Sprich per Ich.
• Distraktionen sollen übergangen werden.
Die Liste ließe sich fast beliebig ergänzen. Entscheidend wird die Grundhaltung dem Klienten gegenüber sein und das sorgfältige Erproben der eigenen Gesprächsführung. Mehr dazu unter 8.3.

[131] Zusammenstellung in z.T. frei wiedergegebenen Auszügen aus Fine & Glasser (1996: 70)

[132] Zusammenstellung in z.T. frei wiedergegebenen Auszügen aus Fine & Glasser (1996: 70-72)

[133] Zusammenstellung in z.T. frei wiedergegebenen Auszügen aus Fine & Glasser (1996: 118 f.;125-128; 130;151)

[134] Zusammenstellung in z.T. frei wiedergegebenen Auszügen aus Fine & Glasser (1996: 72-74)

[135] Zusammenstellung in z.T. frei wiedergegebenen Auszügen aus Fine & Glasser (1996: 39-42)

[136] „... before coming to the first interview, the client will often rehearse his agenda, even down to the phrases he will use to present himself and make his case. A family or couple will often do the same, 'practising' in advance what each will say to the professional. She can often hear the carefully chosen adjectives and a deliberately dramatic quality in the client's presentation. Sometimes when the client's affect doesn't match his presentation, the helper has reason to suspect that what is being provided may not be an accurate account of reality. ... If the therapist senses that the client's story has been rehearsed – or has been told numerous times, either to others or to himself – she might let the client know this. The client will know without being told that the story line approach isn't going to work here: 'It sounds like you' ve been talking about this with yourself, over and over again'" (Fine & Glasser 1996: 3).

[137] Auszüge und Hinweise aus Fine & Glasser (1996: 151-154); vgl. auch Mörsberger (1986); Limbrunner (1998: 38-39).

[138] „We cannot urge you strongly enough to censor any talk about your client in informal circumstances" (Fine & Glasser 1996: 153).

[139] „If an agency or legal system does legitimately request information about a client or a report from you, the client must not only sign a permission document; he must give informed consent. Informed consent is not a formality or a technicality. Ethically, and legally as well, the practitioner is responsible for assuring that the client understands what is involved when he gives permission. He must know where any report or information may go and how the information will be used" (Fine & Glasser 1996: 153).

[140] Fine & Glasser (1996: 152). Die Autoren führen eine weitere Ausnahme an: die Weitergabe von Informationen an Versicherungen für die Übernahme von Kosten.

[141] Vgl. hierzu die Fortbildungsangebote und die umfangreiche Literatur zur Prävention von Burn-out und die Ausführungen bei Fine & Glasser (1996: 164-167).

[142] „If you are just beginning to practice, it's good to remind yourself that you don't have to 'get it all' in the first session. No one does. Remember, too, that as you're learning about the client, she is learning about herself. And so, even if all you do is listen, therapy has already begun" (Fine & Glasser 1996: 38; vgl. auch 42).

[143] „Your major strengths will be first, that you won't do anything to hurt the client, and second, that you will have the time to really understand what's going on – and no one expects you to get it right away. You will have time to think through what you hear, and in time, you will have a chance to say and do the things that need to be said and done. Remind yourself that your most important task is to listen carefully, that you don't need to decide what to do until you have enough information to go on. ... Most important, remember that the things you've been taught usually will come back to you when you need them. The things you were taught work. Experience and practice will enable you to do what you were taught without actively thinking about it because it will feel natural and right. ..." (Fine & Glasser 1996: 20).

[144] „In diesem konzeptionellen Sinn bedeutet 'Arbeitsbündnis' ein Interpretationsraster, das professionelle Dienstleister selbst benutzen und ihren Klienten anbieten, mit dem Ziel, die jeweils schon vorgegebenen wechselseitigen Situationsdefinitionen und Gegenstandsbestimmungen der Interaktion in eine explizite, gemeinsame, wechselseitig für vernünftig und zumutbar gehaltene Arbeitsaufgabe zu transformieren. Das Konzept impliziert damit zugleich den Anspruch, Bedingungen zu reflektieren, unter denen ein 'Bündnis', d.h. eine wechselseitig konsensfähige Verpflichtung gegenüber einer Aufgabe, möglich wird"(Müller 1985: 119 f.). Das Konzept Arbeitsbündnis ist insbesondere da wichtig, wo Grenzen vorhanden sind: „.... gerade auch dort sinnvoll anwendbar ... wo die Chancen zum Diskurs nur begrenzt vorhanden, oder verstellt sind. Es geht bei der Entfaltung dieses Konzeptes dann um die Frage: Wie werden die Bedingungen reflektierbar, die ermöglichen – bzw. die verhindern –, daß sich eine Intervention mit nicht vorhandenem, oder erzwunge-

nem, oder erschlichenem oder nur diffusem Klientenmandat in ein klares und begrenztes Dienstleistungsbündnis verwandeln kann? Darin ist die Frage eingeschlossen: Wie werden die Grenzen erkennbar, jenseits derer sozialpädagogische Intervention keinen Bündnischarakter haben kann" (Müller 1985: 128). – Anstelle des Begriffs „Arbeitsbündnis" gibt es in der Literatur eine Reihe anderer Begriffe, zum Beispiel: „Arbeitsabsprache" (Frey/Meyer 1975), „Kontrakt" (Schubert 1980), „Arbeitsübereinkunft (working consensus)" (Oppl 1988). Gegen den Begriff „Kontrakt" ist auch deutliche Kritik geübt worden (vgl. Croxton 1988). Das Buch von Müller (1985) bietet das reichhaltigste Material zum Thema und legt deshalb nahe, den von ihm bevorzugten Begriff „Arbeitsbündnis" zu übernehmen.

[145] Einen Sonderfall stellen die „Behandlungsvereinbarungen" als schriftlich formulierte Arbeitsbündnisse zwischen Patienten der Psychiatrie und Klinikmitarbeitern dar: „... Ziel ist es, daß ehemalige Patientinnen und Patienten – wenn es ihnen besser geht und sie als Verhandlungspartner gegenüber Klinikmitarbeitern auftreten können – ihre Erfahrungen über vorangegangene Klinikaufenthalte einbringen und Absprachen treffen, wie sie bei einer Krise für den Fall einer erneuten Klinikaufnahme angemessen behandelt und begleitet werden wollen. Dabei soll die bisherigen – auch und gerade die verletzenden – Erfahrungen besprochen und gemeinsame Lösungen gesucht werden, was in vergleichbaren Situationen wohl gut tut und wie demnächst angemessener mit der Krise umgegangen werden kann" (Voelzke 1998: 20).

[146] „Wo Reflexion und bewußte Gestaltung des Arbeitsbündnisses sich auf instrumentelle Gesichtspunkte beschränkt, schafft, bzw. vergrößert, sie nicht die Chancen der Klientenseite zum gleichberechtigten Diskurs über Mittel und Ziele der Arbeitsbeziehung, sondern sie unterstellt diese Chancen als vorhanden. Formalisierter Vertragsabschluß als Interventionstechnik unter Ausnutzung einseitiger Abhängigkeiten ... zementiert solche Abhängigkeiten, indem sie unter dem Anschein der freien Vereinbarung versteckt werden. Der Klient verliert auch in den eigenen Augen das Recht, sich der aktiven Kooperation für ihm aufoktroyierte Ziele zu widersetzen, da er dann in Widerspruch zu dem träte, was er selbst unterschrieben hat" (Müller 1985: 131).

[147] „Die Kontraktbildung ist der Prozeß, in dem Sozialarbeiter und Klient zu einer gemeinsamen Definition der Problemlage und zu einer ausdrücklichen, wechselseitigen Übereinkunft gelangen, was die Zielsetzungen und Aufgaben bzw. die jeweiligen Rollen sowie die Zeitdauer der Arbeit angeht. Ein im Rahmen der sozialen Arbeit geschlossener Kontrakt sollte sich durch Wechselseitigkeit und Klarheit auszeichnen. Sollen Verständnis und Übereinkunft wirklich auf Wechselseitigkeit beruhen, müssen sich beide, Sozialarbeiter wie Klient, gleichermaßen an der Problemdefinition, Exploration und Diagnose sowie an der Festlegung der Prioritäten und der Planung der gemeinsamen Arbeit beteiligen" (Germain & Gitterman 1980: 57).

[148] Vgl. hierzu Müller (1985: 132-135).

[149] Germain/Gitterman (1983: 43) geben folgende Hinweise für das Vorgehen in derartigen Situationen: „Eine einfühlende Vorbereitung befähigt den Sozialarbeiter, eine Atmosphäre zu schaffen, die den Klienten einlädt, seine Sorgen, Erwartungen, Befürchtungen und Spannungen zu äußern." „... der Sozialarbeiter (schafft) eine wohlwollende Atmosphäre von Freundlichkeit, Hilfsbereitschaft und Akzeptanz und bringt seine Anteilnahme und seine Achtung verbal und nonverbal zum Ausdruck. Er weiß ein angenehmes Klima zu schaffen und ist bereit, das Gespräch mit dem Klienten in eine ruhige Zeit zu legen, in der möglichst wenig Telephonate und andere Unterbrechungen vorkommen. Sein Büro oder Sprechzimmer richtet er so bequem und ansprechend wie möglich her, mit Bildern, Pflanzen oder anderen wohnlichen Einrichtungsgegenständen. Der Sozialarbeiter lädt den Klienten dazu ein, 'seine Geschichte zu erzählen' und seine Sorgen und Bedürfnisse auszubreiten. Die Gesprächseröffnung darf keine Angst auslösen, sollte aber zu spezifischen Äußerungen anregen. ..." (1983: 49).

[150] Diese Aussage gilt auch dann, wenn Klienten in Erwartung einer derartigen Initiative durch die Behörde von sich aus vorgreifend den Kontakt zu einem Sozialarbeiter herstellen. So ergreifen Strafgefangene manchmal schon von sich aus die Initiative zum Gespräch mit ihrem Bewährungshelfer, bevor dieser – bedingt durch den zähfließenden behördlichen Informationsfluss – aktiv werden konnte. Man muss aber in diesen Fällen davon ausgehen, dass die Klienten um die Bewährungsauflage wissen.

[151] Germain/Gitterman (1983: 51 f.) merken hierzu u.a. folgendes an: „Wenn die Dienststelle den Kontakt eröffnet und auf den potentiellen Klienten zugeht, wenn sie ein neues Leistungsangebot entwickelt oder eine ihr vorgeschriebene Leistung verordnet, muß der Sozialarbeiter das Leistungsangebot seiner Dienststelle und seine eigene Funktion darlegen, bevor er den Klienten dazu auffordert, seine Belange zu schildern und mit ihm zu sprechen. Hier liegt die Initiative beim Sozialarbeiter, und er erklärt die Unterstützungsleistung der Dienststelle und seine eigene Funktion klar und offen. Es ist besonders wichtig, ohne Umschweife den Zweck von Maßnahmen klar und deutlich anzugeben und den Gebrauch eines professionellen Jargons zu vermeiden. Reagiert der Klient negativ, so ist darauf zu achten, daß man die Dienststelle weder verleugnet noch verteidigt. Ganz besonders sorgfältig sollte der Sozialarbeiter vermeiden, eine verdeckte oder 'verborgene' Anordnung zu verfolgen, indem er von einer bestimmten Unterstützungsleistung spricht, aber eine andere zu verabreichen gedenkt."

[152] Vgl. Diagramm 1 bei Kähler (1991 b).

[153] „Die subjektive Realität des Klienten (wird) in einem Prozeß antizipatorischer Empathie berücksichtigt oder, anders ausgedrückt: Der Sozialarbeiter versucht ... , die Lebenssituation des Klienten und dessen Wahrnehmung ihrer ersten Begegnung mit den Augen des Klienten zu sehen. In welchem Ausmaß man sich in dieser Weise innerhalb des Bezugsrahmens eines anderen Menschen bewegt, bestimmt entscheidend die Qualität des Engagements am Klienten" (Germain/Gitterman 1983: 38; vgl. dort zu diesem Aspekt das Kapitel 2 zur Eingangsphase.).

236

[154] „Does the client try to tell you what the problem is on the phone, thereby engaging you before you have agreed to make a specific appointment time available? Although it is difficult to cut off a client who is clearly in pain, it is important not to get caught up in the dialogue, not to become engaged in 'instant therapy', not even to allow catharsis to take place over the phone. At some point, it may be necessary for you to say to the client, 'We can discuss this when I see you.' It is better to do it early, to begin to teach the client that there is a specified period of time in which both of you will be working very hard. It is important that the client's work will not be dissipated and his anxiety reduced through brief encounters." „Extra time through phone calls defies the contract and places the client in the position of being in debt to you" (Fine & Glasser 1996: 18).

[155] „We believe, therefore, that the professional should be warm but businesslike when making the initial appointment, that the client should not be asked much about the nature of the problem (unless you suspect that you may not be the right professional for the client's problem), and that it be clear that the appointment call is just that. However, if the initial call reveals that the client is in a highly volatile or extremely fragile state that you find alarming, every effort should be made to see him as soon as possible, perhaps even the same day" (Fine & Glasser 1996: 18).

[156] Jedenfalls ist dies ein Vorschlag von Fine & Glasser (1998: 38), der allerdings wohl nicht immer leicht zu realisieren sein wird: „We suggest that before you meet with your new client, you give yourself a few minutes to clear anyway thoughts of what you've been doing, things you need to do, problems you need to solve – or other intrusions into your ability to quiet your conversations with yourself and still the noises in your head. Sometimes it helps to sit quietly with your eyes closed and consciously think of nothing."

[157] „Die Gegenstände, über die gesprochen wird, verweisen sehr häufig auf das familiale System, ohne daß die daran beteiligten Personen alle in der Sprechstunde präsent wären. Der 'Primärklient' (Wilfing 1976: 111 f.) – also der in der Sprechstunde anwesende Ansprechpartner des Sozialarbeiters – 'stellvertritt' das ganze Familiensystem und stellt die damit verbundenen Probleme in selbsterinteressierter, durch seine familiale Rolle bestimmter Weise dar" (Kasakos 1980: 47).

[158] Vgl. Diagramm 2 bei Kähler (1991).

[159] Vgl. Diagramm 2 bei Kähler (1991), wonach in etwa einem Viertel der ausgewerteten Erstgespräche Verwandte oder Partner stellvertretend für andere Personen zum Gespräch erschienen, soweit dies nach dem ersten Erstgespräch beurteilbar ist.

[160] „... if the approach is made by someone else, the identity of the third party is vital information. Is it wife for husband? Parent for child? Parent for grown child? Concerned friend? What's the meaning of this second-hand contact? It's often a good idea to probe a little to see what's revealed about the relationship between the contracting person and the client and what issues dominate that relationship. You might

ask the caller if the client is unable or unwilling to make the appointment himself – and then use reflective responses to probe the meaning of the call without threading the caller" (Fine & Glasser 1996: 17).

[161] Interessant ist, dass in verschiedenen Lehrveranstaltungen diese Gesprächsaufzeichnung von weiblichen Studierenden regelmäßig anders bewertet wurde als von männlichen Studierenden: Frauen weisen dem Primärklienten häufig eine Pascha-Haltung zu und finden seine Forderungen unberechtigt, während Männer sich mit dem Wunsch nach Loslösen vom Vater zu identifizieren scheinen.

[162] Vgl. die Informationen in Diagramm 1 bei Kähler (1991), wonach 10 von 105 ausgewerteten Gesprächen in diese Kategorie fallen.

[163] Bei Fine & Glasser (1996) gibt es an verschiedenen Stellen Empfehlungen für den Umgang mit mehreren Personen in Erstgesprächen, vgl. bes. Kap. 8, S. 105-117 „Working with couples and families".

[164] Fine & Glasser (1996) schlagen für eine Eröffnung in dieser Ausgangssituation zwei Ansätze vor: (1.) offene, unbestimmt gelassene („vague") Fragen wie „Can you tell me what brings you here?" (S.108) Oder „Where shall we start?" (S.25) oder (2.) reflektierende Bemerkungen wie „You seem very distressed" oder „it's very hard to begin" (S. 26). Außerdem verweisen die Autoren auf die Notwendigkeit, die Zeit zu nutzen und nicht mit Reden über das Wetter zu vertun: „When someone is in pain or in a state of high anxiety, the last thing he wants to talk about is the weather. He wants to talk about himself and about his problem – as soon as possible." Das gilt auch dann, wenn der Klient selbst small talk macht. Dann muss man ihn daran erinnern, dass hier Arbeit angesagt ist: „We need to teach the client that this is working time to be treasured and used to its fullest ... that diversion doesn't work here" (22) Ausnahme: kulturspezifisch bei einigen Ethnien.

[165] Fine & Glasser (1996: 20) raten ab, dem Klienten die Hand zu geben: „We don't think you should shake hands – too businesslike, too much like a social encounter, and perhaps too intimate. At this point you don't know how the person feels about being touched." Dies dürfte in einer mitteleuropäischen Kultur anders sein.

[166] Fine & Glasser (1996: 25) raten davon ab, in einer Eröffnung das Wort „Problem" zu benutzen.

[167] Bei dieser Einschätzung darf natürlich die Art der herangezogenen Quelle nicht übersehen werden: schon allein aus dem Entstehungshintergrund war nicht mit großen Schwierigkeiten zu rechnen. Andererseits zeigen die Gesprächsaufzeichnungen mit angeordneten/angebotenen Initiativen deutlich andere Eröffnungsmuster. Praxiserfahrene Kollegen teilen diese Einschätzung.

[168] Hier ist zu erkennen, dass dieses „freiwillige" Gespräch tatsächlich auf Anraten einer Autoritätsperson der Klientin zustande gekommen ist. Dennoch lässt es sich

als „erbetenes" Gespräch bewerten, da das Gespräch nicht von der Sozialarbeiterin selbst angeboten wurde.

[169] Typischerweise findet sich sowohl im Videomaterial als auch in den Fragebögen kein Beispiel für ein Erstgespräch, das nach einer langen Vorlaufzeit für Vertrauensbildung, Motivierung und Information stattfand. Offensichtlich hat der Begriff „Erstgespräch" dazu geführt, das nur an Erstgespräche ohne derartige Vorlaufzeiten gedacht wurde.

[170] Eine Möglichkeit für die Erweiterung des Entscheidungsspielraums von unfreiwilligen Klienten sehen Fine & Glasser (1996: 14) in der Vereinbarung einer Art Probephase: „With an involuntary client, it is sometimes effective to establish a pre-contract in the first session, that is, to get her to agree to work with you for a short period of time – 3 to 5 weeks, for example – and then let her decide if she wants to continue." Oder auch allgemeiner empfehlen die Autoren das Einräumen von Wahlmöglichkeiten: „in other words, you are giving the client a chance to sample what you have to offer, as well as the right to accept or refuse the offer. Commitment to change can frequently be enhanced by providing the client with choices and by framing change in a way that makes it personally meaningful and rewarding to the client" (l.c.).

[171] „The best approach is straightforward, for him to tell the client what reason he was given for the referral. He should tell the client what he has been told are the facts, without emotion and without taking sides or making judgments, and then ask the client to respond: 'Would you like to tell me why you think you are here?'" (Fine & Glasser 1996: 49). Oder ausführlicher an anderer Stelle (26-27): (a) „the best approach is to use the fact that the client has not overtly chosen to come as an opener: 'I realize that you may be here because you've been sent for help', and then you might add, 'I guess that's what makes you look so angry (or unhappy) right now.' It's important to stop talking at that point and let the client respond and take over. Give him some room. If it takes him a few minutes to speak, wait him out. If he keeps glaring and won't talk – well, we'll deal with that situation ... later ... Above all, don't defend or justify the benefits of therapy." (b) „Another most appropriate way to get past the barrier with an involuntary client in an agency setting is to inform the client of what the practitioner already knows about the reason he is there ..." (c) „If the client has come to an agency for service, a variation on the opening might be to give him some information about the agency ...We're here to help people with ... What we aren't able to do is ... Notice that we started with the positive side. Again we follow the opening explanation with an invitation to continue ... Tell me a little about yourself – not the facts so much as what your life is like" (27).

[172] Vgl. beispielsweise die Ausführungen bei Scharpen (1980: 60) zu den Aufgabenstellungen bei der Bewährungshilfe: „Die Bewährungshilfe ist dem Landgerichtspräsidenten zugeordnet. Aufgabe der Bewährungshelfer ist, summarisch ausgedrückt, einerseits Kontrolle über Einhaltung der Bewährungsauflagen auszuüben, andererseits psychosoziale, aber auch materielle (Wohnung, Arbeit usw.) Hilfestellung zur Befähigung zur selbstregulierten Lebensführung in Straffreiheit zu geben."

[173] Problematisch ist die Reaktion von Professionellen, „die sich durch das 'nicht-motivierte' Verhalten von Klienten in ihrem beruflichen Engagement mißachtet und deshalb persönlich gekränkt fühlen." Statt das anzuerkennen, wird den Klienten eine fehlende Therapiemotivation unterstellt und attestiert, „diese oder jene Klientengruppe sei wegen der fehlenden Therapiemotivation und der Unfähigkeit, ein tragfähiges Arbeitsbündnis einzugehen, 'unbehandelbar'" (Rauschfleisch 1996: 30). „Selbstverständlich ... dürfen wir Menschen, die unsere noch so gut gemeinte Hilfe nicht annehmen wollen, nicht dazu zwingen, sondern müssen ihre Entscheidung respektieren, auch wenn sie uns verfehlt erscheint. Dieser Respekt vor der überlegten, bewußt getroffenen Entscheidung der Klienten gegen unsere Angebote ist jedoch etwas völlig anderes als unser gekränkter Rückzug, nur weil die Klienten uns nicht mit offenen Armen empfangen und weil sie uns ihre Not nicht verständlich zu machen vermögen" (i.c., 36). Auf die möglichen psychodynamischen Hintergründe für die Ablehnung von Hilfsangeboten durch die Klienten geht Rauchfleisch an anderer Stelle ausführlich ein (S. 48 ff.).

[174] Beispiel 52 aus früheren Auflagen wurde weggelassen, die Zählung aber beibehalten. Es handelt sich hier um das schon vorgestellte Beispiel 5.

[175] Sehr schön kommt der Unterschied des Vorgehens bei der Gesprächseröffnung bei erbetenen Gesprächen („Beratungsstruktur bei Kontaktaufnahme durch Klienten") und verordneten Gesprächen („Beratungsstruktur bei Kontaktaufnahme durch Sozialarbeiter (z.B. nach Anzeige)" in der Argumentation und Darstellung von Pantucck (1998): Abbildungen 19 und 20, S. 185/86) zum Ausdruck: Während für die Einleitung bei den erbetenen Gesprächen von freundlicher Begrüßung und dem Ansprechen des Klienten als Person (allerdings auch von „small talk", was ich nicht für angebracht halte) die Rede ist, heißt die entsprechende Phase bei den verordneten Gesprächen „Erklärungsphase", in der der Sozialarbeiter die Einrichtung vorstellt, Grundinformationen gibt, Ärger des Klienten zulässt und das Problem (gemeinsam mit dem Klienten) definiert.

[176] In den 107 dokumentierten Erstgesprächsfragebögen (vgl. Kähler 1991 b) können fünf Situationen identifiziert werden, die sofortiges Handeln zur Abwehr einer unmittelbaren Bedrohung nahelegen. Es handelt sich hierbei um einen Verdacht auf Kindesvernachlässigung (Fragebogen 006), um eine Anzeige aus der Nachbarschaft wegen Verdachts der Verletzung der Fürsorge- oder Erziehungspflicht (Fragebogen 040), um eine Frau, die sich von ihrem Mann bedroht fühlt (Fragebogen 058), einen Hinweis auf Suizidgefährdung (Fragebogen 063) sowie um eine unmittelbar drohende Zwangsräumung (Fragebogen 086).

[177] Nach Rechtien (1988) bestimmen drei Determinanten die Beratungssituation: (a) das Problem (reine Informationsprobleme, Entscheidungs-, Verhaltens- und emotionale Probleme): Bei dieser Aufzählung wird deutlich, dass sich Rechtien an psychologischen Beratungssituationen orientiert. Die typischen sozialarbeiterischen Problemanlässe fehlen: materielle Probleme, Sorgerechtsprobleme, Bewährungsauflagen sowie die Häufung mehrerer Probleme bei einzelnen Klienten. Jedes Problem hat nach Rechtien eine objektive Seite und eine subjektive Seite.

(b) der Ratsuchende: „Zwar steht zu Beginn von Beratungsgesprächen häufig die Problembeschreibung (also die objektive Seite) im Vordergrund, der wesentliche Gegenstand des Beratungsprozesses ist jedoch das subjektive Erleben des Ratsuchenden, seine ganz persönliche Sichtweise des Problems, seine Lösungsversuche, seine Wünsche, Gefühle, Bedürfnisse. ... Es scheint mir selbstverständlich zu sein, daß dies nur dann möglich ist, wenn zwischen den an einem beratenden Gespräch Beteiligten eine offene und vertrauensvolle Kommunikation möglich ist" (1988: 47). Dabei spielen eine Rolle: Erwartungen des Ratsuchenden, Ziele des Ratsuchenden, berufliche und soziokultureller Hintergrund des Ratsuchenden, seine sprachlichen und nichtsprachlichen Kommunikationsmuster, seine bisherigen Erfahrungen, sein Geschlecht ... (1988: 48 f.)

(c) der Berater: „... auch der Berater geht mit Erwartungen, Hoffnungen und Befürchtungen in ein Beratungsgespräch, auch er bringt seine bevorzugten und vermiedenen Kommunikationsmuster und seine früheren Erfahrungen mit, seine Fähigkeiten und Schwächen, seine Normen, Werte und Vorurteile ... und diese beeinflussen gemeinsam mit den Merkmalen des Ratsuchenden den Verlauf des Gesprächs. (1988: 50)

Außerdem spielen institutionelle und gesellschaftliche Bedingungen in eine Beratung hinein, auf die Rechtien in einem vierseitigen Exkurs eingeht (1988: 54 ff.). Für Erstgespräche in der Sozialarbeit, in denen starke Ähnlichkeiten mit psychologischen Beratungssituationen bestehen, bieten die Darstellungen bei Rechtien oder auch bei Sander (1999) viele hilfreiche Anregungen. Im Übrigen ist die Literatur zum Gesprächsführungsverhalten in Beratungen mit psychologischer Orientierung kaum noch zu überblicken.

[178] „The basic premise of the helping process is that the client moves from a position of helplessness to a feeling of control and responsibility for his own behavior and his own life. Every behavior of the practitioner in this first meeting should be a deliberate effort to reinforce this premise. Everything that happens in the interaction, even when the client is feeling weak and helpless, should lead toward this goal. The therapist must consistently convey a belief that a client, couple, or family has the ability to act on their own behalf and to determine their own destiny. Therefore, in the first session, the pattern of communication must not emulate that of parent and child" (Fine & Glasser: 1996: 2).

[179] Zu dieser Interpretation Sozialer Arbeit als Ersatz für versagende persönliche Ressourcen in den sozialen Netzwerken vgl. Kähler (1983 a; 1983 b).

[180] In den Worten von Fine & Glasser (1996): „She does not respond to the client as if she were a neighbor or friend. Rather, she responds in a way that forces the client to think differently about what he is saying and how he is behaving both in and out of the therapeutic situation. Although she is warm and accepting, she does not always support the client's ideas or the way she behaves" (36). „A professional's responses are not like anyone else's. In fact, if the professional responds in expected ways, the client is likely to feel disappointed in the knowledge that he can maneuver the session to reinforce his own defenses and rationalizations, just as he has done

241

with other relationships in the past. It is very important that the client learn from the start that he will be gently challenged when he's 'faking it'" (3-4).

[181] Für diesen Eindruck gibt es vielfältige Belege, als Beispiel vgl. Stark (1988: 252): „In den Anfängen meiner Berufsjahre war ich der Meinung, ich müsse immer die Wege wissen oder, wenn etwas nicht so lief, wie ich es mir vorstellte oder wie es vereinbart war, ich dachte immer, es liege an mir, – an mir, an meiner Person, an meiner Methode. Es stimmt, es liegt viel an mir, aber mit den Jahren habe ich erfahren, daß es nicht nur an mir liegt, jedenfalls nicht alles. Ich sitze nicht allein da. Da ist ein(e) Gegenüber. Diese(r) Gegenüber hat eigene Vorstellungen, hat eigene Bedingungen. Und ich arbeite auch unter bestimmten Bedingungen und unter einer bestimmten Aufgabenstellung. Der ganze Komplex hängt mit so vielen Dingen zusammen, von denen ich nur zu einem ganz geringen Teil in der Lage bin, sie zu beeinflussen oder gar zu verändern. Viele Dinge kann ich gar nicht beeinflussen, die muß ich hinnehmen. Wenn ich sie aber beeinflussen will, kann ich sie nicht über den Klienten beeinflussen, dann muß ich andere Wege gehen, z.B. bei Dienstanweisungen oder solchen Dingen. Solche Dinge sind mir klar geworden. So auch bestimmte Narben, die ein anderer mitbringt. Ich kann nicht heilen."

[182] „Natürlich gibt es auch in der psychologischen Beratung der Psychotherapie Situationen, in denen Informationen, Ratschläge und 'Tips' gegeben werden – dies aber macht nicht das Wesen dieser Interaktionsform aus. Insofern sind die Begriffe Berater und Ratsuchender nicht besonders glücklich, denn sie suggerieren tatsächlich eine Vorstellung, in der Rat gegeben wird" (Rechtien 1988: 15). Es geht also mehr um das Helfen, für sich selbst Rat zu finden.

[183] In diesem Zusammenhang sind die Überlegungen von Cecchin (1988) aus dem Bereich der Familientherapie anregend, wenn auch schwerlich voll auf die Anfangsphase sozialer Einzelhilfe übertragbar. Cecchin wendet sich gegen ein lineares Ursache-Wirkungs-Denken und plädiert für einen ästhetischen Standpunkt der Wahrnehmung, der Neugier ermöglicht. Typisches Merkmal einer belehrenden Haltung sei zum Beispiel die Langeweile: man weiß schon alles.

[184] „... eines der grundlegenden Wirkprinzipien psychologischer Beratung: Allein die Tatsache, daß ein Ratsuchender das äußert, was ihn bedrückt, schafft ihm schon die Möglichkeit, es gleichsam von außen, d.h. also aus einer veränderten Perspektive zu betrachten, und bereitet so die Möglichkeit eines veränderten Erlebens vor. (Rechtien 1988: 42)

[185] Zum Begriff der „Klärungshilfe" vgl. Thomann/von Thun (1988). Das Buch enthält viele wertvolle Anregungen auch für die Erstgespräche in der sozialen Einzelhilfe, legt aber einen eindeutig anderen Schwerpunkt (Paare und Kleingruppen) zu Grunde.

[186] Müller (1985: 137) sieht im Aushandeln der Grenzen der Intervention ein wesentliches Strukturelement der Intervention selbst und gibt unter anderem folgendes

Beispiel: „Wenn ein jugendlicher Delinquent diesen ihm zugewiesenen 'Helfer' zunächst eher auf der Gegenseite vermutet, so ist dies nicht einfach ein Irrtum, der psychologisch überwunden werden muß, auch dann nicht, wenn der 'Helfer' sein Handeln als parteilich-solidarische Praxis versteht. Er ist qua Rollenvorgabe immer auch ausführendes Justizorgan. Er kann kein Bündnis mit seinem Klienten aushandeln, das die Problematik des 'Doppelmandats' ausklammert. D.h. er muß die Sanktions- und Kontrollfunktionen seiner Rolle ebenso offenlegen, wie die Begrenztheit seines Hilfeangebotes. Andererseits ist ein Arbeitsbündnis im hier gemeinten Sinn auch unmöglich, solange sich der 'Helfer' nicht gegenüber der Justiz einen Spielraum für sanktionsfreie Interaktion mit seinem Klienten erkämpft hat, also real nützliche Anwaltsfunktionen übernehmen und zugleich subjektiv glaubhaft machen kann. – Da diese Voraussetzungen zu Beginn der Interaktion unmöglich vorgegeben sein können, muß der Bewährungshelfer das Paradoxon bewältigen, die anfängliche Unmöglichkeit eines Bündnisses als Voraussetzung für die Möglichkeit der Entwicklung eines Bündnisses zu akzeptieren. Anders gesagt: Er muß die Reflexion auf die 'allgemeine soziale Situation', in der sein Klient steht – und in der er selbst eine bestimmte Rolle spielt–, so mit der Reflexion der Interaktionsebene vermitteln, daß der real existierende Widerspruch zwischen beiden Ebenen nicht nach der einen oder der anderen Seite hin eliminiert wird, sondern praktisch ausgetragen werden kann" (Müller 1985: 139 f.); vgl. hierzu auch die Ausführungen in Kapitel 3.

[187] Der Ausdruck stammt von Müller (1985: 145), der dazu unter anderem ausführt: „Die Reflexion auf die Möglichkeit von 'Kontraindikation' gehört zu den Standards seriöser Praxis aller personenbezogenen Professionen." Und an anderer Stelle: „Gerade weil sozialpädagogisches Handeln so sehr dem Alltagshandeln verhaftet ist – Zusammenleben mit Kindern, kompensierendes Besorgen alltäglicher Dienste, Überprüfen und Vertreten rechtlicher Ansprüche etc. –, liegt die spezifisch professionelle Qualität dieses Handelns nicht nur in den Kompetenzen zum Besorgen dieser Geschäfte. Sie liegt vor allem in den Kompetenzen der Sozialpädagogen zur reflexiven Abarbeitung der unausweichlichen Zweideutigkeit und Unzulänglichkeit ihrer Handlungsmöglichkeiten, die sie zwar verleugnen, aber nicht gänzlich überwinden können" (1985: 154).

[188] Sehr informativ über die Anrede im Deutschen ist das Buch von Besch (1998) über „Duzen, Siezen, Titulieren".

[189] Vgl. hierzu die Überlegungen von Heiner (1982).

[190] Symptomatisch dafür ist auch die im Vergleich zu Gesprächen erfahrener Sozialarbeiter durchschnittlich kürzere Dauer derartiger Erstgespräche; vgl. dazu Abschnitt 4.3.2.

[191] Nach den Kriterien der empirischen Sozialforschung kann die Themenauswahl in Erstgesprächen nur schlechte Noten bekommen: die Auswahl ist mit großer Sicherheit nicht repräsentativ für die gesamte Lebenssituation des Klienten; da Klienten sich auf ihre Gesprächspartner einstellen, muss mit großer Reaktivität gerechnet

werden; die retrospektiven Darstellungen durch die Klienten sind mit großer Sicherheit durch die Brille der gegenwärtigen Situation gefärbt; die Parteilichkeit des Primärklienten wirkt sich verzerrend auf die Darstellung anderer Personen aus usw.

[192] Vgl. hierzu die Hinweise auf standardisierte Ansätze in Fußnote 7. Fine & Glasser (1996: 83) bringen den Grad der notwendigen Strukturierung in Zusammenhang mit dem Grad der Freiwilligkeit der Klienten: Bei unfreiwilligen Klienten (aber auch bei anderen Klienten – H.D.K.) *müssen* manchmal bestimmte Informationen erhoben werden. Aber: „This does not mean that specific questions must be asked throughout the interview. On the contrary. You are not conducting an interrogation. The interaction should be open-ended but at appropriate times, questions about the incident and the reasons for referral may be asked in ways that allow the flow of the interview to continue. The purpose of the interview must be explained to nonvoluntary clients at the very beginning, and requesting specific information related to the reason for referral is not difficult to do. Even though the initial session with agency-referred clients may be more structured than with voluntary clients, the interview should allow the client to express her concerns and her perceptions freely and openly. The intent must be for the client to feel in control, at ease, and trusting of the therapy process."

[193] Frei übersetzt nach Fine & Glasser (1996: 11)

[194] Sundel, Radin, Churchill (1985), zitiert bei Fine & Glasser (1996: 88-89), hier in freier, z.T. vom Original abweichenden Wiedergabe. Dort finden sich auch detailliertere Angaben zu den einzelnen Gesichtspunkten.

[195] Bezogen auf die „Eltern-Falle", in die Sozialarbeiter hereinfallen können, schreiben Fine & Glasser (1996: 3): „Perhaps the most important determination of whether the child-parent pattern is operating is how the professional perceives the client, whether the client is seen as helpless and inadequate. When you feel protective or sympathetic, angry or frustrated with your client, it's sure sign that the pattern is at risk. That's the moment to pull yourself up short, assess what pattern has been established, and deliberately change it." Dies ist ein Beispiel, wie die eigenen Gefühlsreaktionen dem Sozialarbeiter helfen können, wichtige Themen zu identifizieren.

[196] Vgl. hierzu Holste (1988). Die Autorin berichtet von ihrem Versuch, ihre Arbeit mit einem 13-jährigen Mädchen, die sie persönlich sehr bewegt, durch ein „Zwiegespräch mit einem Diktiergerät" zu überdenken. Danach schlüpfte die Autorin gedanklich in die Rolle eines Kollegen, der das Gedankenprotokoll hört oder liest, und versucht, für die erkennbaren Annahmen und Hypothesen jeweils Gegenhypothesen aufzustellen. Dies eröffnete der Autorin die Möglichkeit, „das Verhalten des Mädchens ganz anders zu interpretieren" (1988: 274). Vorstellbar ist auch, dass dieser interessante Ansatz nicht nur im Gedankenexperiment, sondern real durchgeführt wird, indem man etwa einen Kollegen/eine Kollegin bittet, ein derartiges Gedankenprotokoll tatsächlich anzuhören, sich auf die Suche nach subjektiven Einseitigkeiten zu machen und mögliche Alternativerklärungen zu finden.

244

[197] Bei Fine & Glasser (1996) finden sich dazu u.a. folgende Anmerkungen: „We must never take for granted that what the individual, the couple, or the family defines as the source of the problem is either accurate or inaccurate, that it is the only source, or even that it is the most important one. Nevertheless, we must address the problem as it is presented and understood by our clients, and we must treat their perceptions as real. For the client, they are real" (9). „... even if we understand that the client's perception of the problem may be pure fantasy, we must address the problem as she sees it. The client's view is real for her. ... Even if we are certain that the client's perceptions are faulty, we must accept them as real if we are to gain her trust in the therapeutic relationship. You must keep your eye on the ball; the process of building trust is a key element in the first interview and we must not let our gaze stray from it" (10).

[198] Den Begriff habe ich von Blossfeld u.a. (1986) übernommen. Der Begriff eignet sich meines Erachtens deshalb besser als andere in Frage kommende Begriffe (beispielsweise „Problemfeld"), weil er eine Unterscheidung zwischen Zustandsräumen mit gegenüber solchen ohne Belastungen zulässt, eine Unterscheidung, auf die noch eingegangen wird; vgl. zu den folgenden Ausführungen auch die Darstellung bei Kähler (1988: 217-220), auf die ich mich hier wesentlich beziehe.

[199] „Whenever the client tells you something you don't fully understand, we recommend you to ask an open-ended clarifying question." Zahlreiche Beispiele, u.a.: „I'm not familiar with the customs of (name the ethnic or cultural group), and I need your help in understanding why this might be true for you. You will have to help me understand why you did what you just described" ... (Fine & Glasser, 1996: 132-133).

[200] Auf andere Techniken wie beispielsweise Rollenspiel, projektive Tests u.a. soll hier nicht weiter eingegangen werden, obwohl sie in Einzelfällen durchaus sinnvoll sein können.

[201] LeserInnen mit Kenntnissen in empirischer Sozialforschung können darin unschwer ein Problem mangelnder Zuverlässigkeit bei der Auswahl einer Zeitstichprobe erkennen.

[202] „The basic premise of the helping process is that the client moves from a position of helplessness to a feeling of control and responsibility for his own behavior and his own life. Every behavior of the practitioner in this first meeting should be a deliberate effort to reinforce this premise. Everything that happens in the interaction, even when the client is feeling weak and helpless, should lead toward this goal. The therapist must consistently convey a belief that a client, couple, or family has the ability to act on their own behalf and to determine their own destiny. Therefore, in the first session, the pattern of communication must not emulate that of parent and child" (Fine & Glasser 1996: 2-3). „Throughout this book, we will give you numerous examples of the lessons that the helper teaches the client in the first interview. Most important of all is the lesson of respect and self-respect, from which the client

may learn of his own worth and dignity. The sense of worthlessness that many clients bring with them into therapy is the first negative belief that is challenged by the practitioner's regard of the client. Second is the client's belief that a person has no control over his own behavior and his own life. As the professional demonstrates her belief that the client has both choice and control, the client begins to assume responsibility for his own behavior. Both of these lessons must be taught from the very beginning of the relationship" (l.c., 5-6).

[203] "The definition of the problem is a very important step in the helping process. To a great extent, the way the problem is defined determines the changes that will be sought through your relationship with the client, as well as the means for accomplishing them. These in turn define the expectations for the outcomes of this process. This is what the therapeutic contract is all about. No matter what others or you yourself believe to be the client's problem, you must begin by accepting her definition, along with her explanations and rationalizations. If she is to trust you, your efforts must encompass her understanding of the reason why she is there. In the process the client herself may change the definition of the problem as she gains insight and understanding" (Fine & Glasser: 1996: 81).

[204] Vgl. hierzu auch die Ausführungen bei Gildemeister (1995: 35/36): Kern des dort vertretenen Standpunkts ist, dass bei der gemeinsamen Fall(re)konstruktion dem Klienten nicht einfach die fachliche Deutung mitgeteilt werden darf. Vielmehr komme es darauf an, auf dieser Basis zu handeln und dabei ständig die Deutung aufs neue zu überprüfen und weiterzuentwickeln.

[205] „To project group attributes onto a client and then to act as if they really exist when they don't is to reefy him. ... Your knowledge of class and cultural characteristics can give you some clues about what the client has experienced in his life, but your assumptions must be confirmed over time and with an openness to changing your preconceptions. A client's culture is part of who he is; it's not all of who he is" (Fine & Glasser 1996:128). „... it's a good idea to learn as much as you can about the target population, not only through experience but also by reading the literature that describes those groups and their typical problems. ... But again, although an awareness of the group's general characteristics will be helpful, we must be careful not to reefy our clients when we work with them person to person. Those of us who are fortunate enough to work with people find over and over again that as much as we know about *categories* of people variations in individuals are endless" (l.c., 131).

[206] „... if there are records available, they should be carefully reviewed. There's nothing more disconcerting to a client than the professional who is unfamiliar with recorded information that the client knows exists. On the other hand, it may be the practitioner's choice to disregard previous information in order to make an independent assessment of the client. In either event, it is important that the client is assured that the practitioner has taken the time and has enough interest to have reviewed any file that exists. If you make the decision to disregard previous records, it would be well to let the client know that it is a considered decision, not an oversight" (Fine & Glasser 1996: 29).

246

[207] Vgl. beispielsweise Wendt 1988 b.

[208] Vgl. hierzu Herriger (1997). Ein besonderes ressourcenorientiertes Verfahren ist in bestimmten Vereinbarungen zur Selbstbeobachtung zu sehen, vgl. Kopp (1989). Mit ähnlichem Anliegen, aber als standardisiertes Instrument, auch Küfner & Vogt (1998).

[209] Fine & Glasser (1996) gehen auf dies Thema nur beiläufig ein (S. 51-53), plädieren aber grundsätzlich für die Verwendung der historischen Perspektive, bis hin zur Genogrammarbeit.

[210] Die folgenden Passagen lehnen sich stark an Kähler (1988: 221 f.) an.

[211] „Phänomenale Koinzidenz von zwei Ereignissen durch physische Nähe, Gleichzeitigkeit des Auftretens und Ähnlichkeit führen offenbar zwingend zu Wahrnehmungs-Akten der Verursachung ...“ (Irle 1975: 63; dort auch weitere empirische Belege aus der Attributionsforschung).

[212] Vgl. hierzu Watzlawick u.a. 1969: 61).

[213] Meier & Wolff 1997: 172.

[214] Zusammenstellung nach Fine & Glasser (1996: 76-77) und Pantucek (1998: 210-211). Interessant ist, dass Pantucek empfiehlt, dem Klienten gute Wünsche mit auf den Weg zu geben. Außerdem schlägt er vor, sich beim Aufbruch des Klienten noch über belanglose Dinge zu unterhalten („Beziehungspflege“). Dies entspricht dem von ihm ebenfalls vorgeschlagenen „small talk“ zu Beginn der Gespräche. Diese Vorschläge widersprechen deutlich den Vorstellungen von Fine & Glasser, die Wert darauf legen, dem Klienten zu signalisieren, dass gemeinsam verbrachte Zeit wichtige Arbeitszeit ist, die es zu nutzen gilt.

[215] „What if the client tells you she isn't coming back? Don't try to get her to change her mind. Don't get defensive. Accept her decision with a nod, assuring her that you will be available if she would like to see you again. There are times when you may want to offer her a referral to another therapist or another agency. And then remind yourself that we all have had clients who don't come back, that you don't need to beat your breast about it“ (Fine & Glasser 1996: 171-172).

[216] „The reason the client gives you for being in your office, the presenting problem, is only one way of defining that problem. There are varied perceptions of the same problem that must be differentiated and understood. First is the client's description of her level of stress or dissatisfaction with her life along with the reasons she gives for her present state. Second is behavior that others in the client's environment (parents, teachers, spouses, the police, and the courts, etc.) view as problematic or even deviant. Third is your judgment as a practitioner about what the client tells you, what others report to you, and your own observations in the interview situation. It

247

is unlikely that these various perceptions will concur but they must be integrated as you begin to make an initial assessment of the client in the first interview" (9/10).

[217] Vgl. Diagramm 3 bei Kähler (1991 b).

[218] Aktenführung in der Sozialen Arbeit „... hat folgende Aspekte:
– als Erfassungssystem halten sie die individuellen Verhältnisse eines jeden Betroffenen genau fest, schreiben sie fort und gewährleisten damit seine jederzeitige Kontrolle,
– als wesentliches Arbeitsinstrument dient die Akte der Kontrolle der Amtsführung des Sozialarbeiters selbst durch die Vorgesetzten, die jede einzelne Entscheidung aufgrund der zwingenden Vorschrift, daß alles in den Akten festzuhalten ist, kontrollieren und überprüfen können.
Diese Funktionen der Aktenführung haben in der Praxis immense Bedeutung: Das Festhalten der Privatsphäre des Betroffenen gibt dem Amt aufgrund dieses Wissens enorme Macht und zwingt den Betroffenen zu Wohlverhalten" (Zinner 1981: 94).

[219] Vgl. Mesle (1985)

[220] Vgl. Tabelle 3 bei Kähler (1991 b).

[221] Über Aktenführung und ihre Funktionen informierten u.a. Geiser (1995), (1996), Good (1995), Stadt Essen (1995). Zur Verwendung von Akten in Evaluationen vgl. Brack (1996), Staub-Bernasconi 1999.

[222] Vgl. Tabelle 4 bei Kähler (1991 b).

[223] Ähnlich argumentieren auch Fine & Glasser (1996: 29-30)

[224] „Seit einiger Zeit unterstützen die Datenschutzbestimmungen ..., insbesondere die Spezialvorschriften des KJHG, nachhaltig die Bemühungen um die Transparenz der Methodik. Die Zweckbindung der Faktensammlung und die Aufklärungspflichten gegenüber den Betroffenen haben zur Voraussetzung, daß die SozArb vorher wissen müssen, wozu und warum Informationen und Ereignisse aus dem Leben des Klienten diesem nützen sollen. Der Zweck muß genau bestimmt und die Informationen geeignet und erforderlich sein. Mit der Aufklärungspflicht über den Verwendungszweck gegenüber dem Klienten ist das Ziel der Hilfeleistung nur in Übereinstimmung mit dem Betroffenen bestimmbar und muß selbstverständlich auch erreichbar sein. Gegen die Vorstellungen der Klienten – gar ohne ihr Wissen – darf überhaupt nichts angestrebt werden. Partnerschaftlicher Umgang, wie er in allen Lehrbüchern der E(inzelfallhilfe) als Prinzip beschrieben wird, ist rechtlich gesichert, auch vor Indiskretionen im Rahmen von Amtshilfe. Die für Hilfen häufig notwendige persönliche Beziehung beruht auf Vertrauen zwischen Menschen und nicht von Menschen zu Behörden oder anderen Institutionen, ist über den Schutz von Daten an den einzelnen Mitarbeiter gebunden (§ 65 KJHG). Die Ausnahme bestätigt dies. Der moderne Datenschutz fördert, verlangt aber auch nachdrücklich methodische Klarheit" (Karlberg 4/1996: 156).

248

[225] Interessant ist in diesem Zusammenhang, wie sich eine Neuregelung der Datenschutzbestimmungen in England auf die Aktenführung im Sozialdienst auswirkt: „Seit dem 11. November 1987 haben Klienten unseres Sozialdienstes das Recht, ihre Akte einzusehen (access to records). Für diesen Zweck ist das System der Dokumentation in Form und Inhalt geändert worden, und ein Caseworker muß sich genauer als bisher überlegen, was er über seine Klientel schreibt bzw. wie er es ihnen gegenüber rechtfertigen kann. Die Aktenführung erfüllte in der Vergangenheit eine Reihe von Funktionen: wie Dokumentation von Dienstleistungen ... Künftig soll die Fallakte (case record) eine Arbeitshilfe für den Praktiker darstellen und für das Management des Dienstes eine Grundlage für Evaluation und Forschung"(Hornung 1988: 64f.). – „Von den im Computer des Social Services Department gespeicherten persönlichen Daten können Klienten ebenfalls seit dem 11. November 1987 einen Ausdruck fordern. Über die Rechte des Bürgers in Hinblick auf seinen Zugang zu diesen Daten und zu seiner Fallakte informiert ein Faltblatt, das in jedem Büro des Sozialdienstes, eines Heimes oder einer Tageseinrichtung ausliegt" (1988: 65).

[226] Vgl. Mesle (1985).

[227] Vgl. hierzu den Beitrag von Lübben (1988).

[228] Für Anregungen vgl. Heiner (1988 a).

[229] Für die Nutzung der verlaufs-, ergebnis- und strukturbezogenen Aspekte des Erstgesprächs für Selbstevaluationszwecke vgl. Kähler (1999b).

[230] Eine besonders anregende Zusammenstellung an Selbstevaluationsinstrumenten findet sich bei Spiegel (1994: 270-287).

[231] Quelle dieses Beispiels ist die ausführliche Diskussion über diesen Fall in einem Seminar für JahrespraktikantInnen.

[232] Zur Vertiefung dieses Gesichtspunkts vgl. z.B. Wendt (1992), Neuffer (1993), Tophoven (1995).

[233] Vgl. Tabelle 5 bei Kähler (1991 b). Ähnlich auch die entsprechenden Ergebnisse über den Ort von Erstgesprächen in der Bewährungshilfe bei Kurze (1999).

[234] Auf die Sonderheiten von Hausbesuchen wird in folgender Veröffentlichung näher eingegangen: Hancock & Pelton (1989). Hinweise auf die Gestaltung von Hausbesuchen finden sich auch bei Fine & Glasser (1996:27-29).

[235] In der Untersuchung von Kurze (1999) ergibt sich für Erstgespräche in der Bewährungshilfe eine durchschnittliche Dauer von 52 Minuten. Hausbesuche dauern etwa eine halbe Stunde länger.

[236] Vgl. Tabelle 6 bei Kähler (1991 b).

[237] Ein indianisches Gebet ist in diesem Zusammenhang vielleicht geeignet, die Bedeutung der Gesprächsdauer zu beleuchten:
„Großer Geist / hilf mir / daß ich niemand richte / ehe ich nicht einen / halben Mond lang / in seinen Mokassins gegangen bin."

[238] Das Gegenteil kommt nach Ansicht von Preusser/Völkel (1977:44) in bestimmten Gesetzmäßigkeiten der Arbeitsvermeidungsstrategie zum Ausdruck: „Man verlege die Sprechstunden an einen Ort, der vom Wohnort des Klienten gehörig entfernt ist, möglichst in ein Bürohochhaus mit endlosen Fluren und nicht voneinander zu unterscheidenden Bürozellen. Dies führt unweigerlich zu Berührungsängsten und Orientierungsschwierigkeiten und löst gelegentlich unerfreuliche Assoziationen an Kasernen und Gefängnisse aus ... Man halte Sprechstunden zu einer Zeit ab, die Arbeiter nicht einhalten können, ohne Urlaub zu nehmen ..."

[239] Vgl. zu Einzelheiten Kähler (1991 b).

[240] Fine & Glasser (1996:24-25). Hier findet sich auch der bemerkenswerte Satz: „A knock on the door can be like interrupted sex."

[241] „There is only one rule: Anything that distracts the client from the work at hand must be eliminated, whether it is a piece of apparel that calls too much attention to itself, a personal mannerism that annoys, or something interesting in the environment to look at. Taking a critical look at these aspects of the setting will pay off in the end" (Fine & Glasser 1996:25).

[242] Vgl. Beispiel 23.

[243] Interessant ist, dass Fine & Glasser (1996) einerseits dafür werben, dem Klienten die Wahl seines Sitzplatzes für das Gespräch zu überlassen, andererseits aus Sicherheitserwägungen den eigenen Stuhl immer zwischen Klient und Tür zu positionieren (S. 23). Auch in anderer Hinsicht widmen die Autoren der Sicherheit der Sozialarbeiter Aufmerksamkeit (vgl. die Ausführungen S. 167-68).

[244] Die Auswertung der Angaben zum Datum der 107 Erstgespräche zeigt, dass an Dienstagen und Donnerstagen deutlich mehr Erstgespräche als an den anderen Wochentagen durchgeführt wurden. Inwieweit hier organisatorische Bedingungen verantwortlich sind oder sich eher zufällige Verteilungen bemerkbar machen, kann auf der Basis des vorhandenen Materials nicht entschieden werden.

[245] Ich beziehe mich im folgenden auf Veröffentlichungen von Dörner und Mitarbeitern (Dörner 1979; Dörner 1981; insbesondere auf Dörner 1989; Dörner/Reither/Staudel 1983). Die hier zusammengefasste Argumentation wird ausführlicher entwickelt in Kähler (1991 a).

[246] Vgl. hierzu besonders Dörner (1989) und für die Übertragung auf Soziale Arbeit Kähler (1991 a).

[247] Als typisches Ergebnis derartiger Trainingserfahrungen kommen dann zunächst Fragen zustande, denen man deutlich anmerkt, dass die Sozialarbeiter angefangen haben, sich selbst verstärkt beim Reden zuzuhören. Im folgenden Beispiel kommt dies exemplarisch zum Ausdruck:
SA: Und mit Deinen Freunden so, oder, ich weiß jetzt nicht, hast Du jetzt noch viele Freunde, ich sag das jetzt so mit Deinen Freunden, wie sieht das da aus? (Quelle: Gespräch 07).

[248] Mitteilungen erreichen mich unter folgender Adresse:
Fachhochschule Düsseldorf
Fachbereich Sozialarbeit
Universitätsstraße
40225 Düsseldorf
E-mail: Harro.Kaehler@fh-duesseldorf.de
Anregungen werden um so hilfreicher bei der weiteren Beschäftigung mit dem Thema sein, je konkreter sie die Erfahrungen mit Erstgesprächen schildern. Besonders wertvoll wären anonymisierte Aufzeichnungen, Transkripte oder möglichst wörtliche Wiedergaben von Erstgesprächen. Ein dabei vielleicht entstehendes Archiv von Erstgesprächsaufzeichnungen könnte für die Praxisforschung und die Lehre von großem Nutzen sein.

Der Autor

Jahrgang 1943. Studium der Soziologie bis 1970 (Dipl.-Soz.) und der Sozialpsychologie bis 1974 (Promotion). Weiterbildungsstudium Themenzentrierte Interaktion an der Fernuniversität Hagen 1996-1998. Mehrjährige Arbeit im Bereich der Psychiatrie mit Schwerpunkt Gerontopsychiatrie. Von 1978 bis 1989 Professor an der Fachhochschule Hagen/Dortmund, seit 1990 Professor am Fachbereich Sozialarbeit der Fachhochschule Düsseldorf. Veröffentlichungen unter anderem zu folgenden Themenbereichen: soziale Netzwerke, psychiatrische Ambulanz, Praxisforschung, Erstgespräche in der sozialen Einzelhilfe, berufliche Selbstevaluation, berufliche Beziehungen in der Sozialen Arbeit. 1999 Mitbegründer der socialnet GmbH, die u.a. eine Portalseite für die Sozialwirtschaft betreibt: www.socialnet.de.